地域づくりの
基礎知識 **1**

地域歴史遺産と
現代社会

奥村 弘
村井良介
木村修二 編

神戸大学出版会

地域づくりの基礎知識
シリーズの目的

　日本の地域社会の存続は，今大きな危機を迎えようとしています。中山間部での人口の減少と都市部での人々の流動化の拡大は加速しており，人口の首都圏への集中も急速に進んでいます。これまで日本社会の中で，長く続いてきたコミュニティや基礎自治体の存続そのものが脅かされる事態が生まれています。このような状況の下で，地域社会に生きる私たち一人一人にとって，主体的に地域社会に関わり，それを未来に継承していく「地域づくり」が大きな課題となっています。

　それでは，どのようにして地域づくりをすすめていけばいいのでしょうか。日本列島は，多様な自然環境の下，豊かな生態系を持つとともに，火山の噴火，地震や台風など自然災害が日常的に生起する場です。そのような場で，人々は工夫を凝らしながら長年にわたって暮らしをつないできました。

　私たちは，そこから生まれた地域社会の課題を多様な視点からとらえ，どのように対処していけばいいのかということを，「基礎知識」として共有していくことが重要であると考えています。そのような思いをこめて，本シリーズを『地域づくりの基礎知識』と名付けました。

　本シリーズは，地域住民，自治体，企業と協力して，神戸大学・兵庫県立大学・神戸市看護大学・園田学園女子大学等，兵庫県内の大学が中心として展開してきた取り組みを集約したものであり，平成27年度文部科学省「地（知）の拠点大学による地方創生推進事業

（COC+事業）」で，兵庫県において採択された「地域創生に応える実践力養成ひょうご神戸プラットフォーム」事業の一部を成すものです。兵庫県は，日本の縮図といわれ，太平洋と日本海に接し，都市部，農山漁村部と多種多様な顔を持っています。そこでのさまざまな課題は，兵庫県に関わるというだけでなく，日本各地の地域が抱える課題と共通するものであると考えます。

　本シリーズは，関連する領域ごとに「歴史と文化」「自然と環境」「子育て高齢化対策」「安心安全な地域社会」「イノベーション」の5つの巻に整序し，テーマごとに体系的に課題を捉えることで，地域の課題を，初学者や地域づくりに携わる方々にわかりやすいように編集しています。それにより，領域で起こっている地域課題を理解するための良きガイドとなることを目指しています。また，読者がさらに深く地域社会をとらえることができるように巻の項目ごとに参考文献を示しています。地域課題はかならずしもそれぞれの領域に収まるものではありません。シリーズ化により，新しい視座が開けることが可能となると考えています。

　本シリーズの刊行が，地域の明日をつくる人々の一助となり，さまざまな地域が抱える困難に立ち向かう勇気を与えることを願ってやみません。

　　　　　　　　　　　　内田一徳（神戸大学理事・副学長 社会連携担当）
　　　　　　　　　　　　奥村　弘（神戸大学地域連携推進室長）
　　　　　　　　　　　　佐々木和子（COC+統括コーディネーター）

CONTENTS
目次

地域づくりの基礎知識　シリーズの目的 ……………………………………… 2

「歴史文化を活かした地域づくり」を深める ………………… 奥村　弘　9

第1章　歴史と文化を活かした地域づくりと地域歴史遺産 …………… 奥村　弘　11

1. 重層的な日本社会と多様な地域の歴史資料 …………………………… 12
2. 現代日本社会における地域歴史資料と歴史文化継承の困難 ………… 16
3. 地域歴史遺産という考え方の広まりと日本社会の市民的成熟 ……… 23
4. 地域歴史資料と地域歴史遺産との関係 ………………………………… 27

第2章　地域歴史遺産という考え方 ………………………… 村井良介　31

1. 地域歴史遺産とは何か …………………………………………………… 32
2. 地域歴史遺産の多様性 …………………………………………………… 35
3. 地域歴史遺産が直面する危機 …………………………………………… 39
4. 地域歴史遺産の保存と活用 ……………………………………………… 42

第3章　地域史と自治体史編纂事業 ………………………… 村井良介　45

1. 地域史のもつ意味 ………………………………………………………… 46
2. 自治体史編纂事業と地域史 ……………………………………………… 51

　　［コラム］大字誌の取り組み ……………………………… 前田結城　61

第4章 古文書の可能性 ……………………………… 木村修二　63

1. 古文書とは何か ………………………………………………… 64
2. 古文書を取り巻く危機 ………………………………………… 65
3. 地域社会と古文書をつなぐもの ……………………………… 71
4. 古文書が持つ可能性 …………………………………………… 79

　［コラム］古文書を活用するまで ……………………… 木村修二　83

第5章 「今」を遺す,「未来」へ伝える
　　　── 災害アーカイブを手がかりに ── ……………… 佐々木和子　85

1. アーカイブと記憶 ……………………………………………… 86
2. 阪神・淡路大震災と資料保存 ………………………………… 87
3. ボランティアグループの取り組み …………………………… 94
4. 行政文書 ………………………………………………………… 99
　　おわりに ……………………………………………………… 103

第6章 埋蔵文化財と地域 ……………………………… 森岡秀人　105

1. 埋蔵文化財の基礎的理解 ……………………………………… 106
2. 埋蔵文化財の保護制度概略と地域における体制づくり …… 107
3. 地域歴史遺産としての埋蔵文化財の諸特性 ………………… 111
4. 地域歴史遺産としての埋蔵文化財の活用 …………………… 116
5. 遺跡保存問題と地域社会 ……………………………………… 118
　　さいごに ……………………………………………………… 123

第7章 歴史的町並み保存の「真実性」について …… 黒田龍二　125

　　はじめに …………………………………………………… 126
　1　町並みの真実と「真実性」 ……………………………… 126
　2　街路の「真実性」　景観の問題 ………………………… 127
　3　地区選択の「真実性」その1　善か「悪」か ………… 129
　4　地区選択の「真実性」その2　問題意識と研究の不足 …… 133
　5　むすび　幻想の町並み　保存＋修理＋修景、そして… …… 137

　　［コラム］草津の近代遊郭建築　寿楼（滋賀県草津市）…… 黒田龍二　140

第8章 近代の歴史的建造物と地域 …………… 田中康弘　143

　　はじめに …………………………………………………… 144
　1　地域の近代化とその建造物 …………………………… 145
　2　歴史的建造物をいかにして残すか …………………… 157
　3　ヘリテージマネージャーの役割 ……………………… 161
　　おわりに …………………………………………………… 162

　　［コラム］ヘリテージマネージャーの育成と活動 …… 村上裕道　164

第9章 民俗文化と地域
　　　　——但馬地域の事例を中心に—— ………………… 大江　篤　167

　　はじめに …………………………………………………… 168
　1　民俗学と民俗文化 ……………………………………… 170
　2　兵庫県の民俗学研究 …………………………………… 173
　3　民俗文化の現状と課題 ………………………………… 175
　　むすびにかえて—持続可能な社会と民俗文化 ………… 186

第10章 地域博物館論 …………………………………… 古市　晃　191

　はじめに …………………………………………………………… 192
　1　地域博物館の現状 …………………………………………… 192
　2　広域合併と指定管理者制度 ………………………………… 196
　3　地域博物館の役割 …………………………………………… 199
　おわりに …………………………………………………………… 203

　［コラム］小野市立好古館の地域展の取り組み ……… 坂江　渉　205

第11章 地域文書館の機能と役割 …………………… 辻川　敦　207

　はじめに …………………………………………………………… 208
　1　文書館・公文書館の法制度と理念 ………………………… 209
　2　地域文書館の実例―尼崎市立地域研究史料館― ……… 215
　おわりに …………………………………………………………… 222

第12章 大規模自然災害から地域史料を守り抜く
　　　　　―過去・現在，そして未来へ― ……………… 河野未央　225

　はじめに …………………………………………………………… 226
　1　震災から歴史資料を守る …………………………………… 227
　2　風水害被害から歴史資料を守る …………………………… 230
　3　災害から史料を守る手法・経験の伝達
　　　―史料保全のためのワークショップ開催― …………… 234
　4　東日本大震災と史資料ネットの活動 ……………………… 236
　おわりに …………………………………………………………… 239

　［コラム］水濡れ資料の吸水乾燥方法 ………………… 河野未央　242

第13章 「在野のアーキビスト」論と地域歴史遺産 …… 大国正美　245

　はじめに …… 246
　1　「在野のアーキビスト」の提唱と意義 …… 247
　2　「在野のアーキビスト」の具体的展開 …… 251
　おわりに …… 259

第14章 連携事業の意義 ─成功例と失敗例から─ …… 市沢 哲　263

　はじめに …… 264
　1　連携事業の成功と失敗 …… 264
　2　富松の成果とこれからの課題 …… 267
　3　「よそ者」と「当事者」 …… 269
　4　専門家的知性と市民的知性 …… 273
　むすびにかえて─残された問題 …… 275

　[コラム] 地域連携活動の課題 …… 井上 舞　277
　[コラム] 大学と地域
　　　　　─神戸工業専門学校化学工業科の設置─ …… 河島 真　279

●表紙写真─旧ジェームス家住宅（兵庫県教育委員会提供）

「歴史文化を活かした地域づくり」を深める

奥村 弘
神戸大学大学院人文学研究科

　地域社会を次世代に継承していく上で，地域の歴史文化とその社会的活用は，日本各地で重要な課題となっている。「歴史文化を活かした地域づくり」を掲げていない自治体は，ほとんどないといっていいであろう。しかしながら，そのイメージについては，かならずしも具体的ではない。神戸大学大学院人文学研究科地域連携センターに相談に来られる自治体や地域団体の方からは「歴史文化についての活動を進めたいのだが，具体的にどのようにしたら良いのか」，「村に古文書があるが，整理し，活用するにはどうしたら良いのか」というような質問が寄せられることが多い。

　人文学研究科地域連携センターは，阪神・淡路大震災被災地での歴史資料保全活動の経験をもとに2003年に発足して以来15年，このような問いと向き合い，自治体や地域団体と連携して歴史と文化を活かした地域づくりを進めてきた。その中で地域の方々と地域歴史文化を守り育てる新たな手法を蓄積するとともに，その基礎となる地域歴史遺産という考え方について実践的研究を進めてきた。

　またこの蓄積を活かして，地域歴史遺産について体系的に学べるよう，学生に対して基礎講座である地域歴史遺産保全活用基礎論と，地域の現場で行う地域歴史遺産保全活用演習を2005年から開講してきた。さらに2010年からは，地域の方々が歴史と文化を活かした地域づくりを体系的に学べるように，9単元10時間を基本とする「まちづくり地域歴史遺産活用講座」を開催している。

　本書の目的は，このような地域連携センターの実践的研究の蓄積とそこから生み出されたカリキュラムをもとにして，歴史と文化を活かした地域づくりのための地域歴史遺産という基本的な考え方と実践のための具体的な手法を，体系的に理解していただくことにある。そのためにセンター関係者だけでなく，地域歴史文化に関する多様な専門家にも執筆に参加していただいた。

各章の位置づけは以下のとおりで，重なりあう部分もあるが全体は3部から構成されている。第1部は，第1章から第3章で，地域歴史遺産を活かした地域づくりについての基本的な考え方を提示した。第1章は全体の序論をなすもので，地域歴史文化をめぐる危機的な現状を概観するとともに，このような状況に抗して，地域の歴史文化を守り育てる基礎となる地域歴史遺産という考え方が生まれてくる過程を明らかにした。第2章では，本書全体を通してキーワードとなる地域歴史遺産という考え方についてさらに掘り下げて論じた。また地域歴史遺産は，地域の歴史を考えるための手がかりとなるものであるが，地域史の持つ意義や可能性については第3章で考察した。各自治体が行う市町村史などの自治体史編纂事業が持つ役割も，この文脈のなかに位置づけて考察した。

　第2部は，第4章から第9章までで地域に存在する多様な地域歴史遺産そのものに焦点をあて，それぞれの特質に即して，重要なテーマや論点を取りあげた。第4章は古文書，第5章は公文書等の現代の歴史資料，第6章では埋蔵文化財，第7章では歴史的建造物，第8章では，町並みや歴史的景観，第9章では民俗文化といった地域歴史遺産について，それぞれの特質や保存・活用における課題を論じた。

　第3部は，第10章から第14章で，ここでは人々について注目した。地域歴史遺産の保全・活用の担い手に注目し，さまざまな組織や個人が地域の歴史文化や地域歴史遺産の保存活用にいかに関係するかを論じた。第10章では博物館，第11章では文書館・資料館（アーカイブ），第12章では，大規模自然災害時の活動を中心とした歴史文化ボランティア団体である歴史資料ネットワーク，第13章では地域の歴史資料の保存活用において重要な位置を占める在野のアーキビスト，第14章では大学の地域歴史文化についての地域との連携，それぞれについて特徴とその役割について考察した。また，第14章は，最終章として，地域の歴史・文化，地域歴史遺産の問題に即して，地域に関わる多様な担い手，とくに専門家と市民の相互関係のあり方について考察をすすめた。

　また本書のコラムは，それぞれの章の内容と関係した具体的な事例等を紹介することにより，読者の理解を深めるために設けたものである。あわせてお読みいただきたい。

第1章

歴史と文化を活かした地域づくりと地域歴史遺産

奥村 弘
神戸大学大学院人文学研究科

第1章は，本書の序論をなすものである。本書の目的を考えるために，第1節では，現代日本社会における地域の重層的な構造とその歴史的な変遷について概括する。第2節では，そのような現代日本社会における地域歴史資料と歴史文化継承の困難がいかに進んでいるかを，①人口減と流動化拡大による継承性の困難，②地域文化の急激な変容，③大災害の続発，④平成自治体合併，⑤地域の歴史文化を部分的に切り取る歴史把握という5つの点から考察する。さらに第3節では，このような状況に対して，阪神・淡路大震災を契機として，地域の歴史資料の保存活用について新たな手法がとられるようになり，その中で地域歴史遺産という考え方が生まれてきたことを明らかにする。

キーワード
地域歴史遺産　地域歴史資料　地域づくり　平成自治体合併　歴史文化

第1章 歴史と文化を活かした地域づくりと地域歴史遺産

1 重層的な日本社会と多様な地域の歴史資料

　地域の歴史文化といった場合，そこでの地域社会とはいかなるものがイメージされるだろうか。最初に日本の地域社会の現状を概括しておきたい。

　日本の地域社会をモデル化すると，図1のように構成されている。おおよそ府県—市町村—昭和の自治体—明治のむら—江戸時代の町村—集落という6つの単位に重層的に地域社会が形成されている。

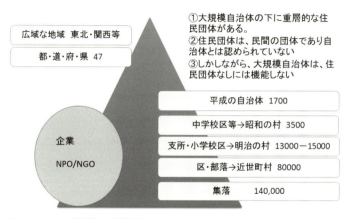

図1　日本の重層的な地域社会についてのモデル

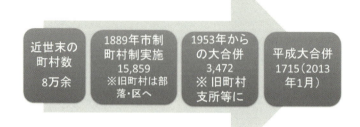

図2　近代日本の自治体合併の歴史

12

1 重層的な日本社会と多様な地域の歴史資料

　近代日本では，明治，昭和，平成と3回の自治体の大規模な合併があった（図2）。江戸時代のおわりには，全国の町村数（都市内の小規模の町を含む）は，全国でおおよそ8万程度であった。江戸時代末の人口は，おおよそ3000万人であったから，一村の人口は平均すると400人程度，その戸数は70戸程度ということになる（そのような均一な村が広がっていたわけではなく，町場化した千戸を超える大村や，10戸程度の山間部の小村等，村のあり方は多様であった）。

　一般的にこの村と大名や幕府の代官所等の領主の権力とが，直接の関係を結んでいる，モデルAのようにイメージされることも多い。しかしながら，日常の地域運営は，モデルBのように数カ村や数十カ村からなる組合村等の村連合とそこに置かれた大庄屋（大名領）や総代庄屋（幕府領）等が，村と領主を結ぶ広域な地域社会の運営を担っており，兵庫県の場合，中世以来の郷や庄に由来することも多かった（図3）。

　1889（明治22）年，前年に施行された日本最初の体系的な基礎自治体についての制度である市制町村制の実施の際，その総数は1万6000弱となった。しかしながら明治の合併は，江戸時代からあった村連合を基礎とした地域的なまとまりの上に成り立っており，新たな自治体は実質的に機能させるために，近世以来の村や町は，「区」「部落」というかたちで組み込まれていた。

　さらに第二次大戦後，1953（昭和28）年に行われた昭和の町村合併において，さらに自治体数は，3分の1に減った。ここでも旧町村は支所や小学校単位等に位置づけられ，地域社会運営で重要な役割を持ち続けた。さらに1999年からの平成自治体大合併で，自治体数は1700を超える程度に激減したが，その運営は，それまでの重層的に存在する地域的なま

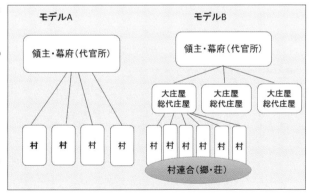

図3　近世の地域社会の基本構造

とまりを無視しては行えないのである。

　このことは，その重層性に応じて人々が，歴史的に多様な関係を持ってきたこととそれが形をかえて現在まで継承されていることを意味する。したがって，地域の歴史を伝える歴史資料は，現在の自治体の規模に集約されず，重層的な地域社会の各部分に多様なかたちで残ることになった。

　近世の村や組合村のレベルでの，水利，林野の所有，信仰などの基礎的な人々のつながりは，現在まで維持されている場合も多い。近世以来の旧家やその土蔵等そのものが地域歴史遺産として残り，その中には近世以来，現在に至るまでの，区有文書，自治会文書，水利組合文書，名望家文書など多数の文書史料が残されている。さらに寺社建築や，そこに残された石碑，墓石，鳥居，狛犬等，人々の暮らしの中で引き継がれる多様な諸芸能もこのような単位を基礎に伝えられてきた。

　その数は膨大なものである。ここでは近世村や組合村レベルで残された江戸時代から昭和初期までの和紙に墨で書かれた古文書として分類される歴史資料を例にとって概算してみよう。江戸時代の半数，4万の町村に史料が残っており，各町村に50群の史料群があり，その群は1000点の史料から構成されていると想定するなら，その数は20億ほどになる。現実には1群で数万点という歴史資料もあり，恐らく実際にはこの数を大きく超える歴史資料が存在していると考えられる。さらに，地域の企業や現在の自治会等の文書に至る洋紙に書かれた史料の数はさらに膨大である。それが地域社会の持つ重層性に応じて，コミュニティの集会所や個人の住宅に現在も残されているのである。

　このような人々の暮らしと密着する地域に文献史料が多様に残っていることは，日本社会においては，当たり前のように思われるのであるが，東アジア社会の中では実は珍しいことである。地域連携センターでの国際会議の中で，韓国の歴史研究者から，16世紀から20世紀に至るこの地域の人々のあり方を具体的に明らかにする重要な史料として世界文化遺産にすべきでは，という提言を受けたことがある。

　地域における人々のつながりは，江戸時代の村や村連合の範囲にとどまるものではない。地域連携センターの活動では，地域の歴史資料から豊かで多様な地域歴史文化のあり方が明らかにされてきた。そこから2つの事例を見てみよ

う。

　石川道子は，近世において伊丹の大酒造業者で，町役人のトップでもあり，現在まで続く小西酒造株式会社との連携事業を進めてきた。その分析からは，同社に残された近世以来の歴史資料は伊丹での酒造の展開を明らかにするだけでなく，消費地と

写真1　復元された酒（小西酒造株式会社提供）

しての江戸の社会や領主であった近衛家や幕府諸大名の実態，町人を中心とした文化の豊かな広がりなどが明らかにされた。さらに石川は，この古文書に記されている酒造りの方法について，その読解を酒造技術者とともに進め，元禄期や文政期，さらに幕末の酒を現代に復元していった（写真1）。このような技術も含めた人と人の関係や，酒の味に象徴される文化の歴史的展開もまた，地域歴史文化の継承の一部をなすのである（石川道子追悼事業実行委員会 2016）。

　歴史資料を通して，地域と世界が往還していくというダイナミックな展開も存在する。兵庫県小野市，加西市にまたがる青野ヶ原には，第一次世界大戦期，捕虜の収容所があった。青野ヶ原俘虜収容所にはドイツ兵，オーストリア＝ハンガリー兵合わせて500余名が収容されていた。この収容所の存在は地元でも長く忘れられていたが，捕虜の日記の複写物が，地元博物館である小野市立好古館へ寄贈され，その分析と現地踏査を人文学研究科のハプスブルク帝国史研究者である大津留厚教授を中心に進めたことから，その実態解明が急速に進み，捕虜と地元住民の間で，音楽や演劇，サッカーなどのスポーツや兵式体操の導入，工業技術移転などさまざまな文化的，社会的交流があったことが明らかになった（大津留厚・奥村弘・長野淳子 2011）。

　ここでは，ほとんど忘れられていた収容所についての歴史資料や建物が，好古館を介して地域の方々と研究者が協力する中で，地域で次々に再発見されていった（次ページ写真2）。その成果は小野市内や神戸大学での展示会，講演会，神戸大学交響楽団による再現コンサートを通じて地域で共有された。さらに日本とオーストリアとの歴史的なつながりの1つとして，2008年に第一次

第 1 章 歴史と文化を活かした地域づくりと地域歴史遺産

写真 2　収容所で使われたビリヤード台

写真 3　オーストリア国家文書館で行われた神戸大学交響楽団よる演奏会

大戦終結 90 周年にあたるのを機に，ウィーンのオーストリア国家文書館で展覧会と演奏会を実現した（写真 3）。日本での研究成果を基礎に，地方自治体と外国国家機関とが，母国において共同で文化事業を行うものであり，日本では，おそらくはじめての試みであったと思われる。現在も，この当時の捕虜と地域についての研究や，その成果に基づく多様な活動が，加西市と神戸大学の連携事業の中で持続的に行われている。

2 現代日本社会における地域歴史資料と歴史文化継承の困難

　第 1 節で述べたように，日本の各地には膨大な地域歴史文化に関する歴史資料が存在している。それを保存，継承し，多様なかたちで活用し，さらに世界各地の地域との往還を通じて，地域の歴史文化を豊かにしていくさまざまな事例も，日本各地で生まれている。しかしながら，一方で，現代の日本社会は，地域歴史文化を次世代に継承していく上で，多くの困難を抱えている。そのこ

とを無視して，歴史と文化を活かした地域づくりを進めることはできない。そこで第2節では，地域の歴史文化の継承を困難とする課題を，①人口減と流動化拡大による継承性の困難，②地域文化の急激な変容，③大災害の続発，④平成自治体合併，⑤地域の歴史文化を部分的に切り取る歴史把握の5つに分けて考えてみたい。

■ 人口減と流動化拡大による歴史文化継承の困難

　第一は，急激な中山間部での人口減と都市部での人口流動化の拡大である。表1は，兵庫県北部の中山間部の人口の増減を示したものである。郡レベルの人口統計のもっとも早いものは，1885（明治18）年で，その人口は江戸時代末から大きくかわっていない時期のものである。これを例にとるならば，北部の中山間部では，現在の人口は江戸時代の人口を切りはじめている。そのことは，端的に言って，各地域が江戸時代の生産力で養えた人口を，大きく生産があがっている現代社会の中で養えなくなりつつあることを意味する。

　日本全体を見るなら，近世末におおよそ農村（在方）地域の人口は約3000万人であった。近代以後も，同地域の人口は，1980年代まで3000万人程度を維持してきた。第2次世界大戦後も，海外からの引き揚げ者や都市の空襲の影響のため，一時的に人口が拡大した地域も少なくなかった。現在，それが維持出来ない状況が急速に展開しているのである。

表1　兵庫県北部の人口の変遷

名　　称	1886年	2009年		2013年
養父郡	39,206人	養父市　28,306人	→	26,195人
多紀郡	46,017人	篠山市　45,352人	→	43,957人
氷上郡	70,934人	丹波市　70,810人	→	66,033人

・1886年は『兵庫県統計書』
　その他は各市の発表によるもの

■ 地域文化の急激な変容による地域の記憶継承力の低下

　第二は，地域文化の急激な変容による地域の記憶継承力の低下という課題である。現在，高齢化の進展が大きな社会問題として取りあげられているが，地

域の歴史文化においては，高齢化だけが課題ではない。同時に高度成長経済で私たちの生活のあり方が大きく変わったことも重要な点である。

　たとえば，地域の博物館等にある民俗資料の多くは人々が使い続けてきたものであるが，現在，これらのものは，使われなくなったものである。その機能や社会的な役割も，歴史として学ばねば継承しえないものになっている。牛を使って農耕をすることは，1960年代までは普通であったが，現在，私達の周りには存在しなくなった。また薪を使って煮炊きをしている家庭もほとんどない。その意味では，民俗資料は，ほとんど歴史資料化しているといっていいであろう。現在進行しつつある基本的な生活と文化の変容は，千年単位で続いてきたものが大きく変わることを意味するものなのである。

　さらに多様な民俗文化も大きな危機を迎えている。本書では，第9章大江篤「民俗文化と地域―但馬地域の事例を中心に―」が，兵庫県北部の現状について詳細なアンケート調査による分析を加えている。2014年度の豊岡市での調査で，「踊り」などの芸能が伝承されていると回答した自治会は10.8%，盆踊りについても29.9%という回答がなされるなど，危機的な状況がリアルに示されている。

　近世以来，当たり前のこととされてきたことが歴史的な事柄になるという特殊な時期において，高齢化が進んでいくことは，今までは人から人へと生活文化として伝わってきた事柄が，意識的に歴史的なものとして語られなくては次世代に伝わらなくなったということを意味する。ここで対応できなければ，地域社会の記憶継承力が全体として低下し，さらには断絶してしまうという危機が私たちの社会の中に広がっている。

　大槻守は，200名を超える住民がみずから執筆するというユニークな自治体史である香寺町史（第3章前田結城コラム参照）を編纂したが，その執筆意図について「高度経済成長期に始まったこうした激動を体験し，さらに戦前と戦後の生活を比較できる人たちがまだ今なら地域にはいる。今ならそれが記録できるし，今をおいてしかできないのではないか，という思いがあったからである」と述べている（大槻2013）。高度経済成長以前を知る世代の存在を抜きには語り得ないという点で，私達がこれを歴史化しうる時間は長くない。この10年が極めて重要な意味をもつのである。

事態の深刻さは農村部だけではない。たとえば阪神・淡路大震災以降、神戸市灘区では、20年間で、おおよそ13万人の人口の半分以上が入れ替わっている。都市部での激しい人口の流動化も、記憶の継承を困難にしている。このような地域社会の変容は、地域の歴史団体にも大きな影響を与えている。飯澤文夫は、高度経済成長以前に育った層を中心とする郷土史団体の困難について、郷土史団体の中核的な担い手であった高校教員の多忙化について触れている（飯澤 2013）が、さらに述べるなら一校での任期の短期化等で、地域社会に高校教員が根付きにくい状況も、この状況を一層進めるものとなっている。

■ 大地震と大水害の多発と地域歴史遺産の滅失

　第三は、大地震と大水害の多発と、そこでの地域歴史遺産の滅失という事態である。日本列島では、戦後復興から高度経済状況の時期を経て、阪神・淡路大震災に至るまでは、大規模な地震災害がほとんどなかった。1948年に福井地震が起こり、福井市街が壊滅的な影響を受けて以来、1995年の阪神・淡路大震災まで47年間にわたって、震度6以上の大地震が人口稠密地域に起こることはなかった。ところが、1995年から、ほぼ2年に一度、震度6を超える直下型地震が起こるようになり、2011年3月11日に東北地方を中心に大きな被害を与えた海溝型巨大地震である東日本大震災が起きた。その後も2016年に熊本地震が起こるなど、直下型地震も連続している。

　このことは、敗戦後、私たちの社会が大きな転換を遂げたときに、大災害の際、地域の歴史遺産の保全を組み込む形で、文化が作られてこなかったことを意味する。さらに地球温暖化の影響により、この10年くらいのあいだに大規模な水害が増加した。百年に一度といわれる水害が毎年各地で起こり、江戸時代からある蔵が初めて水につかったという事例が次々と生まれるようになった。さらに東日本大震災では、放射能による災害という新しい問題も生まれてきている。

　個人や近世村レベルの団体に膨大な歴史資料が残され、しかも人口減と地域の記憶継承力の低下が進む日本列島にあっては、大災害が発生すると一気に地域の歴史遺産が失われる可能性がある。それへの対処は、阪神・淡路大震災を契機に生まれた歴史資料ネットワークの形成を契機に、日本各地で、ボランティ

第1章 歴史と文化を活かした地域づくりと地域歴史遺産

表2 2017年歴史資料保全ネットワーク一覧（歴史資料ネットワーク把握分）

名　称	成立年	活動府県	成立契機	大学事務局
歴史資料ネットワーク	1995	兵庫・大阪・京都	阪神・淡路大震災	神戸大学
山陰歴史資料ネットワーク	2000	鳥取・島根	島根県西部地震	島根大学
芸予地震被災資料救出ネットワーク愛媛	2001	愛媛	芸予地震	愛媛大学
広島歴史資料ネットワーク	2001	広島	芸予地震	広島大学
資料ネットやまぐち	2001	山口	芸予地震	山口大学
NPO法人宮城歴史資料保全ネットワーク	2003	宮城	宮城県北部地震	東北大学
福井史料ネットワーク	2004	福井	福井水害	
新潟歴史資料救済ネットワーク	2004	新潟	中越地震	新潟大学
宮崎歴史資料ネットワーク	2005	宮崎	2005年台風14号	
岡山史料ネット	2005	岡山	予防	岡山大学
ふくしま歴史資料保存ネットワーク	2006	福島	予防	福島大学
山形文化遺産防災ネットワーク	2008	山形	予防	
千葉歴史・自然資料救済ネットワーク	2009	千葉	予防	千葉大学
茨城文化財・歴史資料救済・保存ネットワーク	2011	茨城（栃木）	東日本大震災	茨城大学
地域史料保全有志の会	2011	長野	2011.3長野県北部地震	
岩手歴史民俗ネットワーク	2011	岩手	東日本大震災	盛岡大学
歴史的・文化の遺産保存活用連携ネットワーク(三重)	2011	三重	予防	
神奈川資料保全ネットワーク	2011	神奈川	予防	横浜国立大学
歴史資料保存ネット・わかやま	2011	和歌山	2011年台風12号	
静岡県文化財等救済ネットワーク	2012	静岡	予防	
歴史資料保全ネットワーク・徳島	2012	徳島	予防	鳴門教育大学
鹿児島歴史資料防災ネットワーク(準)	2013	鹿児島	予防	鹿児島大学
熊本被災史料レスキューネットワーク	2016	熊本	熊本地震	熊本大学

アによる歴史資料の保存や活用を目指す組織が生まれていった。その活動の特質と地域の歴史文化について持つ意味について，本書では，第4章木村修二「古文書の可能性」，第12章河野未央「大規模自然災害から地域史料を守り抜く」，第13章大国正美「在野のアーキビスト」論が，それぞれ，歴史資料ネットワークの大震災時の活動内容，さらにはそこで保全された地域歴史資料のその後の市民や専門家の活用状況，そこで生まれた新たな地域歴史遺産を保全し，活用していく組織や教育について論じている。

　現在，歴史資料ネットワークと同様の性格を持つ歴史資料保全団体の数は，おおよそ府県を単位として，20を超えており，東日本大震災では，相互に協力しながら地域の歴史資料保全を担っている（表2）。ただし，これらの活動は，有志による緊急対応を中心とするものであり，大地震や大水害等の巨大災害時や，持続的な地域歴史遺産の保全に対して，十分に対応しうるものはないことも指摘しておきたい。

■ 平成自治体大合併の地域歴史文化への影響

　第四は，平成の大合併が地域の歴史文化に与えた影響である。岡田知弘氏は，総務省過疎対策室の2006年の調査報告書を分析し，大合併後の課題として①過疎化対策に関する行政対応力の低下，住民サービス低下，②公共施設やインフラの整備・維持管理に支障が生じ，③地域コミュニティや集落等の各種機能・活動の低下，市町村内における各区域格差，住民意識格差が起こったことを明らかにした。そして合併によって周辺部となった過疎地域で合併の矛盾が集中して現れていると指摘した（岡田2013）。

　このことは地域の歴史文化を考える上でも重要な意味を持つ。松下正和は，氷上郡六町が丹波市になるに際して，各町で編纂された町史について，編纂者がこの時点で地域の歴史をまとめておかなければ，永久に失われてしまうという危機感を持っていたことを指摘した（松下2013）。大槻守も合併問題が香寺町史編纂に与えた影響を論じている（大槻2013）とおり，兵庫県下においても大合併が，地域の歴史文化に与えた影響は大きかった。また村上岳は，この合併によって直接生じた公文書保存の現状を分析し，「後世の住民や職員が過

去の邑久町の営みを知ろうとするとき，もっとも基本となる行政資料が，今回残したもの以外にはほとんど見出せないかもしれないのである」(村上 2013)という指摘を行っているが，同様な役場資料の散逸は兵庫県各地でも確認されており，平成大合併を通して失われた歴史資料や，閲覧できない状況に置かれている歴史資料が膨大に生まれたことが想定される。

さらに第 10 章古市晃「地域博物館論」では，1970 年代以降，今日まで，日本各地に展開する歴史系博物館の中での学芸員のあり方が問われている。古市は，1970 年代以降，博物館における専門職員の必要性が自治体レベルで十分認識されず，学芸員が配置されてこなかったこと，21 世紀に入ってもその傾向は拡大し，平成大合併と関連して，地域の博物館の統合が進み，人員削減が拡大し，さらに保存されてきた地域歴史遺産の保存環境悪化，さらには所在の不明という事態が展開しているとした。また，この間，博物館運営において行われた指定管理者制度がさまざまな問題点を抱えており，学芸員の身分をいっそう不安定にしていることを指摘している。

平成大合併は，合併という行為そのものが，地域の歴史文化を解体する要因となったということだけでなく，合併後の自治体が，地域の歴史文化の維持・発展に対応する具体的なシステムを形成しえていないという点においても，大きな課題を生み出した。雇用の不安定化，不安定な身分という問題は，地域文書館においても同様である。辻川敦が「多くの地域文書の現場において，専門職として実務に携わっているのは非常勤職員であり，求められる専門性を実務経験を通して培い責任のある立場を担っていくシステムになっていない」とし，さらに「この点への問題意識を持たずして，文書館事業と社会の関わりの本質的な部分を議論することはできないであろう」と述べているとおりである（辻川 2013）。

■ 地域の歴史文化を部分的に切り取る歴史把握

第五は，地域の歴史文化を部分的に切り取る歴史把握が，社会的に存在していることである。私達は歴史的な存在として過去から現在に至る継続的な時間の中に存在している。このような歴史把握は，このような歴史的な時間軸全体を理解

していくというよりは，過去の歴史的な事象の一部のみを，その前後との関係を断ち切られた形で切り出す形で形成される歴史意識のことを指している。

　私自身が，このような歴史把握の存在を強く意識したのは，阪神・淡路大震災後の歴史資料保全活動の中であった。神戸市内で歴史資料保全を進めていた時，神戸は「モダンな都市」で明治維新以降に発展した都市だから，それ以前の歴史資料はないのではとの質問が全国紙の記者や，神戸市民の中から出され驚いたことがある。私はそのような歴史把握が生まれてくるには，高度経済成長以後であることを明らかにしたが（奥村 1999），このようなある時期や特定の歴史事象に特化して，歴史を把握しようとする考え方は神戸の特有のものではない。たとえば，京都のイメージが平安京と幕末に特化されているように，特定の歴史事象との関係のみに注目し，その前後の歴史的な展開との関連を欠いた地域社会についての歴史把握は，日本社会に広範に存在している。

　さらに大地震等による大災害や戦災においても歴史把握の断絶は起こる。大災害が発生し，それ以前の景観と人々の営みが失われ，新たな景観が形成され，地域の「復旧・復興」を強く意識されると，大災害以降の展開が意識されることになる。したがって，多くの災害や戦災について復興の記録や歴史書は，災害発生の時点から記述を行うものがほとんどである。そのことは，災害を読み手に強く印象づけるものではあるが，そこでは，災害以前の地域社会と復興との歴史的な関連は明確にされないことが多い。さらに，大規模災害での被害が人災か否かが問題となった際，それに関わる災害以前の歴史資料や震災に関する資料である震災資料が，隠蔽されてしまう可能性も生ずるのである。

3　地域歴史遺産という考え方の広まりと日本社会の市民的成熟

　第2節で見てきたように，日本の地域社会には多様な歴史資料が残されるとともに，その多くは消滅の危機に瀕している状況にある。これまで長く日本列島に伝えられてきた歴史資料を保存，活用し，地域の歴史文化をいかに次世代

に引き継いでいくのか。私達は，地域の歴史資料を地域歴史遺産として保存し，活用していくことが重要であると考える。そこで第3節では，地域歴史遺産とそれを支える日本社会の市民的な成熟について考えてみたい（なお地域歴史遺産という考え方の詳細については，第2章で検討するのでそれを参照していただきたい）。

■ 地域歴史資料を地域歴史遺産として未来に伝えるという考え方の広がり

　阪神・淡路大震災が発生した1995年前後から，日本社会において，国や自治体が指定する重要文化財や自治体指定の文化財とことなる位置づけをもった，地域文化遺産もしくは地域歴史遺産という概念が広まり始めた。

　このような考え方の元となる歴史学や自治体史編纂，地域での歴史資料の保存活用はもちろんそれ以前から存在したのであるが（第3章，第13章参照），やはり1995年以降の変化は大きなものがあった。大国が述べるように「在野のアーキビスト」論は，阪神・淡路大震災後，歴史資料ネットワークや地域連携センターと関連した活動の中で，いっそう深められていったのである。

　阪神・淡路大震災時の地域歴史遺産保全の経験が全国に拡大していったのと同様に，地域歴史遺産に関わる考え方の変化も，兵庫県下にとどまるものではなかった。たとえば，災害時の歴史資料保存の専門家として奥村も参加した内閣府の「災害から文化遺産と地域をまもる検討委員会」は，2004年7月，「地震災害から文化遺産と地域をまもる対策のあり方」（内閣府防災担当のホームページ http://www.bousai.go.jp/ の公表資料参照）を取りまとめたが，この中で文化遺産について，「文化遺産は法律で規定されている文化財だけでなく，広い意味で歴史的な景観やまちなみ等空間的なものを含めるものとする。文化遺産と地域をあわせてまもるという考え方においては，地域の核として認識されている文化遺産であれば，それは世界遺産，国宝などに限定する必要はないと考えられる。そこで，本あり方において対象とする文化遺産は，世界遺産，国宝，重要文化財等の指定されたものだけでなく，未指定の文化遺産も含め地域の核となるようなものとする。」と述べた。

　文化庁もまた文化財概念が広く人々の生活に関わるものであることを強調す

るようになっていく。2007年10月30日に出された文化審議会文化財分科会企画調査会報告書では、「文化財という用語を用いる場合，それが国や地方公共団体により指定などをうけ，保護の措置が図られているものを指すものとしてとらえられがちである。そのため，そうした指定文化財を含む，歴史的な価値を持つ文化的所産を指すものとして，文化遺産という文言が用いられていることが多い。しかし，文化財保護法に規定されている本来の文化財とは，指定などの措置がとられているか否かにかかわらず，歴史上又は芸術上などの価値が高い，あるいは人々の生活の理解のために必要なすべての文化的所産を指すものである。」と述べた。「人々の生活の理解のために必要なすべての文化的所産」をして文化財と把握するならば，その範囲は極めて広範にわたることになるのである。

2011年4月に出された東日本大震災における被災文化財の救援と修復に関する近藤誠一文化庁長官のメッセージにおいても「指定・未指定を問わず文化財は，我が国はもとより人類が未来にわたって共有すべき貴重な財産であり，これらを後世に伝えていくことが，現代に生きる私たちの責務です。そのためにまずやらなければならないことは，今回の地震や津波によって被災した文化財や美術品等を緊急に保全し，今後予想される損壊建物の撤去等に伴う廃棄・散逸あるいは盗難等の被害から防ぐことです」と，未指定も含めた被災地の文化財救援を訴えたのである。

地域に残されている多様な「公文書」についても，これを歴史遺産とするような考え方が明確化していく。2011年4月に出された公文書管理法では，第1条で，公文書等が「健全な民主主義の根幹を支える国民共有の知的資源」であり，国民の知る権利を認め，国等の諸活動を現在及び将来の国民に説明する責務を全うするために，「行政文書等の適正な管理，歴史公文書等の適切な保存及び利用等を図るようにすること」を目的とすると述べている（なお地域歴史資料としての公文書については第5章参照）。

日本では「公」の意味が，国や自治体の活動という狭い枠組みの中で考えられることが多いが，社会的な価値としての「公」はそれより遙かに広い概念である。大規模自然災害と向かい合うことを余儀なくされている日本社会において，災害を深く理解し，それを未来に伝えていくことも，公共的な価値が極め

て高い。したがって，国や自治体以外のさまざまな団体や個人の大規模自然災害についての資料である災害資料（大地震の際は，震災資料と呼ばれる）もまた，公的を持つ資料，広義の意味での「公文書」であり，地域歴史遺産であると見なされていくのである。

内閣府の答申の「地域文化遺産」の示す内容は，本書で使用している「地域歴史遺産」とほぼ同義であるし，「文化財」の概念を人々の生活に関わる広範囲なものに展開するならば，それもまた「地域歴史遺産」と同等の内容を持つことになる。しかしながら文化財という言葉は，先に引用した文化庁の報告書でも述べられているように，日本社会の中で，国や地方自治体において指定され，保護の措置が図られているものであるという通念と強く結びついている。

地域歴史遺産という考え方においては，その地域に残されたさまざまな歴史を明らかにするさまざまな素材と，それを地域社会の中で活用し，次の世代へと引き継いでいく人々のあり方が強く結びついているのに対して，文化財という概念は，そこに残された歴史資料の素材としての性質に着目する度合いが強く，残された「もの」をめぐる人と人との持続的な関係をも含めたイメージを形成しにくい。

本書では，地域に生きる人々の生活の理解のために必要な広範な歴史資料を対象とすることを明らかにするために「文化」ではなく「歴史」という概念を使い，「遺産」という形で，未来へ引き継ぐイメージを明確にしている。ただ，私達はその言葉に必ずしも拘泥しているわけではない。むしろ地域社会の中で地域の歴史文化が未来に引き継がれていく中で，それにふさわしい呼称が定着していくことが重要であると考えている。

■ 地域歴史遺産と日本社会の市民的成熟

本書は，このような地域歴史遺産をめぐるさまざまな地域での取り組みを中核として構成されているが，そのような取り組みそのものが可能となる背景として私は，さまざまな課題を持ちながらも日本社会の市民的成熟がその背景にあると考えている。

河野未央は，これについて，東日本大震災での写真を収集するボランティア

に触れながら「史料ネットでは,『地域遺産』を『心の復興』の拠りどころとなるものと唱えてきた。(中略) ここでは,来し方＝『過去』の先に『現在』があるが,その『現在』もまた未来に立てば,『過去』であるという,二重の『歴史化』がはかられている。こうした視点は,史料が復興の過程,あるいはまちづくりのなかで『活用』されてこそ,はじめて実感し,共有することができるものである。楽観的かもしれないが,私自身は,先の写真を拾うボランティアの姿から,おそらくこのような視点を共有できる社会的土壌が生成されつつあることを感じた。」と述べた (河野 2013)。河野が楽観的かもしれないと述べながら,このような議論を展開している背景には,本書の各章で詳細に述べられる地域の住民と大学関係者や歴史文化の専門家の間でのさまざまな取り組みが,毎年 1 月ごろに行われる地域連携センター主催の地域連携協議会等で報告され,それが参加者の中で共有化されることがあると考える (これについては 2009 年から同センターの年報として刊行されている『LINK【地域・大学・文化】』を参照)。センター内で共有化され,本書に執筆したセンター関係者の確信となっていることにあるように思われる。

　大国正美は,成功例はやや特異としながらも「われわれの働きかけにより,史料保管主体の機能を強化することがいろいろな地域で成功し,文書を守りながら利用するというアーカイブの思想そのものを,地域社会に普及することができることを立証したこともまた事実である」と述べている (大国 2013) が,私達が,地域の歴史文化について地域の方々に働きかけたことによって,日本社会のおける地域住民の能動性とその能動性を支える市民社会の成熟を確認しえたことの意味を極めて大きいと考える。

4 地域歴史資料と地域歴史遺産との関係

　本章の最後に,地域歴史資料と地域歴史遺産との関係について再度まとめておこう (表3)。地域に存在する歴史資料の「資料」という概念は,これまでかならずしも文字資料のみを指すのではなく,考古遺物や歴史的景観,民俗行

事等も含めた広い概念としても使われてきた。さらに地域の歴史を明らかにする歴史資料という場合，その歴史資料はさしあたり，地域の人々によって持続的に引き継がれているものなのかどうかという要素を含んではいない。意識的に残されたのではなく偶然にそこに残った，それまで知られていなかった考古遺物などもまた，その中には含まれているのである。

さらに地域に存在する多様な歴史資料の中で，特に地域社会との深い関係を持つ歴史資料を「地域歴史資料」と呼んでおきたい。地域歴史資料は，人々の社会的な結合を一定の領域（空間）と一体として捉えるものとしての「地域」に着目するところに特色がある。

これに対して，「地域歴史遺産」という概念が含意するところは，その地域に残された，さまざまな歴史を明らかにするさまざまな素材（これを広い意味で，「歴史資料」と呼んでおく）と，それを地域社会の中で活用し，次の世代へと引き継いでいく人々のあり方が，強く結びついているところにある。

その意味では，地域歴史遺産は，そこに残された歴史資料の素材としての性質に着目するというよりは，残された「もの」をめぐる人と人との持続的な関係に注目する概念である。その意味では地域歴史資料は，人と人とのつながりを，その内に含むことによって，地域歴史遺産となっていくといってもいいだろう。

それでは地域歴史資料を「地域歴史遺産」として把握していくことにはどのような意味があるのだろうか。地域の住民の視点から見るなら次のようなことがいえる。このような見方が広く住民に共有されていることは，地域が生み出してきた多様な歴史文化を，地域の現在と未来を考える基礎に置く，そのよう

表3　地域歴史資料と地域歴史遺産

○**地域歴史資料**
　人々の結合と領域（空間）を一体として捉えるものとしての「地域」に着目し，その歴史をあきらかにするという意味での歴史資料

○**地域歴史遺産**
　地域社会の中で活用し，次の世代へと引き継いでいく人々の姿が，素材である歴史資料と連関して捉えられ，地域社会の中で通念化していくもの

な人と人との関係が地域社会の中で豊かに広がっているということを意味しているのである。

　東日本大震災後，2015年に仙台で開催された第3回国連防災会議では「復興」の意味が深く問われたが，そこでは"build back better"というかたちで「復興」が理解されていた。以前より良いかどうかを判断するには，当然ながら，地域の人々がそれ以前の状況を知っていることが必要になる。歴史的に形成された地域社会を客観的に把握し，住民が相互に共有していくことが，そこでは必要となるのである。このことは復興という事態が生まれることで強く意識されるが，地域の日常においても必要なことである。

　本書で展開される地域住民による地域の歴史文化に関するさまざまな取り組みは，このような社会関係を作り出すための具体的な事例を提供するものである。地域の歴史文化のみで，地域社会の危機が解決できるわけではないが，自らの地域を歴史的に深く知り，その中で地域と深く関わる営みが展開し，地域文化の形成に主体的に対応する住民が増え，相互に連携を拡大していくことは，地域の存続の基礎である。

　歴史文化の研究に関わる専門家にとって，歴史資料を地域歴史遺産として扱うことは，それを介して，地域社会に生きる人々の現在と未来に深く関わることを意味する。自らの研究が，どこまで深く社会をとらえたものなのか，そこでは具体的に問われ続けることになる。個々の領域の専門家である研究者が，歴史像を地域住民に提供するためには，研究者間や地域住民との共同した持続的な取り組みも必須となる。歴史文化の研究者もまたこの取り組みの中で，現代社会における歴史文化の広がりの中で，自らの位置を再認識するとともに，それを担う研究者間の連携を拡大していくことになるのである。これについては，第14章市沢哲「連携事業の意義―成功例と失敗例から―」及び，井上舞，河島真のコラムをお読みいただきたい。

　地域歴史遺産の保存活用に参加する方々のきっかけは多様であるが，そこには，多くの人々とつながり，そこからお互いに学んでいくという過程がある。そのことが，地域歴史遺産を活用した地域づくりの魅力の基礎にある。本書を通して地域歴史遺産について知っていただき，多様な実践例を参考にして活動を進めていただければと考える。

第 1 章 歴史と文化を活かした地域づくりと地域歴史遺産

《参考文献》

飯澤文夫 2013「郷土史団体の現在」(神戸大学大学院人文学研究科地域連携センター編『「地域歴史遺産」の可能性』, 岩田書院)

石川道子追悼事業実行委員会編 2016『石川道子著作集 近世西摂津の都市と農村』(神戸新聞総合出版センター)

大国正美 2013「「在野のアーキビスト」論と地域歴史遺産」(神戸大学大学院人文学研究科地域連携センター編『「地域歴史遺産」の可能性』, 岩田書院)

大槻守 2013「住民と協働した自治体史の編纂―香寺町史の場合―」(神戸大学大学院人文学研究科地域連携センター編『「地域歴史遺産」の可能性』, 岩田書院)

大津留厚・奥村弘・長野順子 2011『捕虜として姫路・青野原を生きる 1914-1919：箱庭の国際社会』(神戸新聞総合出版センター)

岡田知弘 2013「市町村合併の現状と課題」(神戸大学大学院人文学研究科地域連携センター編『「地域歴史遺産」の可能性』, 岩田書院)

奥村弘 1999「神戸開港と都市イメージ」「みなとの祭りから神戸まつりへ」(歴史資料ネットワーク編『歴史のなかの神戸と平家』, 神戸新聞総合出版センター)

奥村弘 2012『大震災と歴史資料保存』(吉川弘文館)

奥村弘編 2014『歴史文化を大災害から守る―地域歴史資料学の構築』(東京大学出版会)

奥村弘 2015a「大災害から地域歴史文化を守り伝えるために」(神戸大学震災復興支援プラットフォーム編『震災復興学―阪神・淡路 20 年の歩みと東日本大震災の教訓』, ミネルヴァ書房)

奥村弘 2015b「歴史資料の保全と活用」(岩波講座『日本歴史第 21 巻〈史料論 テーマ巻 2〉』, 岩波書店)

奥村弘 2017「地震・水害時の歴史資料保存活動の展開と地域歴史資料学の提起」(『現代歴史学の成果と課題 第 4 次 -3』, 績文堂出版)

河野未央 2013「風水害からの歴史資料保全」(神戸大学大学院人文学研究科地域連携センター編『「地域歴史遺産」の可能性』, 岩田書院)

松下正和 2013「市民とともに伝える地域の歴史文化―兵庫県丹波市での取り組み―」(神戸大学大学院人文学研究科地域連携センター編『「地域歴史遺産」の可能性』, 岩田書院)

村上岳 2013「市町村合併と史料保全―岡山県邑久町での取り組みを中心に―」(神戸大学大学院人文学研究科地域連携センター編『「地域歴史遺産」の可能性』, 岩田書院)

第2章
地域歴史遺産という考え方

村井良介
岡山大学大学院教育学研究科

一般に文化財や歴史資料というと指定文化財や，日本史上の有名な事件や人物に関わるものがイメージされやすい。しかし実際には，人がいかなる関心からみるかによって史料の持つ価値は変わる。単にそこに存在しているのではなく，人々がそこに意味や価値を見出し，あるいは保存・継承を図ることによって，それが地域歴史遺産になるという，人々の営為を重視するのが地域歴史遺産という考え方である。現在，過疎化や生活様式，価値観の変化により，多くの地域歴史遺産が消滅の危機にさらされている。地域歴史遺産が豊かに継承していくためには，その活用可能性が示され，多様な価値観を持つ担い手によって，再び意味づけられることが必要である。

キーワード

地域歴史遺産　文化財　歴史資料　史料保存

1 地域歴史遺産とは何か

　この章では地域歴史遺産について述べる。文化財や歴史資料（史料）といった見慣れた言葉ではなく，あえて地域歴史遺産という新しい言葉を用いる意図については，本章のなかで順を追って説明していこう。

　文化財といえば神社仏閣などの歴史的建造物や美術品などをイメージする人が多いだろう。同じく歴史資料（史料）といえば多くの人は，和紙に墨で書かれた江戸時代以前の古文書や，古代の遺跡から発掘された土器などの考古遺物を思い浮かべるのではないだろうか。また，史料や文化財といえば，国宝や重要文化財に指定されているようなもの，歴史上の有名な人物や事件に関わるものなどが，価値のある，後世に残していくべきものと受け取られることも多いように思われる。阪神・淡路大震災の直後，被災した歴史資料をレスキューするため，被災地を巡回したボランティアは，訪問先で歴史資料について尋ねたとき，「うちにはそんな古いええもんはない」とか「歴史のことを知りたいなら，奈良や京都に行きなさい」と言われたという（奥村 2012；坂江 2013）。このエピソードは，歴史資料といえば，古代や中世の古いもの，国宝・重文級の「お宝」というイメージが一般には根強いことを示している。

　しかし，実際には古文書や考古遺物だけでなく，近代以降に書かれたものや印刷物，戦争体験などの証言，祭りなどの民俗慣行，農具をはじめとする生活用具，里山や棚田といった歴史的景観など，ごく最近のものまで含めて，ありとあらゆるものが歴史資料となりうる。歴史学ではある時期から，いわゆる「天下国家」の歴史，中央の歴史，頂点的な芸術や文化だけではなく，普通の人々の日常生活や地域の歴史が重要視されるようになってきた。そうしたことを知ろうとすれば，国宝級の「お宝」ではなく，地域にある身近なものが重要になってくる。近年では文化財も決して国宝や重要文化財などの指定文化財だけではなく，未指定のものも含め，地域の歴史を知るためのあらゆる文化的な所産が文化財だと考えられるようになってきている（奥村 2012）。なお，これも近年使用されるようになった文化遺産という言葉もやはり，指定文化財などに

限らず，幅広く地域の歴史文化を知るための遺産という意味が込められており，地域歴史遺産や広義の文化財と同様の志向性を有している（杉本 2017）。

　史料や文化財をこのように広くとらえた上で，さらにそれに関わる人々の営為を意識したのが地域歴史遺産という考え方である。奥村弘は，地域歴史遺産は「ある」ものではなく「なる」ものだとしている（奥村 2012）。単にそこに存在しているというのではなく，人々がそこに意味や価値を見出し，あるいは保存・継承を図るという，何らかの営為が介在することによって，それは地域歴史遺産になるという考え方である。

　岩手県陸前高田市の高田松原は，東日本大震災の津波被害を受けたが，一本だけ倒れずに残った松の木があった。この松の木は「奇跡の一本松」と呼ばれ，地域の人々によって保存が図られた。高田松原は江戸時代に防潮林として植林されたことにはじまり，その後は，景勝地としても名高く，以前から歴史的な意味が認知されてきたものであるが，この一本の松の木自体は何か特別なものであったわけではない。震災を記憶するモニュメントとして後世に残していこうという人々の営為が加わって地域歴史遺産と「なった」のである。

　歴史研究者がしばしば尋ねられて返答に困る質問は「その史料にはどのぐらい価値がありますか？」というものである。たとえば，どこにでもあるような，何の変哲もない領収書や借用証文ようなものでも，その地域の人々のかつての生活を知る貴重な手がかりになることもある。逆に，たとえ織田信長のような有名人の書状であっても，地域の人々の日常生活を知るという目的にとっては何の役にも立たない場合もある。つまり，その人がどういう意図や目的でその史料を見るかによって，その価値は変わってくるから，価値があるとかないとかいうことは一概には言えない。だから，あらゆるものが史料になりうる可能性を持っているし，さらにそれが一個人にとってだけではなく，地域にとって意味があるものだと人々が考えることで地域歴史遺産になってゆくのである。地域歴史遺産という言葉は，この人々の認識や営為が介在するという側面に特に注目したものである。

　こうした考え方が打ち出される大きなきっかけとなったのが阪神・淡路大震災である。震災後，歴史研究者などは歴史資料ネットワーク（史料ネット）というボランティア組織を結成して，被災地で歴史資料のレスキューに当たった

が，先にも述べたように，一般の人との史料についての認識のズレに直面することになった。また，訪問したときには，すでに史料が捨てられてしまっていたというような事例にも多く遭遇した。半壊した建物を取り壊すために，しかたなく捨てたというケースもあるだろうが，価値のある史料などないと思われていることや，捨ててしまってもいいと思われたことは，そうした史料が，残していくべきものだという意味や価値を人々から与えられなくなっていたということを示している。

震災という出来事は，こうした状況を一挙に顕在化させたが，人々がこうした史料に意味や価値を認めなくなっているという事態は，社会や生活文化の変化につれ，震災以前から進行していた。したがって，こうした震災のような非常時でなくても，史料は日々失われている。たとえば江戸時代の庄屋は，支配の末端機構を担い，また村落の代表者でもあったから，庄屋の家に伝わった史料は，たとえば山林用益における村の権利などを示すものとして，村にとって重要な書類だった。しかし，とくに高度成長期以降にはそうした機能が失われていく。その結果，祖父の代までは大切に保管していたが，今はどうなったかわからないとか，家を建て替えたときに捨ててしまったとかいうことが起きるようになる。社会の変化によって，権利関係を示すような現用書類としての価値が失われるのこと自体は避けがたい。これが再び地域歴史遺産と「なる」ためには，地域の過去の歴史を知る手がかりとして再び意味が付与される必要がある。

人は日々不要なものを廃棄している。そうしなければゴミだらけになってしまうだろう。現在残されている歴史資料は，そのなかで人々が意識して残してきたものがやはり多い。何か必要なもの，重要なもの，将来に残しておくべきものと考えられ，保管されてきたのである。もちろん中には不要になって廃棄された紙が，ふすまの下張りとして再利用されたり，捨てられたモノが地中に埋まったりと，たまたま何らかの形で残ったものや，あるいは蔵の奥にしまい込んで忘れ去られたまま今に至ったものもあるだろう。しかし，たまたま残っただけのものでも，現在それが歴史資料と認識されているとすれば，やはりそこに何らかの意味が見出されたものといえる。意味が見出されなければ，たとえ目の前に存在しても見過ごされるか，発見されても再び捨てられるだろう。

こうした震災やその後の経験から，多く地域歴史遺産（となりうるもの）が，いま消滅の危機にさらされているという認識が強まった。そして，それらを今後も保存，継承していくためには，それらが活用されることの重要性，つまり活用できるという意味や価値が人々に見出されることの重要性が意識されるようになった。保存と活用の問題については後で改めて述べるが，こうして，モノが単にそこにあるというだけではなく，それに対する人々の認識や営為に注目する地域歴史遺産という考え方が浮かび上がってきたのである。

2 地域歴史遺産の多様性

　地域歴史遺産に「なる」ためには，それに意味や価値を見出す人々の認識が介在すると述べたが，何に意味や価値を見出すかということは，人によって，あるいはそれを見るときの文脈によって異なるだろう。ある人にとって無意味なものでも，別の誰かにとっては意味のあるものかもしれない。たとえば専門家と一般の人とでは違いもあるだろうし，もちろん同じ専門家の間，あるいは一般の人の間でも違いがあって当然である。先の「奇跡の一本松」の例のように，それは歴史研究に使えるかどうかという尺度だけの話ではない。複数の人が同じ対象に価値を見出しても，それは防潮林，景勝地，震災の記憶というように，それぞれまったく別の意味合いからということもあるだろう。場合によっては，それが何かよいものであるからというばかりではなく，戦争や差別など，かつての「負の歴史」を記憶するために重要なものかもしれない。また同じものが，時間の経過で意味合いを変えたり，新たな意味が付与されたりする場合もある（市沢 2015）。かつては証文として権利関係を示す現用書類だったものが，現在では当時の貸借慣行を知るための歴史資料になるというように。つまり，地域歴史遺産の価値や意味は一義的に決定されるものではなく，どのような文脈でそれをとらえるかによって多様性のあるものである。

　そうだとすると地域歴史遺産が豊かに残されていくためには，一握りの専門家だけが保存に努めるのではなく，幅広い人々が保存や活用の担い手となり，

第2章 地域歴史遺産という考え方

多様な価値観が反映されることが必要になる。ここで重要なのは、多様な価値観の存在を互いに理解すること、すなわち自分にとっては意味のないものでも、ほかの誰か、あるいは未来の誰かにとっては意味のあるものかもしれないという想像力である。

多様な文脈を尊重しながら地域歴史遺産がまちづくりに活用されている事例を紹介しよう。兵庫県尼崎市に富松という地域がある。江戸時代には東富松村、西富松村であった地域である。ここには、戦国期にあった富松城の土塁と堀の一部が現在も遺構として残っているが、その土地は私有地であったため、相続税として国に物納された。物納された土地が競売にかけられ、人手に渡れば、土地が開発され城跡が破壊される恐れがある。そこで地域では住民が「富松城跡を活かすまちづくり委員会」を立ち上げ、保存運動をはじめた。その取り組みは、住民が手作りの展示会を開いたり、富松城跡の前にあるバス停の名称を「富松城跡」にするようバス会社に要望して実現したり、web 上に仮想の博物館「富松城歴史博物館」を作ったりと、非常にユニークなものである。こうした取り組みが実って2016年、尼崎市が富松城跡の土地を購入し、保存が図られることになった。

写真 「見直そう尼崎の宝・中世の富松城展」
　　　に展示された「富松城と富松の原風景マップ」

富松では、こうした城跡の保存運動だけではなく、ほかにも多様なまちづくりの取り組みが行われているが、これらの取り組みにおいて中心的役割を果たしていたのは富松神社の宮司である善見壽男である。善見は城跡の保存運動をはじめた動機について次のように述べている。阪神間にある富松地域では戦後、新住民が多く流入したが、旧住民と新住民の交流が乏しかった。そこで人と人を結びつけるきっかけとして、この富松城跡の保

存運動を活用できないかと考えたという（善見 2010）。筆者が直接お話をうかがったところでは，善見はこの取り組みを城跡の保存運動だけに収斂させたくないとも語っている。なぜなら，それだけを目的にすると保存問題に何らかの決着がついたとき，まちづくりの活動が終わってしまうからである。実際，富松では，富松神社の境内で行う薪能の会や，伝統野菜の富松一寸ソラマメを共同栽培する富松豆保存研究会など，多くのまちづくりの取り組みが行われており，多数の住民が参加している（善見 2013）。こうしたさまざまな活動に参加している住民の全員が富松城跡や富松の歴史に関心があるわけではないだろう。しかし，こうしてまちづくり活動の輪が広がっていることによって，富松城跡の保存をメインテーマとするまちづくりシンポジウムが開催されるとなれば，多数の住民が駆けつける。

　また富松城跡そのものについても，地域の人々は多様な価値を見出している。専門の研究者を招いて講演会を開催するなど，その歴史的な位置づけについても積極的に学んでいるが，同時に子供の頃の遊び場だったというような学術的な意味とはまた異なる側面からも価値を見出しているのである。これを象徴するのが，2002 年に，大学の研究者や尼崎市立地域研究史料館などの協力を得ながら，住民の手作りで開催した展示会「見直そう尼崎の宝・中世の富松城展」に展示されたイラストマップ「富松城と富松の原風景マップ」である。展示会の会場ではイラストマップの前に小さな紙片が置かれており，来場者にマップに描かれた場所についての思い出などを書いて，マップに貼り付けてもらうという企画を行っていた。これらの紙片は「声」と呼ばれているが，こうして集まった「声」も展示の一部となり，情報が増えていく仕組みである。富松城跡については，たとえば「子供の頃（昭和 30 年頃）富松城の西側にあった小川によく魚取りに行ったのを思い出します。どじょう，ふな，ホタルもいて，いまではなつかしい思い出となりました」とか「富松城の跡地に立った時，寒気がするとか，足が前に進まないとか，気分が悪くなるとかはよく聞きます。何か供養が必要だと思います」といった「声」が寄せられた。こうした展示会の成果は，その後 web 上に作られた「バーチャル博物館　富松城歴史博物館」（http://www.tomatsujyou.com/）にも反映された。この仮想博物館の展示は，専門家が作成した富松城が登場する史料の解説や，富松城跡の発掘成果報告も

あれば，住民が作成した「遊び・川　昔と今」といったものもある。つまり，同じ富松城跡という対象に対して多様な価値観が併存しているのである（村井2012）。

　こうした多様な価値観は，単に併存しているというだけではない。仮に単に併存しているだけでいいということになれば，所詮，人それぞれ価値観は違うとお互い無関心になってしまう恐れもある。富松の場合は，専門家の見方や住民の見方がそれぞれあるというだけでなく，両者の交流が図られていた。まちづくり委員会は，専門家を招いて講演会や史料の学習会を開いていたし，バーチャル博物館を作る際にも，住民と専門家が意見を出し合った。一例を挙げれば，住民の側から富松城跡自体を博物館の展示物としたいので，展示室に城跡が見渡せる大きな窓を作りたいという案が出されたのに対して，専門家の側からは直射日光が展示室に入ると，展示品によくないという意見が出され，それを受けて住民の側から，それでは展示室と窓の間に壁を作って回廊状にしてはどうかという意見が出された。バーチャル博物館には各フロアの平面図が掲載されているが，それはこうした議論に基づいて設計されている。web上のバーチャル博物館であるから，もちろん実際に建物を建てるわけではないし，展示品の心配をする必要もない。しかし，本当に博物館を建てるとすればというつもりで議論したことで，双方の考え方を知り，学び合う機会となった。

　地域歴史遺産というからには，もちろんそこでは地域というものが前提になっている。しかし，この地域とは市町村や町会，旧村（江戸時代の村）のように明確な枠組みを持つ，固定的な領域であるとは限らない。見方や関心によって，その広がりをどうとらえるかは変化する。またこの地域はこういう土地だと一色に塗りつぶしてしまうこともできない。地域は多様な性質を重層的に持っているし，見る人の関心や価値観によってとらえ方も変わる。それを何か単一のものに決めつけてしまうことには問題がある。だから，多様な価値が存在していることが必要である。その一方で，地域社会は当然一人では成立しないから，単に複数の価値観が孤立的に併存しているだけでは，地域歴史遺産は生み出されない。しかも，地域社会に関係するのは，そこに住んでいる人だけに限らない。そこに働きに来る人，実家があって帰省する人，その地域を研究対象とする人など，地域外の人々（いわゆる「よそ者」）も含む関係性の中で地

域は成立する。地域歴史遺産とは，そうした多様な立場の人々の価値観を交流させるための媒体でもある。

　地域歴史遺産に「する」ではなく，「なる」というのも，この人々の関係性ということとつながっている。「する」だと誰かの意思でそれを地域歴史遺産にすることを決められるかのようなニュアンスが強くなる。それは裏返せば地域歴史遺産に「しない」ということも，誰かの意思で決められるということになる。その場合，先に少しふれたような「負の歴史」のようなものについては，そうした過去を忘れたい，隠蔽したいという誰かの意思によって，地域歴史遺産に「しない」という決定がなされてしまうかもしれない。しかしながら，一人の意思ではなく，多くの立場の，さまざまな考え方や利害を持つ人々の関係性の中で地域歴史遺産に「なっていく」のであれば，そうした恣意性が働く余地は減少するだろう。

3　地域歴史遺産が直面する危機

　先にもふれたように現在，多くの地域歴史遺産（となりうるもの）が消滅の危機にさらされている。ここまで述べてきたように，あらゆるものが地域歴史遺産になりうるが，ここではとくに文献史料が置かれている現状について取り上げたい。

　文献史料とは，基本的には紙に文字で書かれた史料をいう（木簡のように紙以外に書かれたものもあるし，絵図のように文字以外で表現されたものもあるが）。文献史料は，文字情報であるため（使用されている紙などモノとしての側面に注目する研究もあるが，その場合は文献史料として用いているのではないことになる），観光資源のようなものにはなりにくいが，地域を知るための手がかりを引き出しやすい。したがって，地域の歴史を知ろうとするとき，文献史料調査は基本となる。

　では文献史料は一般的にどういうところに残されてきたのだろうか。古代の文献史料は残存しているもの自体が少なく，若干の出土木簡等を除けば，地方

に文献史料が存在することはまれである。中世でも，とくに前期（おおよそ鎌倉時代まで）の史料は地方には少ない。中世は荘園制の時代だとされるが，中世前期の文献史料はそうした荘園の支配に関わるものが多く，それらは荘園の支配者である荘園領主のもとに残されたからである。天皇家や公家，京都や奈良の大寺社は全国に多くの荘園を持っていたから，そうした史料は中央に伝来し，公家の家に伝来した文書は，近代以降は宮内庁書陵部などの所蔵になって現在は東京にあるものも多い。しかし，中世後期になれば次第に地方に残される史料が増加してくる。これは各地で自治的な村落や町が発達したことにその一因がある。村落や町は，自身の権利や権益を守るために，その地域の領主権力に文書の発給を要求し，また自治のための村掟を制定するなどした。戦国大名などの地域権力もこうした村落や町を法的主体として認め，これに対して文書を発給するようになった。こうした自治的な村落の発達を前提として，中世後期には村請制（その前段階の地下請）が成立しはじめ，近世にはそれが全面的に確立する。村請制とは，個人が領主に年貢を納めるのではなく，村が年貢納入を請け負う制度であるが，こうした制度が文書行政を発達させた。この結果，近世には支配の末端機構であり，また村の代表者でもある庄屋や名主（以下，庄屋に代表させる）のもとに多くの史料が残されることになった。これらは，たとえば年貢納入など領主支配に関係するものや，村の権利をめぐる訴訟関連のものなど，村全体の利害に関わるものが多い。したがって，こうした文書類は庄屋の家に代々伝えられ，また庄屋を務める家が交代しても，その都度引き継がれていく。近代になると庄屋の制度はなくなるが，こうした文書類は村にとっての重要史料として，その後も庄屋を務めていた家に大切に保管されることが多かった。近代に入って市制・町村制が施行されても，江戸時代の村の枠組みはいまだ人々にとって重要な役割を果たしていたからである。こうして近世以降の文献史料は多くが民間に伝来することになった。

　しかし，次第にこうした江戸時代の村の枠組みは，とくに戦後の高度成長期以降に顕著となる，農村から都市への人口流出や生活様式の変化によって，その役割を低下させていく。過疎化と高齢化の進行によって，近年では「限界集落」という言葉が生み出されるほど，かつての村共同体の枠組みの維持が困難な地域も出現している。

そうするとまず，かつての庄屋の家に伝来していたような文献史料は，現用書類としての重要性を失う。その結果，その存在自体が忘れ去られたり，家の建て替えや代替わりに際して，売りに出されたり，邪魔なものとして捨てられたりしてしまうケースが出てくる。

現在ではそうした個人の家に伝来した文献史料は，その所有者個人の財産であるから，その意味ではそれをどう処分するかは個人の勝手である。しかし，もともとそれらの文献史料は，個人の家のものではなく，村にとって重要なものであった。だから，それはかつてのその地域の歴史を知る手がかりとして，地域の歴史遺産となりうるものである。もちろん，庄屋の家に伝来する文書は，村全体に関わる文書ばかりではなく，その家に関わるものもあるが，それも村落内の有力者である庄屋の存在形態を知る手がかりとなるから，やはり地域の歴史を理解する一助となるものである。したがって，それを個人の一存で処分してしまうことは問題があるのだが，たとえば親や祖父の代までは旧家の蔵などに収められていた史料を，都会でマンション暮らしをする子供の世代が引き取るのは現実には難しい。役に立ちそうもないし，何が書いてあるかもよくわからない大量の古い（そしてほこりだらけで汚い）紙の束を処分してしまいたくなるのも無理はない。文献史料を保管し継承していくことは，所蔵者にとって大きな負担であることは間違いない。

地域にとって意味があるもので，個人で保管するのが負担が大きすぎるとすれば，たとえば博物館や文書館など公的機関が保全の措置をとるということが考えられるし，実際それに努めているところも多いが，財政難や人手不足，あるいは収蔵庫などの保管施設がすでに満杯であるなど限界があり，それも困難に直面している。

この結果，現在，地域歴史遺産になりうる多くの文献史料が消滅の危機にさらされているのである。そうした危機を迎えているのは文献史料だけでない。農具などの民具は場所をとるため，文献史料よりもさらに保管が困難になっているし，伝統的な民俗慣行，民俗行事なども，高齢化と人口減少で継承が困難になっている地域が出てきている。

指定文化財などは公的な保護の措置がとられるが，未指定の文化財については，近年文化財の範囲を広げて考えるようになってきたといっても，現実には

限界がある。結局のところ，ある程度民間で継承しなければ，多くが失われざるを得ないだろう。

現用書類としての意味を失ったこれらの文献史料が今後も継承されていくためには，やはり地域歴史遺産としての新たな意味づけがなされることが必要となってくる。しかも，それがある程度民間で保存される必要があるとなれば，専門家だけがそう考えているだけでは不十分で，幅広く一般に意識されるようになることが重要になる。そのためにはそうした史料が活用されること，あるいは将来活用できる可能性があるということが示されることが求められるのである。

4 地域歴史遺産の保存と活用

　地域歴史遺産を保存するというとき，どうしても問われるのが，では何を残すのかという課題である。あらゆるものが地域歴史遺産になりうるといっても，あらゆるものを残すことはできない。この難問にはアーカイブズの分野で多くの議論の蓄積があるが，近年では単一の主体が，統一的な価値基準で何を残すかを決定するのではなく，マイノリティも含む多様な主体が関与することが重視されるようになってきている（清原 2015）。

　価値観が多様であるということは，何が保存する価値のあるもので，何が保存する価値のない捨ててもいいものかといったことは一概には決められない。もちろんすべてのものを残すことはできないから，何かは廃棄せざるをえないのだが，一律に保存するもの／しないものの基準を決めてしまうと，それが一人歩きして，廃棄を促進してしまいかねない。何を残し，何を捨てるかは悩ましい問題だが，その都度，活用の可能性（ずっと先の未来での活用可能性も含めて）を考えながら判断していくほかない。

　このとき，先にも述べた自分にとっては意味のないものでも，他人にとっては意味のあるものかもしれないという想像力が働くことが必要である。

　地域の歴史に関心があり，その活用や保存に熱心に取り組む人もいる。何

か活動するところまではいかなくても，何となく関心があるとか歴史が好きだとかいう人もいるだろう。しかし，すべての人が地域の歴史文化に関心を持ち，その保存や活用のために何か活動をするなどということは現実的ではない。

おそらくは地域の歴史にとくに興味も関心もないという人の方が多数にのぼると思われるが，こうした，まったく関心のない人が，自分は関心はないが，関心のある人が歴史資料を大切に思う気持ちは理解できると思うかどうか。つまり社会として地域の歴史文化を伝え，活用することに理解があるかということが，地域歴史遺産が豊かに継承されていくかどうかの鍵を握る。

ところで，地域歴史遺産が保存され，継承されていくためには，それが活用される，あるいは活用の可能性があると認識されることが必要だと述べた。しかし，因果関係を正確に言えば，保存のために活用するわけではない。活用の可能性があるからこそ，保存するのである。とはいえ，注意しておきたいのは，ここでいう活用は，観光資源として活用するというような実利的な活用に限った狭い意味ではないということである。

地域歴史遺産の活用というと，観光資源としてまちおこしに活用するといった方向に結びつけられやすい。もちろんそれはそれで否定されるものではないが，ここでいう活用はそういう実用的な意味ばかりではなく，地域を理解するための手がかりとなるといった，もっと広い意味である。たとえば先に見た尼崎市富松の事例は，富松城跡を観光資源として，地域外から集客しようというような志向を持っていない。しかし，地域の人々の交流を作り出すきっかけになり，まちづくりに大きな役割を果たしている。

あらゆるものが地域歴史遺産になりうるが，観光資源になるものは通常，見た目が美しいとか，歴史上の有名な人物や事件にゆかりがあるとか，希少性が高いとか，何か特別なものだけである。どこにでもあるありふれたものや，文献史料などは観光資源とはなりにくい。したがって観光資源になるかどうかという尺度だけで評価してしまうと，大半のものは活用できない，価値のないものとなってしまうだろう。しかし，地域を理解するのに必要なもの，場合によってはあまり見たくはない「負の歴史」に関わるようなものも，地域の仕組みや成り立ちを知り，さらにそこから地域の将来を考えていくために価値のあるものもあるだろう。ここでも価値観の多様性が重要である。

地域歴史遺産は，人々の認識や営為が介在する点をとくに意識した考え方であると述べた。だとすれば，それは社会にどれだけ多様な価値観があり，またその社会がどれだけそうした多様性を許容しているかに左右される。他方，単に多様な価値観が孤立的に併存しているというのではなく，それらが交流することが地域社会の形成にとって必要だと述べたが，地域歴史遺産はそうした交流のための媒体ともなりうる。地域歴史遺産の保存と活用は，もちろん現実的，技術的課題があり，その解決が急務となっているが，その根底にはこのような社会のあり方の問題がある。地域歴史遺産という考え方は，単なる史料保存問題という以上の問いを投げかけているのである。

《参考文献》

市沢哲 2015「歴史資料をめぐる「よそ者」と「当事者」―専門家的知性と市民的知性」(九州史学会・公益財団法人史学会編『過去を伝える，今を遺す　歴史資料、文化遺産、情報資源は誰のものか』，山川出版社)

奥村弘 2012『大震災と歴史資料保存　阪神・淡路大震災から東日本大震災へ』(吉川弘文館)

清原和之 2015「アーカイブズ資料情報の共有と継承―集合記憶の管理を担うのは誰か」(九州史学会・公益財団法人史学会編『過去を伝える，今を遺す　歴史資料、文化遺産、情報資源は誰のものか』，山川出版社)

坂江渉 2013「災害と地域歴史資料」(神戸大学大学院人文学研究科地域連携センター編『「地域歴史遺産」の可能性』，岩田書院)

杉本宏 2017「文化遺産と地域の未来」(『市大日本史』20号)

村井良介 2010「地域史と「地域の再生」をめぐる理論的課題」(『神戸大学大学院人文学研究科地域連携センター年報 LINK【地域・大学・文化】』2号)

善見壽男 2010「富松城跡の保存運動と地域づくりの取り組み」(『神戸大学大学院人文学研究科地域連携センター年報 LINK【地域・大学・文化】』2号)

善見壽男 2013「尼崎市富松のまちづくり」(神戸大学大学院人文学研究科地域連携センター編『「地域歴史遺産」の可能性』，岩田書院)

第3章
地域史と自治体史編纂事業

村井良介
岡山大学大学院教育学研究科

地域史は一国史を相対化するものとして意味づけられるが，単純に一国史を細分化すればよいというわけではない。人々の生活や生存を支える諸関係が展開する領域を地域と考えるならば，それは多元的・重層的に広がっており，いかなる関心からとらえようとするかによって地域史は多様に描きうる。自治体史はその自治体がある地域についての歴史書であるが，編纂事業は単に本を刊行するだけが目的ではない。黒田俊雄は自治体史編纂事業を「地域住民が幅広く地域の自己認識を深める運動」と位置づけたが，住民が地域について学ぶための環境を作り，多様な地域史を可能にすることが自治体史編纂事業の役割である。

キーワード

郷土史　地方史　地域史　自治体史　大字誌

1 地域史のもつ意味

　本章では地域史と，地域史にとって大きな役割を果たしている自治体史編纂事業について述べる。

　ある地域の成り立ちを理解しようと思えば，その地域の歴史，すなわち地域史を知る必要があるが，地域史とはどういうものかということは，単純明快なようで，意外と複雑である。京都や奈良など，古くからの政治の中心地は，よく「歴史のある町」などと形容されるが，ではそれ以外の地域には，たいした歴史はないのだろうか。もちろんどの地域にも，歴史はあるはずである。たとえ高度成長期に開発されたニュータウンであっても，開発の歴史がある。また，たとえば，有名な歴史的建造物や遺跡などがあったり，日本史上の著名な事件や人物がその地域に関わりがあったりすると，「〜の町」と，それに代表させて地域の歴史を説明してしまうことも多い。しかし，それで地域の成り立ちが十分に理解できるだろうか。また，地域の歴史を日本史の単なる一部分，一挿話として位置づけるだけでよいだろうか。まず，この点から考えてみたい。

　ひとくちに地域史といっても，その位置づけは時代によって変化している。1970年代に塚本学は地域史の位置づけの歴史的変化について考察し，郷土史，地方史と呼ばれてきたものも広義の地域史であるとした上で，郷土史に対する批判をこめて地方史の語が，さらに地方史への批判をこめて（狭義の）地域史の語が普及したと見通した（塚本1976）。戦前は郷土史の語が多く用いられているが，それらの多くは郷土の歴史の古さや伝統を誇り，「中央」の貴顕と結びつきを強調して，他との優劣を競うような「御国自慢」的なものに陥り，さらには郷土の一体性を主張する傾向があった。またこうした郷土史は神代以来の国民性を強調し，「国史」に集約されるべき性格を持っていた。戦後の地方史はこうした郷土史からの脱却を進めたが，「中央」の研究者が，一つのモデルケースとして「地方」を研究するというような傾向も生じた。これへの反省に立って，中央の歴史に従属する一部分としてではなく，地域住民の主体的な歴史形成過程を解明し，一国史を相対化する独自の意味を持つものとして地域

史が位置づけられるようになっていくというのが塚本の見通しである。

　この地域史の独自の意味とはどういうものか，塚本の論文が書かれた 1970 年代以降の展開も踏まえて考えていこう。

　ベネディクト・アンダーソンは近代の国民国家は「想像の共同体」であると論じた。すなわち，一生のうちに一度も会うことも，名前を知ることもない相手を，同じ国民として同胞だと考える想像力が国民国家という共同体を形作っているのだという（アンダーソン 2007）。たとえばアンダーソンのあげるインドネシアの例でいえば「スマトラ東海岸のいくつかの民族(ピープル)は，狭いマラッカ海峡を越えてマレー半島西海岸の住民と物理的に近いばかりか，両者は，民族(エスニック)的にも親縁関係にあり，おたがい会話によって意志の疎通ができ，共通の宗教をもち，その他多くの点で共通するところが多い」が，今日ではスマトラ人は，東に数千マイルも離れた母語も民族，宗教的にも異なるアンボン人をインドネシア人同胞とし，マレー人を外国人としてみるようになっている。このインドネシアのような顕著な事例に限らず，近代の国民国家はいずれも想像の共同体だとされる。

　このような「想像」を支えるものの一つとして，日本史，アメリカ史，ドイツ史などといった国史（一国史）がある。近代に国民国家が誕生する際，国民としての共同意識，たとえば「日本人」としてのアイデンティティを持たせるために，学校での「ナショナル・ヒストリー」の教育が要請されたという（安達 2000）。日本の場合，戦前の国定歴史教科書は，日本の歴史を神話の時代から説明し，神の末裔である天皇中心の国家体制を正当化する皇国史観に基づいて叙述され，天皇を中心として国民の統合を図る道具となった。つまり本来は多様な人々に，国民の来歴という単一の物語を共有させようとしたのである。

　戦後の歴史学では，こうした皇国史観が厳しく批判され，科学的で民主的な歴史学が目指された。しかし，天皇中心から，民衆を主役とした歴史へと大きく転換がなされたにもかかわらず，戦後の歴史学も枠組みとして国民の歩みを叙述する歴史，すなわち一国史としての側面を知らず知らずのうちに帯びてしまっていたことは否めない。たとえば，沖縄は近代以前においては琉球王朝があり，日本のうちではなかった。したがって，たとえば鎌倉幕府の成立といった出来事は，沖縄からみればいわば「外国」の出来事である。しかし，現在は

沖縄の人々も日本国民として，鎌倉幕府の成立を自国史として学ぶ。これは別に沖縄だけの特殊事情ではない。日本という国が成立する以前の縄文時代や弥生時代の列島各地の遺跡について，現在の日本国民は日本史という枠組みで教えられる。

1970年代頃にその独自の意味が注目されるようになってきた地域史は，塚本が論じているように，ひとつにはこうした一国史的枠組みの相対化という役割を担っていた。もちろん地域史が，単にある一地方を事例とした歴史というだけで，それが中央の歴史に従属する一部分であったり，国史のなかの一つの挿話であったりというようなものであっては，結局は国史に集約されてしまうだけで，その相対化は果たせない。

では地域史はどのような意味で一国史を相対化できるのだろうか。塚本は地域住民の主体的な歴史形成過程の解明を重視した。やはり1970年代に黒田俊雄は，「住民のための地域史」が求められているとした上で，地域の「生活構築の足跡」としての民衆生活史を「あたらしい地域史」として構想している（黒田1995a）。

地域という語は，たとえば東アジア地域というように一国を越える，一見日常生活とはかけ離れた領域から，江戸時代の旧村や町内会のような日常の生活空間に密着した領域まで，広狭さまざまな用い方があるが，いずれの場合でも重要なのはあらかじめ固定的な枠組みがあるのではないということである。

たとえば郷土の歴史といった場合，その郷土とは具体的には江戸時代の村などの枠組みが意識されているだろう。確かに江戸時代の村は農業などの再生産を支える，生活・生存のための共同体であり，そこでは構成員が互いに顔見知りであるような人々の密接な関係が形作られている。これを一つの地域として見ることは有効性が高いだろう。しかし，人々の生活や生存を支える諸関係は村落の中だけで完結しているわけではない。古代やさらにそれ以前にさかのぼっても，人々は村落（あるいは集落）の中だけで自給自足していたわけではなく，周辺とさまざまな交易を行っていた。用水や山林の管理といった広域的な利害関係が生じる問題も一つの村だけでは完結しない。すでに戦国期には和泉国にみられた「クミノ郷」のように領主の個別所領の枠を超えた村落間結合が発達しており（廣田2006），また江戸時代には郡中議定のような郡単位での結

合，あるいはさらに広域的な結合も形成される。またそうした結合の広がりや組み合わせは，その目的によって変化するので，単に同心円的に広がっているというわけではない。現代ともなれば，日本人の日常生活は，世界規模の流通ネットワークなしには成り立たない。すなわち，人々の生活を支える関係性の広がりは多元的で多様であり，したがってどの観点から見るかによって，また時代によって地域の枠組みは可変である。ここに一国史に収斂せず，それを相対化していくものとしての地域史の可能性がある。

ここで次の点に留意しなければならない。大山喬平は，清水三男の中世村落研究の特徴は「生活する村人の生存の地域としての村そのもの」である自然村落を追究するところにあったとし，文字資料に現れるような中世社会における荘・里・保・郷・村など，さまざまの地域単位は，いずれも政治的・制度的に形づくられており，自然村落とはみとめがたいが，中世後期以降の郷村は本来の自然村落にきわめて近いものであったと評価したことを指摘した（大山2003）。また松沢裕作は，江戸時代の「ある村の人びとにとって，用水路や山林，その村の耕地といったものは，目に見える存在であり，それが安定的に機能するかどうかは，切実で具体的な問題である」のに対して，近代以降に成立する地方や行政単位としての府県，また国民国家などは利害の共有の切実さを失うとしている（松沢2013）。いずれも，自然村落のようなフェイス・トゥ・フェイスの関係によるコミュニティと，荘園や地方自治体，国民国家といった人為的に設定された制度的な単位が対比されている。これは，自然に発生する生活共同体としての「真の地域」と，想像によって捏造される「偽の地域」があるということなのだろうか。

デイヴィッド・ヒュームは，人は，家族や縁者・知人などに対してと，見知らぬ人々に対してとでは愛情に偏りがあるのが自然であり，そのことから生じる不都合への対策は人為から引き出される必要があるとする（ヒューム2012）。見知らぬ人どうしの共同体は，人為によって創り出される想像の共同体であるほかない。しかし，アンダーソンはアーネスト・ゲルナーが「ナショナリズムとは偽りの仮装であると言いたいあまり」，「国民と並べてそれよりもっと「真実」の共同体が存在するのだと言おうとする」点を批判して，「実際には，しかし，日々顔付き合わせる原初的な村落より大きいすべての共同体は

（そして本当はおそらく，そうした原初的村落ですら）想像されたものである」としている（アンダーソン 2007）。つまり，江戸時代の村もまた想像の共同体なのであり，国民国家に対してそれがより真の共同体であるというわけではない。逆に国民国家も，それが想像の共同体だと皆が気づいた瞬間に雲散霧消してしまうような実態のない虚構ではない。国民の生活が社会保障など納税を通じた富の再分配によって支えられていることを考えれば，国民国家や地方自治体といった制度的枠組みも人々の生活にとって切実な意味を持っている。自然村落か想像の共同体かという二者択一ではないのである（村井 2015）。

　つまり地域史はあくまで，一国史を相対化するものであり，一国史を分解してより細かい単位に分ければいいということではない。戦前の郷土史が持っていた問題点として塚本が指摘しているような，地域の枠組みを固定的にとらえ，単一的な歴史像を描く地域史は，多様性を抑圧して「国民の歴史」を共有させようとすることの縮小版にすぎなくなってしまう。人為的・制度的な枠組みも含め，広狭さまざまな地域はいずれも意味があり，また互いに影響し合っているのであって，どれが「真の地域」でどれが「偽の地域」だなどということはない。

　1970 年代以降に一国史を相対化するものとして地域史が注目されていくが，それは単に一国史を否定して，より細かい地域単位で歴史を描けばよいというようなものではない。先に日本史と沖縄の関係を述べたが，もちろん沖縄も一枚岩ではなく，たとえば沖縄本島と八重山など周辺の島々の歴史は同一ではない。しかし，それを突き詰めていけば，際限なく地域が細分化されていくだけである。より細かく分ければ，より「真の地域」に近づくわけではない。地域を一つの固定的な枠組みに収斂させるのではなく，その多元性，重層性を意識し，それらの相互関係をとらえていくという点にこそ，その意味があると考えられる。「大きな物語」の終焉ということが言われて久しいが，「大きな物語」とは「国民の歴史」というような単一の文脈，単一の体系にすべてを位置づけるものである。一つの固定的な枠組みに収斂しない多様な地域史は，複数の価値観に基づく，複数の文脈，複数の物語の併存と，それら相互の対話の可能性を開くものとして位置づけうる（村井 2013）。

2 自治体史編纂事業と地域史

　前節で述べた，多様な地域史はいかにして可能となるだろうか。日本における地域史を考えるとき，自治体史の問題を切り離して考えることはできない。本節ではまず自治体史編纂の現状について述べ，その後前節を踏まえて地域史における自治体史編纂事業の意味を考えていきたい。

　自治体史とは，一般的には都道府県や市町村といった地方自治体が編纂する，現在その自治体のある地域についての歴史書である。たとえば『兵庫県史』や『大阪府史』，『尼崎市史』といった本であり，いまや日本全国の大半の地方自治体が自治体史を刊行している。

　『～史』という題名のものばかりではなく，たとえば『山南町誌』のように『～誌』といった題名のものもあり，高田知和は，「史」を「自治体の歴史を書いた通史」，「誌」を「自治体内の政治経済社会文化（自然民俗なども含む）の現状の記録である地誌」と理念上は区分できるものの，実際には区別しがたいとしている（高田2009）。戦前に盛んに刊行された郡誌なども含め，こうした『～誌』も自治体史として扱われるのが一般的である。

　自治体が刊行主体になっていないものでも，体裁としては自治体史に近いものもあり，これらも自治体史に含めてもいいだろう。

　このように多様なものを含み，また戦前から存在するため，自治体史のあり方はさまざまで，自治体史とはこういうものだと一概には言えない面もある。小規模な自治体ならば1冊だけのものもあるし，自治体史編纂に力を入れている市なら10冊近く，県史レベルともなれば数十巻に及ぶこともある。戦後の自治体史で多くみられる構成は，本文編や通史編などといった歴史叙述と，史料編や資料編などといった，その地域の歴史を知るための史料，またその自治体内に所在する史料を掲載した資料集があるというパターンであり，ほかに民俗編や文化財編といったテーマ別の巻がある場合もある。中世の荘園絵図が残り，荘園景観を一部今にとどめる泉佐野市の『新修泉佐野市史』では「絵図地図編」や「建築・美術・かんがい水利編」，戦国大名上杉氏の居城春日山城が

所在した上越市の『上越市史』では「上杉氏文書集」というように，その自治体の特色を反映した巻が作られることもある。

　戦後の自治体史の多くは，大学に所属する研究者など，職業的な専門家を中心とする編纂委員会ないしは編集委員会といった委員会を組織し，複数の職業的研究者（大学の教員など）による分担執筆の形をとることが多い。かつては郷土史家などが執筆に参加したり，あるいは一人で執筆する場合もあったが，近年はそうしたケースはほとんどなくなっている。また編集事務を担う編纂室が教育委員会，ないしは首長直属の部局などとして設置されるのが普通である。

　また，刊行計画の規模にもよるが，調査期間も含め刊行までに10年程度かかることは珍しくなく，場合によっては数十年かかる場合もある。また，戦前に『神戸市史』が編纂された後，戦後に『新修神戸市史』が編纂されるというように，同じ自治体で数次の編纂事業が行われることもある。

　1巻あたりのページ数はこれもさまざまであるが，おおむね500頁程度から，多ければ1500頁近いものまで，一般的な本に比べてかなり分厚いものが多い。その一方，自治体史は公費で編纂される本であるため，利益を出さないことが前提であり，学術書としてはページ数に比して安価であることが多い。

　さて，自治体史の刊行はどのような効果をもたらしたのだろうか。まず，当然ながら地域史研究の進展が挙げられる。自治体史編纂のために史料調査が行われ，それに基づいて専門家によって研究が行われることで，地域の歴史の解明が大きく進展した。さらに自治体史の史料編が刊行されると，史料へのアクセスが容易になるため他地域の研究者もその史料を使って研究する機会が増え，さらに研究が進むということもあった。日本ではほとんどの自治体が自治体史を刊行しており，これが地域史研究の進展に果たした役割は大きい。また，こうした自治体史編纂にともなう調査を通じて，史料の所在や現状が確認され，整理や目録の作成が行われることによって，史料の保存が進む場合もある。さらに，自治体史編纂に携わった行政職員に，地域の歴史や史料の所在に関する知識が蓄積されるという点も重要である。こうしたことは，地域住民が，自分の住む地域の歴史を知り，また地域づくりに活用することに資するはずである。

　自治体史が公費で編纂されるのは，いうまでもなく住民にとって公共性のある事業だと位置づけられているからであり，前述のように実際，さまざまな効

果を生んでいる。しかしながら，自治体史には常々ある課題が指摘されてきた。それは，自治体史が，当の住民にあまり読まれていないという問題である（安孫子 1975；丑木 1986；高田 2005）。500 頁を越え，場合によっては 1000 頁にも及ぶような浩瀚な書物はなかなか手に取りにくい。しかもそれが 10 巻近くもある。内容も，一般市民向けに平易に書かれているとはいえ，とくに史料編はある程度専門的な知識がなければ史料を読解するのは困難である。一般の書籍流通で販売されないため買える場所も限られている。そもそも，そうした本が刊行されているということすら知らないという人も多い。住民に読まれていないということは，結果的に住民のための自治体史になれていないということである。

　こうした問題は早くから認識されており，とくに近年では住民に読んでもらうための工夫や取り組みを行っている自治体も多い。たとえば熊本県一の宮町（現阿蘇市）の『一の宮町史』は新書サイズで 1 冊あたり 250 頁程度とし，読みやすいボリュームにしている。福岡県田主丸町（現久留米市）の『田主丸町誌』は第 1 巻を「川の記憶」として，筑後川流域という観点から町の歴史をとらえるといった編集方針に加え，写真集のように大きく写真を使うなど従来の自治体史の「堅い」イメージを打破している。大阪府和泉市の『和泉市の歴史』は，『横山と槇尾山の歴史』，『松尾谷の歴史と松尾寺』というように地域別の編纂がされている点に特色があり，オールカラーで読みやすさにも配慮されている。兵庫県尼崎市では，1960 年代から 80 年代にかけてオーソドックスな『尼崎市史』が刊行された後，2007 年に写真や図版を中心に構成した『図説・尼崎の歴史』を刊行し，さらにその web 版も公開した。専門知識がなければ読むのが難しい史料編についても，史料の読み下しや，史料一点ごとに詳細な解説を付けるなどした自治体史が出てきている。

　このように自治体史を読みやすくする取り組みは徐々に進められており，それは大いに歓迎すべきことであるが，この問題，つまり住民のための自治体史という問題をさらに突き詰めて考えれば，果たして自治体史を読んでもらうというだけで十分といえるだろうか。

　黒田俊雄は「自治体の修史事業とは，ただ書物を何冊かつくるということなのではなく，地域住民が幅広く地域の自己認識を深める運動なのであり，編纂

室はその中枢に位置して，大きくみれば地域生活の構築の事業に貢献するのが仕事なのであって，現にその責任と誇りをもって活動していることに注目したいとおもう」と述べている（黒田 1995b）。黒田が言うように自治体史編纂事業が，単に「書物を何冊かつくる」というだけではなく，「地域住民が幅広く地域の自己認識を深める運動」なのだとすれば，本を刊行することだけが自治体史編纂事業の目的ではないし，したがって読みやすく工夫をして住民に読んでもらうというだけではまだ目的に到達していないということになるだろう。

では「地域住民が幅広く地域の自己認識を深める運動」につながる自治体史編纂事業とはどのようなものであろうか。

高田知和は，富田祥之亮の次の文章を引用して，自治体史の問題点を指摘する（高田 2005）。「村落調査で民俗的なものをたずねるとそれが実際に行われているにもかかわらず，「それは，村史を見て下さい」という回答が返ってくる。村史に書かれていることが知りたいのではないことはいうまでもない」，「立派な村史（村誌）や町史といった郷土史の本ができあがると習俗や民俗というものが人びとのナマのことばとして語られることがなくなり，村史を誇らしげに書棚から持出して読み上げることばに変わった」（富田 1991）。つまりここでは自治体史はいわば決定版，「正史」であるかのように意識されているのである。富田のいうような事例がどれだけ一般化できるかはともかく，現在ではほとんどの自治体史が，職業的専門家によって執筆され，自治体という公的機関によって発行されるものとなっているが，それによってある種の公式の見解，いわば「正史」であるかのような権威性を否応なく帯びてしまう側面がある。少なくとも書く側（専門家）と，それを読む側（住民）という垣根が存在することは確かだろう。

辻川敦は「この行政と専門家によってオーソライズされた自治体史というスタイルが，客観的な歴史の記録化と市民社会の共有財産としての活用につながっているのかどうか。いやむしろ，そもそも客観的な歴史叙述など存在せず，あらゆる歴史はそれが編まれる時代や状況，叙述者の立場性を反映したものとしての限界性やバイアスを逃れられないという見方に立った場合，自治体史も現代日本社会の特質と時代性が作り出した，ひとつの歴史叙述であり刊行形態にすぎないと見るべきであろう」と述べ，自治体史の「正史」性の相対化が必

要であると考えている（辻川 2000 ; 同 2008）。

　前節で述べたように地方自治体という枠組みは，多元的にとらえうる地域のなかの一つにすぎないから，自治体史が地域史の決定版ではない。先に見た『和泉市の歴史』は，松尾谷のような前近代以来，日常的な生活に密着した地域別に編纂されており，自治体の枠組みを相対化している点できわめて意欲的な取り組みであるが，前節で「真の地域」と「偽の地域」があるのではないと述べたように，これも決定版というわけではもちろんない。したがって，たとえその内容が専門家の手になる実証的で正確なものであったとしても，自治体史は多様にありうる地域史の一つの見方なのであって，公式見解や「正史」などではない。

　「地域住民が幅広く地域の自己認識を深める運動」というのは，黒田が「自治体の修史事業は，上から住民に与える指導，教育という観点でなく，下からの住民の自治活動という発想で捉えられる必要がある」と言い換えていることに示されるように（黒田 1995b），住民が単に専門家から知識を提供され，それをそのまま受容するだけというようなものだとは考えられていない。充実した自治体史は，地域を知るための多くの手がかりを提供するが，さらにそこから，地域住民が自身の関心，価値観にしたがって地域を認識していくことが黒田の意図するところだろう。言い方を変えれば，自治体史編纂事業全体が，自治体史という本の刊行を中心としつつも，こうした運動を促進し，支えるものとして構想されているというべきである。

　このような観点から注目されるのは，住民自身が自治体史を書くという試みである。すでに述べたように，戦後の自治体史は専門家が執筆することが一般的になった。とくに大学の教員など，いわば地域の「外」の人間が執筆者になったのである。これに対し，1970年代にはじまった千葉県我孫子市の『我孫子市史』の編纂事業では，住民が執筆者となるという試みを行った。高木繁吉は，この編纂事業について「この地域社会史研究にはあらゆる過程に，市民と専門研究者と自治体の三者が参画することが強くのぞまれる。三者は互いにむすびつきながら，それぞれ自立した読み手であり，書き手であり，編集者であることがもとめられる。そして地域社会のなかで，三者のあいだに循環構造をつくりながら，しだいに地域を歴史の眼でみつめる歴史主義を醸成していこうとい

うのである」と，その理念を述べている（高木1994）。「自立した読み手であり，書き手であり，編集者である」ということは，住民は専門家から一方的に知識を授けられるのではないということである。かといって住民が自分たちの関心だけで書くというのでもなく，行政も含めた三者が対話しながら自治体史を作るという理念が示されている。自治体史編纂に携わった我孫子市民の活動は，市史の刊行が終わった後，現在にいたっても市民の自主的な運営で継続している。

　住民が執筆者となる自治体史という試みは今世紀に入って兵庫県香寺町（現姫路市）でも行われた。『香寺町史』も，住民が執筆する『村の記憶』と，専門家が執筆する『村の歴史』が刊行されている（大山2006；大槻2006）。この『村の記憶』について，編集の中心的役割を果たした大槻守は「実際の生活者でなければ書きようもない，村人たちの生活と体験」が語られていると述べている（大槻2006）。つまり，地域の「外」の専門家の問題関心や視点とは異なる，地域の生活者である住民の視点や価値観がそこには反映されている。住民自身も，すでに忘れられていたり，何となくしか知らなかった民俗慣行などを，この機会に再認識し，地域のことを改めて知ったというケースもある。また，その「村」の記憶も，決して単一のものとしては描かれていない。たとえば戦後に開発されたニュータウンの住民も，その歴史を書いており，地域の多様性，住民の価値観の多様性も反映されているのである。『香寺町史』の刊行後，地域では住民たちが，今度は自分たちの大字（江戸時代の村にあたる）の歴史や文化を後世に伝えるため，大字誌を作ろうという気運が高まり，すでに相坂地区で作られた『相坂の語りべ』などが刊行されている。『香寺町史』に携わった経験が，黒田のいう「地域住民が幅広く地域の自己認識を深める運動」を活性化したのである。

　一方で，住民の関心で書かれたといっても，書きたいように好き勝手に書いたわけではない。大槻は専門家の目で住民の原稿に対して，叙述の根拠を問うなど，何度もやり取りを繰り返して，実証性も担保している。住民の視点を活かしつつ，独りよがりにならない叙述はこうして実現された。

　大槻は「地域に住む者であるが故の限界」についても言及している。それはたとえば地主小作問題については『村の記憶』でほとんどふれられていないと

いう点である。大槻はその原因について「元地主には離村した家が多く，地主側史料の分析が進んでいないこともあるが，地主・小作関係や戦後の農地改革をあえて語ろうとする人が協力者からも出てこなかったからである。今なお，自己規制が働いているのだろうか」と推測している（大槻 2006）。

　この農村における地主―小作関係という階級関係は，戦後のマルクス主義歴史学が最重要視してきたテーマである。1950 年代に行われた国民的歴史学運動は，運動に携わった当事者によって「失敗」として振り返られることが多いが，それが「失敗」した大きな要因の一つは，研究者がまさにこうした階級闘争といった考え方に基づいて，大衆を「啓蒙」しようとした姿勢にあった（黒田 1976）。もちろん農村における階級関係は重要な問題であるが，住民の自治体史叙述にそれが欠けているからといって，単に専門家がそれを一方的に教え込もうとするのでは，国民的歴史学運動の轍を踏むことになる。重要なのは，こうした視点が欠落していると啓蒙的に教え込むのではなく，研究者が持つこうした問題関心や文脈と，住民の視点とを互いに照らし合わせて，対話すること。『我孫子市史』の理念である，互いにむすびつきながら，それぞれ自立した読み手であり，書き手であり，編集者であることである。専門家も，地域の生活者にしかない視点から学ぶ。同時に，大槻が分析するように，地域ではいまだ「自己規制」が働いていて，仮に地主－小作関係について語りにくい雰囲気があるのだとすれば，地域の「外」の人間である専門家がそうした視点を持ち込み提示する。こうして住民の関心と双方向のコミュニケーションをしていくことが重要であろう。

　そのように考えれば，当然，自治体史編纂事業は，専門家が本を何冊か書いて，住民に知識を提供して終わり，というわけにはいかない。前節で地域史は，視点や関心によって多様でありうると述べたが，それは専門家だけの話ではなく，地域住民の関心も含めた多様性である。国家や，さらには国家を越える地域への関心から，ごく身近な生活空間への関心まで，多元的で重層的な地域が，多様な関心からとらえられ，それらが相互に対話する。そして自治体史編纂がそれを促す役割を果たすことが求められる。

　ここまで，自治体史編纂事業は本を出せば終わりではないと述べてきたが，自治体史編纂事業は本を刊行することがゴールであると考えている自治体は多

い。実際，自治体史が刊行されると，編纂部署は解体され，編纂事業の過程で収集した史料は死蔵され，知識やノウハウを蓄積した職員も他の部署に配属されるなど，編纂事業の成果が活用されないケースもしばしば見られる。場合によっては，その後の自治体の合併などによって，収集史料の所在や現状さえ不明になるような事態さえ起こる。せっかく刊行した本にしても，刊行後に記念講演会を一度開催する程度で，普及や活用のための事業が十分に行われないといったこともある。印藤昭一は，こうした史料や，せっかく育った「人財」という編纂事業の果実を活用しなければ，投資が無駄になってしまうと警鐘を鳴らしている（印藤 2013）。

自治体史編纂事業の成果を十分に活用し，まちづくりにもつなげている例を最後に紹介しておこう。

尼崎市立地域研究史料館は，『尼崎市史』の編集室を継承した施設である。市史編纂事業で収集した史料を保存・公開し，また市史編纂で職員が培った知識を充実したリファレンスに活かしている。また，同館では市民向けに「尼崎市史を読む会」を開催してきた。史料館の職員や，ときには執筆者がチューターとなって，市民と一緒に市史を学習するのである。つまり本を刊行したら終わりではなく，市史の活用や普及に力を入れ，さらに刊行された本だけでなく，編纂事業から得られた諸成果を活用しているのである。この結果，同館は市民利用が定着し，いくつかの市民グループが，地域の歴史について自主的に研究し，またその成果を発表している。史料館や大学とも連携し，地域に遺る城跡の保存運動をまちづくり活動として行っている同市の富松地区のような注目すべき事例も，こうした環境の中から生まれてきたといえよう（本書第2章）。まさに黒田のいう「地域住民が幅広く地域の自己認識を深める運動」が行われているのである。

前述のように，尼崎市ではこうした『尼崎市史』刊行後の成果を受けて，『図説・尼崎の歴史』を刊行し，さらに 2016 年には，市民が自ら地域の歴史を調べたり，研究したりするためのガイドの役割を果たすものとして『たどる・調べる　尼崎の歴史』を刊行するまでに至った。市沢哲は，この尼崎市史の事例を念頭に，自治体史編纂事業が史料の保存，活用のサイクルを回していく起動因になると述べているが（市沢 2009），自治体史編纂事業とは，本を刊行することだけが

目的なのではなく，本の刊行を軸としながら，こうしたサイクルを回し，黒田のいう住民の運動につなげていく役割を担っている。

　近年，科学コミュニケーション論の分野では，専門家が一方的に市民に対して知識を教え込むのではなく，市民がそれぞれの生活の文脈の中において持つ知を重視し，専門家と市民が双方向のコミュニケーションを行うことが重視されるようになってきているが（藤垣・廣野編 2008），それは決して理系の分野だけではなく，歴史学も含む人文科学にも言えることである（村井 2013）。その点からも香寺町や尼崎市のような取り組みが，今後さらに広がっていくことを期待したい。

《参考文献》

安達一紀 2000『人が歴史とかかわる力　歴史教育を再考する』（教育史料出版会）

安孫子麟 1975「市町村史編纂における歴史意識について」（『歴史学研究』427 号）

ベネディクト・アンダーソン 2007『定本・想像の共同体　ナショナリズムの起源と流行』（書籍工房早山）

市沢哲 2009「自治体史編纂と大学―連携事業から考えたこと―」（『全国歴史資料保存利用機関連絡協議会近畿部会会報 Network』40 号）

印藤昭一 2013「自治体史編さんの果実と「その後」」（神戸大学大学院人文学研究科地域連携センター編『「地域歴史遺産」の可能性』，岩田書院）

丑木幸男 1986「市町村史編纂の問題点」（『地方史研究』202 号）

大槻守 2006「住民がつくる地域史の試み―『香寺町史　村の記憶』地域編を編纂して―」（『歴史科学』186 号）

大山喬平 2003「解説・清水三男『日本中世の村落』」（『ゆるやかなカースト社会・中世日本』，校倉書房）

大山喬平 2006「ムラの歴史を考える―香寺町史『村の記憶・地域編』のこと―」（『歴史科学』185 号）

黒田俊雄 1976「「創造」と「啓蒙」との谷間」（『現実のなかの歴史学』，東京大学出版会）

黒田俊雄 1995a「あたらしい地域史のために―地域史の現状と課題―」（『黒田俊雄著作集第八巻　歴史学の思想と方法』，法蔵館）

黒田俊雄 1995b「地域史の可能性―自治体史の修史事業を中心に―」（『黒田俊雄著作集第八巻　歴史学の思想と方法』，法蔵館）

髙木繁吉 1994「市民参加の自治体史―我孫子市史の編纂」(『岩波講座日本通史　別巻2　地域史研究の現状と課題』, 岩波書店)
髙田知和 2005「「自治体史誌の社会学」序説―地域の歴史を書くこと／読むこと―」(海野和之編『社会学が拓く人間科学の地平―人間を考える学問のかたち―』, 五絃舎)
髙田知和 2009「自治体史誌の社会学・再論」(『応用社会学研究』19号)
塚本学 1976「地域史研究の課題」(『岩波講座日本歴史25別巻2』, 岩波書店)
辻川敦 2000「自治体史編さんの再検討―尼崎の事例から―」(『歴史評論』598号)
辻川敦 2008「事例報告　尼崎市の市史編纂事業」(『平成19年度事業報告書　歴史文化に基礎をおいた地域社会形成のための自治体等との連携事業(6)』, 神戸大学文学部・神戸大学大学院人文学研究科)
富田祥之亮 1991「むら仕事考」(『信濃』43巻9号)
デイヴィッド・ヒューム 2012『人間本性論　第三巻　道徳について』(法政大学出版局)
廣田浩治 2006「戦国期和泉国の基本構造」(小山靖憲編『戦国期畿内の政治社会構造』, 和泉書院)
藤垣裕子・廣野喜幸編 2008『科学コミュニケーション論』(東京大学出版会)
松沢裕作 2013『町村合併から生まれた日本近代　明治の経験』(講談社)
村井良介 2013「自治体史編纂事業の役割を考える」(神戸大学大学院人文学研究科地域連携センター編『「地域歴史遺産」の可能性』, 岩田書院)
村井良介 2015「地域の多元性とコミュニティ、市民社会」(『神戸大学大学院人文学研究科地域連携センター年報LINK【地域・大学・文化】』7号)

コラム 大字誌の取り組み

前田 結城
(神戸大学大学院人文学研究科)

　大字とは，近世(江戸時代)の村の範囲をほぼそのまま受け継いだ地域単位であり，別の言い方としては「部落」や「区」などといったものがある。地理的範囲としてはそう大きくない大字の歴史・民俗・自然環境・史蹟などを住民が主体となって調査し，またその成果を住民が主体となって編纂した書物が，ここでいう大字誌である。本コラムでは，兵庫県下における大字誌編纂の取り組みについて，最も先進的な事例を紹介したい。

　事例とするフィールドは姫路市香寺町である。香寺町は旧兵庫県神崎郡にあり，1954(昭和29)年の「昭和の大合併」で香呂村と中寺村が合併して成立した。同町における町史の編纂は，来るべき町制50周年に向けて，1998(平成10)年4月に町史編集室が設置されたことをもって初めて具体化した(大槻2013b)。町制50周年の2004年度には，各大字から編集協力者を募って編まれた『香寺町史　村の記憶』地域編・資料編が刊行された。このうち地域編は山手・台地・川手の三地域区分で編集されたが，当初は大字誌の構成をとることが計画されていたという。

　この大字誌的地域編構想は，編集期限の都合により断念されたが，その後町史活用を進めるための方策の一つとして，大字誌編纂が打ち立てられることとなった(大槻2013a)。2006年，香寺町と姫路市との合併に伴い発足した香寺歴史研究会は『年報香寺町の歴史』を発刊するが，その創刊号において同会の大槻守氏は大字誌の編纂を会の第一の目的とし，各大字に対して調査・研究を呼びかけた(大槻2007)。そうしたなか，2010(平成22)年3月，相坂自治会が町内で最初に大字誌を完成させたのを皮切りに，2013年に岩部自治会，2015年に田野自治会・土師自治会がそれぞれ大字誌を刊行した。

　ここで，大字誌ができる過程をより具体的にみてみたい。岩部自治会を例にとると，2011年12月第1回編集者会議で大字誌発刊が決定され，自治会役員会にその旨申し出された。同年同月から2012年4月にかけては前掲の『香寺町史　村の記憶』や香寺町史編集室発行の『ムラの生活史』などに掲載された岩部地区関連の原稿が収集され，同年4月に大字誌編集委員が選出された。ついで同年8月にかけて資料

収集，9月から10月にかけて資料のまとめ及び印刷様式・目次などが決定された。翌2013年1月から8月にかけては校正作業等が行われ，ついに同年9月14日に完成，各戸に配布された。編集委員の一人，藤尾昇氏は，1年9カ月という短期間で完成できた理由として，『村の記憶』などの編纂物が先行してあったことや，町史研究室の大槻守室長などの協力があったことを挙げている（藤尾2014）。

その大槻氏は，町内行重地区（ゆきしげ）での歴史調査に際して，つぎのようなことを助言している。①珍しいことを書く必要はない，②知らないことを書こうとしない，③皆の体験を書くことが重要ではないか，④中世以前のことははっきりしないので江戸期以降のことで十分，⑤村の古さにこだわるのは得策ではない，⑥見て廻る（足を運ぶ）ことが大事，⑦行重村の開拓者とされる「後藤行重」のことは曖昧なのでこだわらない（神崎2014）。大槻氏は他方で，住民自ら村の歴史を書くことの意義の一つとして「消えようとしていたムラの記憶を取り戻すことで，ムラの歴史を再発見し，地域の個性を再認識」（大槻2013b）できることを挙げている。このことと上記の①～⑦を考え合わせると，氏のいう「地域の個性」とは，必ずしも村の古さや郷土の偉人に象徴されるのではなく，住民にとって具体的かつ日常に潜んでいる歴史・記憶であり，それらは地域に「あるもの」＝史料から繙（ひもと）かれることが重要だと考えることができよう。

近年，地域資源を活用した「地方創生」が盛んに説かれている。かかる言説に一言を付すならば，地域資源をありのままに見直そうとする場合，そこには時間軸のなかで地域資源を位置づける思考過程がどうしても必要となる。大字誌編纂は，その具体的方法を示してくれる格好の事例なのである。

《参考文献》

大槻守 2007「集落誌を作ろう！」（『年報香寺町の歴史』創刊号）

大槻守 2013a「町史編さんから大字誌づくりへ」（『年報香寺町の歴史』7号）

大槻守 2013b「住民と協働した自治体史の編纂」（神戸大学大学院人文学研究科地域連携センター編『「地域歴史遺産」の可能性』，岩田書院）

神崎茂樹 2014「村の歴史を調べる―大字誌の発行に向けて―」（『年報香寺町の歴史』8号）

藤尾昇 2014「『いくはべの里　岩部』を編さんして」（『年報香寺町の歴史』8号）

第4章
古文書の可能性

木村修二
神戸大学大学院人文学研究科

　古文書は，作成当初の目的が完了したあと，廃棄されることなく，歴史資料として生まれ変わったものである。しかし，歴史資料としての役割が定着した今日にあっても，現実生活に必要とされないことから常に消失の危機にさらされている。危機の要因はさまざまであるが，研究の終了や自治体史編纂の完了など，歴史資料としての役割も終えたとみられたためとも考えられる。いま古文書が保全されるためには新たな文脈が必要となっているが，それは地域住民が現代の地域社会における諸問題を解決するツールとして主体的に活用してゆく方向性であり，地域歴史遺産として古文書を捉える道筋を，専門家も一般市民も公共の場で協働しながら考えてゆく必要がある。

キーワード

古文書　地域歴史遺産　公共性　リテラシー　地域づくり

1 古文書とは何か

　近年，アーカイブズ学を中心に，「記録史料」（記録されるものも非記録のものも含めたさまざまな記録史料要素の内に文献資料が含まれる），「民間アーカイブズ」（公文書や公的機関所蔵のアーカイブズに対して民間で作成され所蔵されているもの）など，さまざまな用語や概念が生み出されている（大藤1990；国文学研究資料館2017）。それらの概念の中に「古文書」に相当する文献資料も含まれているとは思われるものの，「古文書」という用語についてはほぼ無関心である。

　一般にはなおも「古文書」という表現になじみを覚える向きもあり，意識的に使用されるケースも多い（白水2015）。古文書とは，広い意味では単に「古い」「文書」のことをいうが，より狭い意味では，「ある過去の出来事を明らかにする史料」のことを指すとされ，とりわけ前近代に作成されたものが「古文書」であるというような説明も見受けられる。古文書学では，特定の他者へ意思を伝達する目的で作成される「古文書」に対して，特定の他者を設定せず作成され今日まで遺されてきたものを「古記録」として別に扱っている（佐藤1971）が，古記録の典型とされる日記（備忘録）なども将来の自分や子孫などに伝達する目的で作成したとみれば，両者を分別する意味も薄らぐ。

図1　古文書（神戸大学人文学研究科所蔵魚崎村文書）

筆者は，作成者が特定の他者へ意思を伝達するために作成された「文書」のうち，その用途が一応達成されたものは，すでに古文書と呼ばれるための要件は備えているとみている。その点では，たとえ昨日今日作成されたもので

も古文書になりうるのであり，時代で区切ることにあまり意味はない。

　「古文書の可能性」というテーマを与えられた本章は，「古文書」について厳密な定義づけを行うことが目的ではないが，本章での重要な要素として，特定の地域社会の中で作成された古文書，もしくは古文書群を念頭に置くことは少し強調しておきたい。この場合，公も私も，古いも新しいも，紙であろうとなかろうとあまり関係はない。むしろ，その意味で重要になってくるのは「地域歴史遺産」という概念である。すでに各章で述べられているように，「地域歴史遺産」は，単に「保全」すべき対象ということにとどまらず，「活用」を図ってゆくべきものであるということも重要な付帯要素になっている（奥村 2012）。したがって，「古文書の可能性」とは，まず第一にその活用可能性ということが論点となる。しかし，現代社会とりわけ地域社会において古文書を取り巻く状況は決して平穏なものとはいえず，絶えず危機にさらされている。まずなによりそうした危機の克服が課題であり，その先にようやく可能性を語る段階がやってくるのである。危機を認識した後も，「地域歴史遺産」としての古文書をめぐっては，現代社会ないし地域社会と古文書との間に広くて深い溝が存在している。そこを渡るためには何らかの手段が必要である。そしてようやく最後に古文書というものが現代の地域社会に対して持つ可能性はどのようなものかをみてゆくことになるだろう。

2　古文書を取り巻く危機

■ 消失する古文書

　1995年1月17日に発生した兵庫県南部地震によって阪神淡路大震災と呼ばれる広域地震災害がもたらされた。この地震発生からおよそ1カ月経過したころ，神戸で歴史資料保全情報ネットワーク（のち「歴史資料ネットワーク」と改称，略称「史料ネット」）が活動を開始している。この史料ネットは，地震の被災現場から古文書などの歴史資料を文字通り「レスキュー」するというそれまでになかった活動を行った点に画期性があった。史料ネットについても本

書の別の章で取り上げられるので，ここでは詳しくふれないが，史料ネットの活動を通してわかったのは，被災地域に所在する歴史資料が，阪神・淡路大震災そのものによって失われたものがあったこととともに，震災以前の段階ですでに失われていたものがあったということだった。その多くは六甲山南麓の市街地の大半が被害にあった太平洋戦争末期のアメリカ軍による空襲によって家屋とともに焼失したというケースだが，中には震災以前に行われた家の建て替えや歴史資料を収蔵していた土蔵の解体とともに失われていたというケースもあった（松下 2010）。このことは災害とはかかわりなく日常的に歴史資料が失われていたことを物語っている。古文書などの歴史資料が日常的に失われていることは，都道府県や市町村の各レベルで実施される所在確認調査などでも確認されているところで，しかもその消失がここ半世紀の間に極めて急速に進行している事態であるという点に問題の深刻さがある（西向 2017）。

　古文書が消失する要因について，西村慎太郎は，①代替わり，②引っ越し時の処分，③年末の大掃除，④災害（虫害・カビ害），⑤ネットオークションの5つを挙げている（西村 2013）。これら5つの要因は一見別個のものに見えるが，どこか根源の部分でつながっているように思われる。それは時代の急速な変化が原因なのだと一言で済ましてしまうこともあるいは可能かもしれないが，結局のところ，現代人と古文書との間にある深い溝のようなものに本当の要因があるのだろう。しかもそれは時間とともにますます広がりつつある溝なのである。

　ここでは，古文書消失の要因について少し別の角度から照射してみたいが，前記のように地域歴史遺産であるはずの古文書を誰が守り伝えるのかという観点から眺めることで，問題が明確になる部分もあろう。誰が守るのか，という視点で参考になるのは，近年防災対策や高齢者などへの生活支援・福祉ケアシステムなどの分野で導入されている「自助・互助・共助・公助」という考え方である。一般的には，「自助」は当事者自らの力で問題を解決すること，「互助」はとなり近所など空間的に近い存在同士での問題解決，「共助」は地域社会や市民団体などが問題解決に関わること，「公助」が行政による問題解決と理解される。

■「自助」の危機

　民間の古文書が,「自助」,つまりその所蔵者(個人・自治会など)のもとに末永く意識的に保存され続けることはもっとも理想的ではある。しかし現代という時代において,地域歴史遺産としての古文書を考えるとき,「自助」ははじめから危機として捉えられる。つまり,多くの民間の古文書所蔵者は,それを保管する主体としては「弱体」化しているということである。「弱体」といってもあくまで古文書の所蔵という点に限ってのことだが,どういった点が「弱体」化しているというのか。

　明治時代以降,学校教育の全国的浸透とともに読み書きの基本を楷書系に置いたことで,近世まで基本的な書体だった草書・行書系の書体(くずし字)が学びの対象から外れ,現代社会ではもはや外国語に近い存在となっている。くずし字は今や,古文書を読みたいと思う者が自発的に学んで習練しないと読むことが困難な文字であって,現代社会で日常生活を送る上でほとんど必要とされない。民間の古文書の所蔵者は,先祖伝来のものや,歴代自治会長の回り持ちなど,やむをえない事情で所蔵するにいたった場合が多いだろう。地域歴史遺産としての意義は,その古文書の内容を理解することが前提であることを考えれば,古文書を読めない所蔵者が,古文書を守り伝えるべき対象と感じられなくても致し方のないことである。

　古文書には家の恥ずかしい歴史が記録されているというような見解を古文書の所蔵者が述べることがあるが,これも古文書の内容を読解できないことがそのような誤解を生み出す原因であることはいうまでもない。西村慎太郎が指摘するように,個人の場合,当主の代替りとともに,所蔵している古物が処分されるというようなケースもよく見られる。しかし理解のある当主への代替りの可能性もあることを考えれば,世代交代が古文書の危機とは一概に言えないが,実家を離れ都会に出たり,維持の難しい旧家からより簡便な家屋に建て替えるというような事態が世代交代とともに訪れる可能性もあり,相続税納付のために家屋敷や先祖伝来の物品を処分するというようなケースも少なくない。つまり,これらのケースから判明するのは,古文書の所蔵者個人・団体の弱体化というより,むしろ古文書を「自助」で保存していくための条件が弱体化してい

るというべきなのである。

　「自助」が困難になったとき，古文書所蔵者が，古書業者や古物商へ転売したり，ふすまの下張りなどへ再利用されれば，どこかにその古文書が残る可能性があるという意味でまだ救いがあるが，廃棄や焼却されてしまうと文字通りの消滅ということになる。田舎の実家を空き家状態にして都会に出た結果，実家の土蔵が破られ盗難に遭うという痛ましい話も実に多く聞く。今日では少なくなったと信じたいが，研究者が古文書所蔵者から文書を借りたまま返さない（あるいは返せなくなった）ということも過去には事実としてあった（網野1999）。これなども古文書に対する所蔵者の「弱体化」につけ込んだ行為と言っても過言ではない。

　理想的には，古文書が生み出された地域の中で所蔵者の元に末永く保管され続けることが望ましいが，「自助」は現実的には困難とされるケースのほうが多くなってきているといえるだろう。

■ 災害と「公助」のリスク

　地域歴史遺産としての古文書としては，最低でも「公助」が機能していれば，安全が保証される。この場合の「公助」とは，都道府県や市町村など地方公共団体所管の施設が，地域に伝えられてきた古文書を受贈・受託して所蔵・管理してゆく方向性にほかならない。しかし近年，この「公助」も重大なリスクを抱えていることが明らかになってきた。

　まず第一に，地域にあって「公」を担う自治体の事情の変化である。人口減や法人税の減収などさまざまな事情から財政を悪化させる自治体が増加し，それへの対策として全国的に推進されたいわゆる「平成の大合併」の結果，多くの新自治体では領域の拡大とは真逆に文化財担当セクションが縮小され，既存の資料保存施設の運営縮小や休館，最悪の場合には閉館といった事態が進行している（松下2009）。

　さらに第二の危機として，近年多発する大規模災害に公的な歴史資料保存機関が被災するというケースが見られるようになった。2011年の東日本大震災で，岩手県の陸前高田市立博物館が津波の被害に遭い，当時の職員6名が犠牲

となった。2004年には，日本列島に10個の台風が上陸し，最後に上陸した23号により兵庫県北部や京都府北部で河川洪水や土砂崩れなど大きな災害をもたらしたことを記憶される人も多いだろう。この年上陸した台風のうち16号は瀬戸内海を中心に甚大な高潮被害をもたらした。この高潮により香川県観音寺市の郷土資料館の内部に海水が入り込み，所蔵庫などが浸水した結果，多くの所蔵資料が潮漬け状態になった。また，同年7月30日には，千葉県九十九里町の九十九里いわし博物館で爆発事故が発生し，職員1名が死亡，1名が重体となった。このとき文書所蔵庫が激しく破壊され，当時のニュース映像や新聞写真に資料館の周辺に資料と思われる紙が散乱しているショッキングな状況が映し出されていた。爆発の原因は，その後の調査で同地域の地下に埋蔵されていた天然ガスが館内に充満していて，それに何らかの原因で引火したためだったという。いずれも「想定外」という言葉が思い浮かぶケースとはいえようが，自然災害のリスクが不幸にも資料所蔵機関を直撃し，職員とともに所蔵資料にも大きな被害を与えたのである。古くは，関東大震災や第二次世界大戦末期のアメリカ軍の空襲などのように，都市部の資料所蔵機関が直接被災し，多くの資料が消失した事実もあり，堅牢なはずの資料所蔵機関の被災リスクは相当大きいものがあるといえよう。

　第三には，これが意外に深刻な問題であるが，2009年7月に成立し，2011年4月から施行されたいわゆる公文書管理法により，文書館のような公的な文書保管施設では，公文書の受け入れ・管理が優先され，民間の古文書を受け入れ，保管してゆくことは優先順位としては低くならざるをえず，博物館の役割とするべきだというような言説が，アーカイブズ学の中から出るようになったことである（加藤2017）。博物館法（1951年12月公布）や「博物館の設置及び運営上の望ましい基準」（2011年12月文部科学省告示）には，所蔵資料の一般閲覧の規定がないことを踏まえての言説かどうか不明だが，ここでこの議論の問題点に対して展開する余裕はないが，もし最後のとりでと思われた公的施設が法的にも民間の文書の受け入れを拒むような事態が訪れることがあれば，「公助」の意義は大きく後退せざるをえないだろう。

第 4 章　古文書の可能性

■「互助・共助」への期待

　「自助」と「公助」の中間に位置づけられるのが「互助・共助」である。一般に「互助」は，親類や近隣の者同士での助け合い，「共助」は地域や市民レベルでの助け合いと理解されるが，地域歴史遺産としての古文書との関わりでいえば，「互助」は親類レベルのほかに集落住民（自治会）レベルで保全を図っていく方向性，「共助」はより広い範囲にわたる地域住民のレベルで保全を実現してゆく方向性ということになろうか。

　「自助」のところで，古文書の民間所蔵者に「自治会」を加えて説明したが，この場合個人家とは位相を異にし，それに成り代わって保管の主体となりうる地域団体としての「自治会」「町内会」「財産区管理会」などを念頭に置く。地区に伝わった古文書（自治会文書）の原蔵者として，その保全に苦慮している自治会などでは到底個人の所蔵文書などを受け入れる余裕はないだろうが，丹波市春日町棚原地区の棚原パワーアップ委員会のように，地域おこしを目指す有志の地域住民の活動のなかで，地区内の個人蔵も含めた古文書が収集され，保全が図られているケースもある（松下 2013；同 2017）。棚原パワーアップ委員会の構成メンバーには地区の自治会長も含まれているのが特徴である。つまり，地域おこしという特定の目的のもとに集まった有志だけでなく，形の上では一般の地区住民も含めてさまざまな活動が取り組まれる中で，地域の歴史がつまった古文書を個人所蔵であると自治会所蔵であるとに関わらず収集され，地区の公民館内に資料保管室の設置まで実現した注目すべきケースである。

　もちろんこの互助や共助のレベルでも，具体的な保管施設の有無や，地域の過疎（担い手の絶対数の減少），少子高齢化（次世代への継承の不安定性）といった解決すべき多くの問題を抱えているが，合併により巨大化して地域住民からみて遠い存在となりつつある自治体や国の存在よりも，領域的規模も手頃で日常的に顔を合わせる機会が多い人々の間であれば，問題の肝要を共有できているという点で解決への道は近いのではないか。

　もちろん，ここでは地域の古文書は互助・共助でもって，地域住民だけでなんとかすべきと言っているのでは決してない。最終的には古文書の所蔵者や自治体を含め地域全体として地域歴史遺産としての古文書の保全のあり方につい

て協議し，最善の方策を探ってゆく営みこそが大事なのであって，その中核に位置するという意味で，互助，共助の担い手である地域住民（団体）の存在は，現実的にも重要な存在となってきているのである。

ところで，地域に所在する大学は，4つの「助」のレベルのどこに位置づけられるのか，あるいは位置づけられないのかを考えておく必要がある。個別の地域にとって，大学に所属する専門研究者は最初，文字通り専門的知識や技術を持った「よそ者」の立場性をもって立ち現れる。しかし，地域との交流のなかで，そうした「よそ者」も地域の課題を共有し，その立場の独自性のなかで問題解決を図ろうとする「当事者性」を持った存在に変容してゆく（市沢 2010）。また地域との交流・融合のなかで，知識や技術だけでなく，人脈も共有されてゆき，地域歴史遺産としての古文書の保存へむけ，ネットワークの拡がりとともに可能性はさらに拡がりをもつことになろう。こうした地域との関わり方は，大学が公的性格を持っているという点では，「公助」の一つの姿ともいえるかもしれないが，歴史資料ネットワークのような民間のボランティア組織や，前述の西村慎太郎氏が中心となって立ち上げた「歴史資料継承機構」のような NPO 法人で大学関係者が私的に関わる場合もあることを考えれば，必ずしも「公助」とはいえない。大学という存在は，体色変化をするまことに特異な存在であり（もちろん研究者自身が地域住民であることもありうる），この自在な立場性こそ，地域歴史遺産としての古文書の保全のあり方の選択肢を増やすことに大きく寄与しうるものと思われる。

3　地域社会と古文書をつなぐもの

■ 学問の潮流と古文書

近年，さまざまな学問分野において，軌を一にするように論じられているのは，学術と社会（公共）との関係の追求である。これは欧米での動きを受け，日本でも科学技術の分野からスタートし，科学コミュニケーション論，STS（Science, Technology and Society；科学技術社会論）などとして定着してい

る（小林 2002；平川 2010）。科学技術分野でこのような動向が発生してきたのは，現実生活のなかで起きる生命にも関わるような科学技術的問題を解決しようとするなかで，政治家や専門家だけでなく一般市民レベルでも得るべき必要な知識が増大してきており，現代社会における科学技術の持つ意義がますます大きくなってきていることの反映であった。

　近年では，社会学や考古学，民俗学などの人文科学分野でも社会（公共）との関わりが追求されるようになっている。歴史学の中での追求は低調とされるが，多分野から影響されるかたちで歴史学の論者からも注目されるようになってきた（市沢 2014a；同 2014b；同 2015）。これらの動きに底流しているのは，それぞれの学問分野としての限界感とともに，学問と一般市民社会との間で拡がりつつある距離感である（菅 2009）。そのため市民との対話の中から脱専門化を図ろうとすることが課題とされている。

　歴史学の中で社会（公共）との関係を追究するとき，（地域）社会の中に多くの所蔵者が存在する古文書のような歴史資料は議論の中心核となりやすいだろう。市沢哲が，公共歴史学の可能性を語るなかで，歴史資料の帰属性を中心に論じているのはそのためである。このことは公共考古学の議論の中で，「遺跡」は誰のものかと問う姿勢に通じる（松田・岡村 2012）。それぞれの学問において中心核に位置づけられうるものに対して，専門の立場からの意味付けだけではなく，社会の側にも実に多様な主体が存在することを認めることからスタートするのである。そのとき，関わり合い方の差，たとえばネガティブなのかポジティブなのか，浅いのか深いのか，さまざまなレベルでの内－外など位相の違いはなるべく問わないことが重要で，多様な意見・見方の存在は，多様な分だけ問題解決手段としては不利には違いないだろうが，決定事項に対する異論は出にくいだろう。

　地域歴史遺産として古文書をみるとき，それに関わる多様な主体の存在を認めることで，現代社会における古文書の存在意義がかえって明らかになるのではなかろうか。とりわけ，多くの課題を抱える地域社会においては，問題解決のための手段の選択肢として地域歴史遺産の活用も近年比重を増してきており，さまざまな情報を内包する古文書はその中核に位置していると考える。

■ 古文書学習会のイノベーション

　一般的に言って，地域住民と古文書の間の距離には，物理的な距離と精神的な距離とがある。先にも述べたように，近世以前（ものによっては近代以降のものも）の古文書がいわゆるくずし字によって書かれ，くずし字読解の訓練を学校教育で受けていない現代人にはほとんど外国語のように捉えられ，そのままでは内容を理解できない。この古文書の内容を理解できないということがまず物理的な距離を生み出している。また長い年月のあいだ土蔵などに放置されてきたことにより，ホコリをかぶったり，湿気が原因でカビが生えていたり，はたまた和紙の宿命的な敵である虫（ヤマトジミ・シバンムシ・ゴキブリなど）やネズミなどによる食害を受けてしまったための見た目の汚さも古文書との距離を拡げる物理的な要因となっている。

　精神的な距離としては，そもそも地域や家の歴史への関心を持っていないために，古文書をはじめとする文化財が「地域歴史遺産」と認識されないことが挙げられよう。こうした人にとって，古文書などはゴミ同然にしか見えないのだろう。古文書を保全したいと考える立場からすれば悲しいことであるが，これも古文書をとりまく現実の姿ではある。また従来，所蔵者が古文書の存在にある程度理解があったとしても，それは専門家の取り扱うべき分野であり，所蔵者には無関係であるというような考えもあったように思う。こうした考えが地域から古文書を流出させた大きな要因だったと思われる。

　では，地域社会と古文書とがコミットするには，どうすれば良いのか。それはまずなにより地域住民と古文書

図2　甚大な虫損被害を受けた古文書

第4章　古文書の可能性

との間の溝を除去することに尽きる。その除去の仕方が問題であるが，実はいま古文書を読むことを目的とした学習会はかなり盛況といえる状況にある（木村 2013）。

　古文書学習会は，小グループによる自発的なサークルやマスコミ傘下の文化講座として開設されているものまで含めて，古くから全国にかなりの古文書学習会が催されている。筆者もチューターとしていくつかの文化講座やサークルに関わっているが，定期的に開催している講座・サークルへの現役の受講者で合計約80名（2017年4月現在），諸事情で辞めた方を含めて累積すればおよそ300名もの人に古文書を教えてきたことになる。

　こんなことを述べて別に自慢をしたいわけではなく，一般にはそれほど多くの人が，時には受講料を払ってまで古文書を読みたいという欲求を持っていることが言いたいのである。実際，通信講座による講座を中心に全国レベルで展開しているNHK学園の2016年度のデータによれば，「初めての古文書」「古文書基礎」「古文書応用」「古文書応用ステップ2」「古文書解読実践」の計5つのコースで，のべ2755名もの受講者が計上され（NHK学園HPで公開されている平成28年度決算概要報告書による），俳句や短歌の講座に次ぐほどの受講者を擁していることからもそのことは明らかである。おそらく潜在的なものも含め，古文書を読みたいと考えている人は相当いるに違いない。

　ただ，こうした古文書学習会は，多くの場合講座という形をとる関係上教える者と教わる者という両者の関係性が明確にあり，一定期間過ぎると講座が終了するか，あるいは両者の関係性のままいつまでも継続するという形で推移しているところが多いのではないだろうか。筆者が関わっている古文書学習グループでもそれは否めない事実である。学習グループである限りこうした関係性が続くこと

写真1　福崎町での古文書講座のようす（2016年3月5日）

74

もある程度仕方ないが，古文書を長期にわたり習っていれば当然のように熟達する。時にはチューターが判読に迷うような文字を解読してみせる上級者も現れる。こうした古文書熟達者はマンパワー（人的資源）として極めて貴重な存在である。

　尼崎市立地域研究史料館を拠点に活動している自主グループの「尼崎の近世古文書を楽しむ会」は，阪神・淡路大震災後に誕生して以来20年にわたり，史料館が提供する尼崎市域の古文書を読み進めてきているが，時にはある古文書所蔵者が史料館に古文書を持ち込んで判読を依頼してきたものを，所蔵者の了解のもと楽しむ会にテキストとして提供し，判読されたものを所蔵者に成果として還元するという形がとられることもあるという（木村1998；同2013）。基本的にはボランティアとしての活動ではあるが，史料館業務の一端も古文書学習会が担い得る事例といえよう。

　物事を習う段階は当然あるべきだが，その次の段階として，そこで得た技能を活かすことができる場，もしくは共通の技能を得た人同士で協働ができる場が増えることが今後期待される。古文書のケースでは，自治体史誌編纂における近世文書の翻刻作業や，古文書整理作業に携わることなどを想定することができる。あるいは，くずし字判読の熟達にいたっていなくても，古文書を使った活動に関わることは可能で，かつて筆者が担当した神戸市中央区北野地区の北野天満神社境内で開催した展示会「北野村古文書さとがえり展」（2010年11月）において，展示会の受付や展示解説などを古文書学習会の受講者に担当してもらうことができた（大国2011；木村2011）。

　古文書学習会をきっかけに，参加者が地域づくり活動に進む事例もある。これも筆者が関わっているケースだが，兵庫県丹波市で8年間続けてきている「丹波古文書倶楽部」というグループがある。筆者はもっぱらチューターに徹して運営面はほぼ完全に参加者の有志に委ねられている。この倶楽部は，きっかけは丹波市の生涯学習教室参加者のクラブ活動として1年間開催されたものを契機に，その後自主グループに移行し，丹波市内施設を無償利用する条件で，地域貢献活動を行うことを掲げていた関係上，月1回の例会以外に倶楽部参加者以外の一般市民も参加可能な古文書にまつわるフィールドワークを開催するなどしてきた。しかし制度改革で市からの便宜が受けられなくなってからも，地

第 4 章　古文書の可能性

写真 2　北野村古文書さとがえり展（2010 年 11 月 3 日）

域づくりの意欲は衰えることなく，2017 年 2 月に「生涯学習・市民活動実践グループシンポジューム 2017」を主催するにいたり，市内全体のあらゆる生涯学習・市民活動グループの結集を企図するにいたっている（残念ながら開催当日不時の大雪により開催中止となってしまったが）。

　これらのケースは，単に古文書に書かれているくずし字を読むだけの学習会にとどまらず，古文書学習会での活動を通して地域づくりに展開することが可能であることを示している。今後は古文書そのものを照射した地域活動や学習会をきっかけに多様な意義を持つ場として展開することが期待される。

■ 古文書リテラシーの涵養と協働

　前述したように，古文書を自ら読解するというところまでいかなくても，古文書に関わることは可能である。兵庫県朝来市の生野書院では，現在神戸大学大学院人文学研究科地域連携センターのスタッフとともに，石川家文書（旧・森垣村）という文書群の整理を進めているが，この整理に携わっているのは，大部分が地域住民で，かつ古文書の判読の力量は十分ではない人々である。しかし，そのような人々であっても，古文書のクリーニングや付箋などによる番号付けなど，古文書が読めなくてもできる作業があり，その部分をできるだけ多くの地域住民の方々に担ってもらいたいというスタッフの方針に拠っている（井上 2015；同 2017）。作業日の固定化と自由参加を旨とし，興味ある古文書がでてくれば自由に調べてもいいとするなど，参加者の意思を尊重し，できるだけ寛容かつ柔軟なグループを形成している（もちろん古文書所蔵者の理解も大きい）。文書群の大量さもあって，作業自体なかなか進まないのも事実だが，

地域住民に古文書そのものの存在を認識してもらうことにはかなり効果をあげている。このように，いま求められるのは，誰しもが古文書を読解できるようになることではなく，できるだけ多くの人が古文書の存在を認識し，押しつけではなく地域住民が主体的にその貴重さを認識することができるようになることである。

　生野のようなケースでは，「地域（住民）」と「文献資料（歴史遺産）」との橋渡しをするスタッフ（専門家・研究者）の立場が重要な位置にあることがわかる。とはいえ，決してグループの活動を強引に引っ張っているわけではなく，活動の大枠をコントロールしながらもむしろ主体的な地域住民の活動の手助けをしているという関わり方に徹している点に特徴がある。10 年ほど前から神戸大学大学院人文学研究科地域連携センターでは，地域活動におけるリーダー（職業的リーダーと地域住民リーダー）養成の必要性を認識して，大学におけるカリキュラム構築などさまざまな活動に取り組んできたが，それとともに近年ではグループが活動する場をデザインし，そして緩やかに動かす公共性を備えたコーディネーター的役割を重要視することに少しずつシフトしてきている。

　近年，「リテラシー」という言葉をよく耳にするようになった。「リテラシー」とは，直訳すれば，「読み書き能力」や「識字」という意味になるが，そこから進んで，ある分野に関する知識や教養のことを指すようになり，さらにその知識を理解・解釈・分析・記述・活用する能力まで包含する概念となっている。現在では，メディアリテラシー，科学リテラシー，環境リテラシー，情報リテラシーなどさまざまな分野で使われている。

　本稿との関わりでいえば，「ミュージアム・リテラシー」の議論が重要である。長畑実によれば，ミュージアム・リテラシーとは，①博物館における資料，展示等の情

写真3　生野書院における古文書整理のようす
（2016 年 1 月 26 日）

報を批判的に読み解く能力，②博物館における資料・展示・サービス等を主体的に活用する能力，③新たな情報の創造・発信による社会的コミュニケーションを展開する能力の3要素を持つとされる（長畑 2013）。長畑は大学におけるミュージアム・リテラシー涵養のためのカリキュラムづくりとの関わりで論じているが，ミュージアムがもっぱら一般市民の利用する場であるという点で，これらの要素は，一般市民が持ってほしい要素でもある

　古文書の可能性について論じる本章の立場からみれば，一般市民（地域住民）の間に，広く古文書についてのリテラシーが定着してもらうことを期待する。ただし，古文書の場合必ずしも古文書の読解能力が絶対必要なものとはならないのが特徴といえる。それは，古文書を扱う活動が多くの場合グループを組んでなされることが多く，読解できる人，そうでない人それぞれのレベルや得意分野などを勘案して役割分担が可能だからである。

　ミュージアム・リテラシーでの議論に習って，古文書リテラシーを定義づけるとすれば，①古文書を正確に読解し，批判的に分析する能力（ただし，この能力体得への志向性さえあれば習熟度に応じた個々人の実力差は問われない），②古文書を主体的に活用する能力，③古文書をめぐって産み出される地域活動やコミュニティに参加・展開してゆく能力，となる。これら古文書リテラシーを一般市民（地域住民）が具備すれば，古文書の地域社会（現地）での保全も可能となり，地域歴史遺産に「なる」古文書も増えてくるはずである。

　古文書を読めない人も時がたち，ある程度慣れてくれば少しずつ古文書の読解ができるようになってくる。やはり古文書が読解できないよりは読解できたほうがいいのだが，日常生活の中であまり必要とされない能力だけに，そこから先は個々人の主体性にかかってくる。しかし，主体的に古文書への読解力を上げたいという声に対しては，地域の中にある大学や公共機関の生涯学習セクションなどが，積極的に応えて行く姿勢も必要であろう。

4 古文書が持つ可能性

　結局のところ古文書にはどのような可能性があるのだろうか？　最後に本章での論点のまとめを兼ね，このことを考えてみたい。

　古文書は，それが作成されたときには，意志の伝達や契約の証明などといった目的性を帯びていたが，目的を達成（完了）すると公文書における永年保存のような措置がとられない限り，廃棄されてもおかしくない存在であった。実際これまでに諸事情から廃棄され，消失したものも多かったと思われるが，所蔵者が意識的であるとないとに関わらず今日までに遺されてきた古文書には，過去を知る貴重な手がかり，つまり歴史資料として新たな文脈のもとに活かされうる存在としての意義が備わることになった。歴史学の進展とともに，文字通り歴史資料として専門研究者によって，多くの古文書が活用されてきた。さらには自治体史誌の編纂が盛んになり，地域の歴史を語る貴重な資料として古文書はなくてはならないものという位置にまでなった。しかし，それでも地域社会から古文書は消失し続けた。研究や編纂の終了が新たな用途の終焉と捉えられたこともその原因である。地域から流出した古文書も国や県のアーカイブズ保存施設に収容されればまだ幸運なケースといえるが，災害による被害はともかく，今や首長や職員の考え方の変化によりこうした「元・民間アーカイブズ」の古文書が公的機関から排除される可能性も否定できない時代である。

　古文書の将来にわたる保全のためには新たな文脈が必要となってきているが，それは逆説的ながら地域社会のさまざまな変化とともに得られるようになりつつある。

　語られて久しい人口減少，過疎化，少子高齢化はともかく，今日では「限界集落」や「地方消滅」といった極端な議論も登場するにいたるほど，地域社会が変容していることはいなめない。しかし，その責任をひとり地域社会に押しつけるのは間違っている。災害（火山噴火による全島避難など）のようなやむを得ない事情を除けば，産業構造，教育環境，文化や経済まで含めても，政治を中心に日本社会全体で選択してきた結果，もたらされた状況にほかならない。

第 4 章　古文書の可能性

　質の善し悪しを問わず，いま地域づくり活動において，地域歴史遺産を活用するケースは多い。NHK 大河ドラマの主要舞台となる地域において，放映期間の前後に既存の機関や特設の会場を設けて展示会などが催されるのはその典型である。

　神戸大学大学院人文学研究科地域連携センターの周辺では，古襖の裏に張られた古文書を剥がす作業を地域住民とともに実施しているグループが複数ある。この作業も，最初に適切な指導さえすれば，誰でも作業に参加することができる。これらは定例化し，時に内容の発表会や展示などを行って，情報の共有・公表も図っている。三木市では，国登録有形文化財の旧玉置家住宅にあった襖下張り文書剥がし作業を「三木古文書研究会」（2004 年発足）のメンバーを中心に行い，解読や目録づくりまで行っている。「三木古文書研究会」は，三木市商工観光課によって公開されている旧玉置家住宅で「三木古文書塾」という初心者向けの古文書学習会も催しており，地域歴史遺産を積極的に活用している点が注目される（進藤 2017）。

　宝塚市では，地域連携センターと宝塚市史資料室とが連携し，同市山本地区共有財産管理組合所蔵の古文書の調査を行い，絵図を中心とする展示会を山本地区内の施設で開催した（2010 年 4 月）。大判の絵図が多かったが，テーブルを並べ絵図を敷き，その上からホームセンターで切り売りで購入できる透明のテーブルクロスで上から覆って展示した（石川道子ほか 2012）。その後，この手法は，前述の神戸市中央区北野地区での「北野村古文書さとがえり展」においても大判の絵図展示にも導入されるなど，簡便な展示方法として地域連携センターが関わる簡易展示会でたびたび適用している。絵図史料は，かつての地域のすがたを視覚的に捉えることができる点で，現に住まいしている住民に受け入れられ易い史料といえる。

　このように古文書は，単に過去を知るための歴史資料としてだけでなく，地域住民が主体的に行う地域づくりのツールとしても活用しうるものとなってきているのである。もとより，大学をはじめとする専門家も，「よそ者」として，陰になり日なたになり関わることで，地域づくりの活動は活性化するはずである。古文書の将来にわたる保全へ向けた新たな文脈とは，多様な主体が古文書に関わっていることを認知したうえで，地域づくりへ向け協議し，さらに専門

知・市民知交えて協働してゆくことで，古文書が地域歴史遺産となってゆく方向性のことにほかならない。

《参考文献》

網野善彦 1999『古文書返却の旅 戦後史学史の一齣』（中公新書）

石川道子ほか編 2012『江戸時代の古絵図にみる山本村の歴史』（山本共有財産管理組合）

市沢哲 2010「「よそ者」の効用」（『神戸大学大学院人文学研究科地域連携センター年報 LINK【地域・大学・文化】』2 号）

市沢哲 2014a「学問が展開する場について考える」（『神戸大学大学院人文学研究科地域連携センター年報 LINK【地域・大学・文化】』6 号）

市沢哲 2014b「地域資料学を構想する糸口」（奥村弘編『歴史文化を大災害から守る 地域歴史資料学の構築』，東京大学出版会）

市沢哲 2015「歴史資料をめぐる「よそ者」と「当事者」」（九州史学会・公益財団法人史学会編『過去を伝える，今を遺す』，山川出版社）

井上舞 2015「地域歴史文化の保全・活用のための協働―福崎・朝来の事例から―」（神戸大学大学院人文学研究科地域連携センター編『歴史文化に基礎をおいた地域社会形成のための自治体等との連携事業平成 26 年度事業報告書』，神戸大学大学院人文学研究科）

井上舞 2017「生野書院という〈場〉での古文書整理」（神戸大学大学院人文学研究科地域連携センター編『歴史文化に基礎をおいた地域社会形成のための自治体等との連携事業平成 28 年度事業報告書』，神戸大学大学院人文学研究科）

大国正美 2011「北野村古文書さとがえり展について」（『神戸大学大学院人文学研究科地域連携センター年報 LINK【地域・大学・文化】』3 号）

大藤修 1990「史料と記録史料学」（『記録と史料』1 号）

奥村弘 2012『大震災と歴史資料保存 阪神・淡路大震災から東日本大震災へ』（吉川弘文館）

加藤聖文 2017「公共記録としての民間文書―地域共同体再生論―」（国文学研究資料館編『社会変容と民間アーカイブズ 地域の持続へ向けて』，勉誠出版）

木村修二 1998「震災後に興った地域的古文書学習会について」（『地域史研究』82 号）

木村修二 2011「北野村古文書さとがえり展」（『神戸大学大学院人文学研究科地域連携センター年報 LINK【地域・大学・文化】』3 号）

木村修二 2013「地域文献資料の活用」（神戸大学大学院人文学研究科地域連携センター編『「地域歴史遺産」の可能性』，岩田書院）

第 4 章　古文書の可能性

国文学研究資料館編 2017『社会変容と民間アーカイブズ　地域の持続へ向けて』（勉誠出版）
小林傳司編 2002『公共のための科学技術』（玉川大学出版部）
佐藤進一 1971『古文書学入門』（法政大学出版局）
白水智 2015『古文書はいかに歴史を描くのか　フィールドワークがつなぐ過去と未来』（NHK 出版）
進藤輝司 2017「襖下張り文書の解読と市史編さんボランティア」（神戸大学大学院人文学研究科地域連携センター編『歴史文化に基礎をおいた地域社会形成のための自治体等との連携事業平成 28 年度事業報告書』，神戸大学大学院人文学研究科）
菅豊 2009「公共歴史学―日本史研究が進み行くひとつの方向―」（『日本歴史』728 号）
長畑実 2013「ミュージアム・リテラシー教育に関する研究」（『（山口大学教育機構）大学教育』10 号）
西向宏介 2017「地域史料所在調査と自治体文書館の役割―広島県の事例をもとに―」（国文学研究資料館編『社会変容と民間アーカイブズ　地域の持続へ向けて』，勉誠出版）
西村慎太郎 2013「民間所在資料散逸の要因」（『名古屋大学大学文書資料室紀要』21 号）
平川秀幸 2010『科学は誰のものか　社会の側から問い直す』（NHK出版生活人新書）
松下正和 2009「地域資料館の意義と役割―山南歴史資料館を例に―」（『歴史と神戸』275 号）
松下正和 2010「阪神・淡路大震災よりスタートした被災史料保全活動のその後」（『第 8 回歴史文化をめぐる地域連携協議会予稿集』，神戸大学大学院人文学研究科地域連携センター）
松下正和 2013「市民とともに伝える地域の歴史文化―兵庫県丹波市での取り組み―」（神戸大学大学院人文学研究科地域連携センター編『「地域歴史遺産」の可能性』，岩田書院）
松下正和 2017「兵庫県丹波市内での民間所在史料の保存と活用について」（国文学研究資料館編『社会変容と民間アーカイブズ　地域の持続へ向けて』，勉誠出版）
松田陽・岡村勝行 2012『入門パブリック・アーケオロジー』（同成社）

コラム 古文書を活用するまで

木村 修二
(神戸大学大学院人文学研究科)

　どんな用途であれ、わたしたちが古文書を活用しようとするとき、古文書現物（もしくは情報）にたどり着くまでには、いくつかの方向性やステップが存在する。

　もっとも手っ取り早いのは、自治体史誌の資料編などに掲載されているものに当たることである。また自治体史誌の編さん過程に作成された古文書目録があれば、その古文書の写真（時には現物）が保管されている場合もあるが、編さん室が解散している場合には、なかなか一般の目に入ることは困難である。歴史系の資料館があれば、そこに引き継がれていることもあるし、自治体の文化財担当が把握していることもあるので、一度問い合わせてみればよい。ただし、自治体史誌編さん過程で収集した古文書は、編さん目的以外での利用が困難な時もあり、所蔵者による閲覧許可を求められることが多いので注意したい。

　古文書を大学が所蔵しているケースもある。大学附属の図書館や史料館、研究所のほか人文系の学部に古文書室が設けられて収集されているケースもある。この場合でも、文書目録が作成されていれば、それを入手し情報を得て、関係者とコンタクトをとって、古文書に接近することになる。ただし、大学の場合、特定の研究（契約に基づくものもある）や教育目的で収集されている場合もあり、プライオリティーの観点から外部への公開が直ちにはなされないことも多い。場合によっては、大学附属図書館のウェブサイトで目録のデータベースや画像データそのものが公開されていることもある。

　自治体や大学などの公共機関以外の民間の古文書にアプローチするのは、今日ではかなり困難になった。かつては、古文書の所蔵者の元をある日突然来訪しても、来意が理解されれば、その場で閲覧が実現したり、時には借用までできたようなのどかな時代もあったが、今日では不審者扱いされてしまう恐れもある。現実的な方法としては、その所蔵者の住む自治体の文化財担当への調査趣旨の説明を経て信頼を得れば、所蔵者への仲介が実現することもある。この場合でも先方に失礼のないように、連絡の方法やタイミング、内容などを考えておく必要があろう。

　運良く民間の古文書の閲覧が実現す

ることになったときも，事前，事後のエチケットは欠いてはいけない。特に調査した結果を所蔵者に還元することは必ず行うべきで，そういったエチケットを欠いたために，その後いかなる調査も拒まれるようになったケースもある。

調査対象となる民間の古文書群が，未調査だった場合，近年では保管状況を記録しておくことが常識化している。これは一般に「現状記録」と呼ばれる調査方式で，現在保管されている状態に，その古文書群全体や，一点一点の古文書単体の内容を理解する上での重要な情報が含まれているとの考えから生み出された調査方法である。この調査方式には，1980年代半ばに国立史料館（現国立国文学研究資料館）によって始められた方法（安藤1998）と，ほぼ時を同じくして千葉県内の文書調査を進めていた房総史料調査会によって始められた方法（吉田2015）が知られている。前者は，文書群の保管状況の記録を現場でとったあと，文書単体の整理は史料館など館内で行うというもの。後者は，文書単体の現状記録も含めすべて現場で行うことを基本としている。双方，方法論をめぐって論争していた時期もあるが，今日では方法をめぐる議論はなされなくなった。第三者から自治体史編さんで大量の文書群を対象としないといけない場合や，時間や調査費用などが乏しい場合などには，現状記録方式の調査はなじまないといった批判も出ている（藤井1999）。ただ，全体として文書調査における現状記録を尊重する方向性は定着しているとみることができる。初動段階で詳細な現状記録をとったあとは，デジカメを多用するなどして，現状の記録に代用するなどの簡便な方法が取られることも多い。

どんな形であれ，目録化されていない状態で古文書を活用することは，文書単体の紛失や文書情報の喪失にもなりかねず，原則として控えるべきで，簡易なものであっても目録化を経て，活用することを心がけたい。

《参考文献》
安藤正人 1998『記録史料学と現代 アーカイブズの科学をめざして』（吉川弘文館）
藤井讓治 1999「現状記録調査と自治体史編さん」（『千葉県地域史料現状記録調査報告書第5集 佐原市清宮利右衛門家文書』，千葉県）
吉田伸之 2015『地域史の方法と実践』（校倉書房）

第5章
「今」を遺す、「未来」へ伝える
―災害アーカイブを手がかりに―

佐々木和子

神戸大学地域連携推進室

災害アーカイブは，災害直後からその災害に関する資料保存を行う現代資料のアーカイブである。この動きは，1995年1月に起こった阪神・淡路大震災から始まった。阪神・淡路大震災では，神戸大学附属図書館や兵庫県，ボランティア団体などが，この資料保存に取り組んだ。この動きは，2011年3月に起こった東日本大震災でも引き継がれ，国立国会図書館にポータルサイトが設けられ，デジタルアーカイブが構築された。日々国や自治体等で作成されている行政文書も，今を伝える重要な現代資料である。災害アーカイブにおいても，行政資料は重要な役割を果たすものである。

キーワード

現代資料　災害アーカイブ　震災資料　行政文書　阪神・淡路大震災

第5章 「今」を遺す、「未来」へ伝える―災害アーカイブを手がかりに―

1 アーカイブと記憶

　アーカイブとは何か。同じ人類の知的遺産を取り扱う図書館(ライブラリー)や博物館（ミュージアム）と異なり，必ずしも日本社会に広く知られているものではない。国立国語研究所の「外来語委員会」では，「アーカイブ」の認知度を25%とし，言い換え語として，「保存記録」「記録保存館」をあげている。その意味説明では，「個人や組織が作成した記録や資料を，組織的に収集し保存したもの。その施設や機関」とし，「記録・資料・史料・公文書館・文書館・資料館・史料館」も使用可能とした。

　国際文書館評議会（ICA）によるアーカイブ用語辞典の定義は，「アーカイブ（archives）」は①史料，記録史料，②文書館(もんじょかん)とし，史料，記録史料は，「個人または組織がその活動のなかで作成または収受し，蓄積した資料で，組織的に利用する価値があるので保存されたもの」を指すものとしている（文書館用語集研究会 1997）。

　「館」そのものでなくても，アーカイブ機能とは，「長期保存すべき記録を特定し，保護・保存するという目標を達成するために寄与し，必要とされ，また，そのような記録を確実にアクセス可能で理解可能なものにする一群の関連活動」を指し，アーカイブ機能は，機関としてのアーカイブとは別に独自に存在するという（マクドナルドほか 2005）。

　また，近年，「アーカイブズは集合的記憶の一部であり，過去について学ぶための情報源」との認識が広がってきている。そして，個人や組織の記憶や集合的記憶は，記録に内包されている。それのみならず，記録は証拠性やアカウンタビリティ（説明責任）を含むという（ケテラール 2006）。

　なお，これまで，記録や資料には文字情報が使われ，書き記す媒体（メディア）は，紙がほとんどであったが，近頃，その媒体は紙以外に，レコード・カセットテープ（音声情報），フィルム・プリント・ビデオテープ（映像情報）と多様化している。さらに，今ではすべての情報が，デジタルデータ仕様に置き換わりつつある。このデジタル化は，情報がハードウェアやソフトウェアに依存

するだけでなく，外側のリンクにも依存しつつある。

　2011（平成23）年3月11日，マグニチュード9の大きな地震が，東日本を襲った。地震による巨大津波は，太平洋岸を襲い，2万人近い犠牲者を出すとともに，福島第一原子力発電所の炉心溶融事故を引き起こした。被災地は，青森県から千葉県まで9県におよび，未曾有の地震・津波・原発の複合災害が起こった。

　この震災の復興構想7原則の原則1に，「大震災の記録を永遠に残し，広く学術関係者により科学的に分析し，その教訓を次世代に伝承し，国内外に発信する」が入れられ，国立国会図書館によるデジタルアーカイブが立ち上がった。これは，阪神・淡路大震災時の取り組みが前例となっている。

　1995（平成7）年1月17日に起こった阪神・淡路大震災は，震災に関連した資料の収集・保存に自覚的，組織的に取り組まれた最初の災害であった。この震災では，地震発生から約2カ月後から，被災地の各所で，資料の収集活動がはじまり，それらの資料は「震災資料」と呼ばれるようになった。また，「アーカイブ」を名乗る団体もあらわれた。

　ここでは，「今」を遺す資料として，「災害アーカイブ」を取り上げる。阪神・淡路大震災を伝える資料を保存する動きは，自然発生的に，被災地内でさまざまなところではじまった。自分たちが出会った震災を，被災地の多くの人たちが，「忘れてはならないもの」として，記憶にとどめようとした。

2　阪神・淡路大震災と資料保存

■ 震災資料保存のはじまり

　阪神・淡路大震災被災地で，起こった震災資料の保存のさまざまな動きをみておこう。地震から約2カ月の3月末，阪神大震災地元NGO救援連絡会議（ボランティアをコーディネイトする団体）の中に，ボランティア自らが自分たちの活動の資料を残そうと，震災・活動記録室（以下，活動記録室）がつくられた。地元図書館の司書や資料保存機関関係者の有志たちも，ボランティアグループ「震災記録を残すライブラリアン・ネットワーク」を立ち上げた（表）。

第 5 章 「今」を遺す、「未来」へ伝える―災害アーカイブを手がかりに―

表　阪神・淡路大震災と資料保存

1995 年	
1.17	午前 5 時 46 分，兵庫県南部地震発生
1.31	ボランティア団体（ボ）：阪神大震災地元 NGO 救援連絡会議文化情報部（代表坂本勇）
2.13	（ボ）：歴史資料保全情報ネットワーク（史料ネット）開設
3.27	（ボ）：震災・活動記録室発足（地元 NGO 救援会議内）
4 月	図書館関係（図）：震災記録を残すライブラリアン・ネットワーク（ライブラリアン・ネット）結成
4.28	（図）：神戸市立図書館、震災関連図書コーナー開設
5 月	**（図）：神戸大学附属図書館震災文庫，本格的活動開始**
5.13	（ボ）：震災・活動記録室主催，「やったことを記録に残すボランティア大集会」
7.17	（ボ）（図）：坂本勇，震災文庫，ライブラリアン・ネット共催「震災記録実務研修会」
10.1	兵庫県（行政）：兵庫県復興本部，阪神・淡路大震災に関する資料・記録の収集を開始，事業を（財）21 世紀ひょうご創造協会に業務委託
10.3	（図）：神戸大学附属図書館震災文庫，一般公開
11.3	（図）：兵庫県立図書館，フェニックス・ライブラリー開設
1997 年	
1.17	（行政）（ボ）：人・街・ながた震災資料室開設
12.26	（行政）：（財）阪神・淡路大震災記念協会設立
1998 年	
3.14	**（ボ）：震災・まちのアーカイブ設立（震災・活動記録室から）**
4.1	（行政）：阪神・淡路大震災記念協会が 21 世紀ひょうご創造協会の収集事業を引き継ぐ
2000 年	
6 月	（行政）：兵庫県が大規模震災資料所在調査実施（厚生労働省の緊急地域雇用交付金事業を活用。～2002.3）
10 月	（行政）：「阪神・淡路大震災記念協会における資料取扱いに関する要綱」作成
2002 年	
4 月	**（行政）**：人と防災未来センター開館、資料室への資料移管

神戸大学附属図書館でも，4月には「網羅的」な資料収集をはじめた。この地震の資料を網羅的に見られるところがないかとの学外からの問い合わせがきっかけだったという。そして，図書だけではなく，ビラやチラシ，ポスターなど一枚もの資料や抜刷，レジュメなど，従来図書館が収集の対象としていないものにまで範囲を広げ，10月には震災文庫が正式に開設された。また，被災地で出版業を営んでいた高森一徳は，「阪神大震災を記録しつづける会」（以下記録しつづける会）を立ち上げ，手記を募集し，第1集を5月に出版した。地震から半年後の7月には，ライブラリアン・ネットや震災文庫などが呼びかけ，神戸市役所で，「1県17市1町の図書館等の関係者」を集めて，震災記録実務研修会が開催した。

　これらの動きに，兵庫県が加わった。10月1日，兵庫県が復興計画の一環に「震災と復興の資料・記録の収集と整理」を位置づけ，（財）21世紀ひょうご創造協会（県外郭団体，以下創造協会）にその事業を委託した。

　震災から2年後の1997（平成9）年1月，長田区役所職員の有志が「人・街・ながた震災資料室を開設した。避難所運営に携わった職員たちが，ボランティアグループとして，持ち帰った避難所関係資料を保存・公開を始めたのである。1998年3月，震災・活動記録室は，資料保存を引き継ぐ震災・まちのアーカイブと市民活動支援に取り組むグループにわかれた。

　同年4月には，兵庫県の事業は県内の被災自治体が設立した（財）阪神・淡路大震災記念協会（以下記念協会）に引き継がれた。さらに2000年6月から2002年3月にかけて，厚生労働者の緊急地域雇用交付金を使い，大規模な資料調査事業を行った。この調査の結果，収集された資料は，2002年4月，人と防災未来センター資料室に移管された。

　これらの記録や資料の収集活動の様子は，復興を伝える活動の一環として，次第にマスコミにも取り上げられていき，図書や資料を含めて，「震災資料」という呼び方が定着していった。現在，主な収集機関として，神戸大学震災文庫や人と防災未来センター資料室だけでなく，人・街・ながた震災資料室や震災まちのアーカイブも独自の活動を続けている。また，記録しつづける会は，第10集まで10年にわたって，記録集の発行を続けた。

第5章 「今」を遺す、「未来」へ伝える―災害アーカイブを手がかりに―

■ 兵庫県の取り組み

　被災地では，震災が進行している中で，その出来事の資料を意識的に「網羅的」に集める行為が始まった。これまでの日本社会で経験したことのないものだった。創造協会では，「兵庫県からのお願い」というチラシの中で，「震災・復興に関する資料・記録」を次のように説明した（資料1）。

　　本やパンフレットに限らず，個人のメモ類や体験記，身近で撒かれたビラやチラシ類，避難所での壁新聞やノート，町の集会を記録したノートやメモ類などといった通常はあまりにも身近にありすぎて「資料・記録」とは思わないようなものも「資料・復興資料・記録」です。これらのものは被災した人々の生活や，当時の状況をしるす貴重な「生の情報」として後世に残していく価値をもっています。

　裏面には，「収集する資料の例」として，(1) 文字情報，(2) 映像情報，(3) 音声情報と大別し，具体的なものをあげた。媒体としては，紙はもちろん，テ

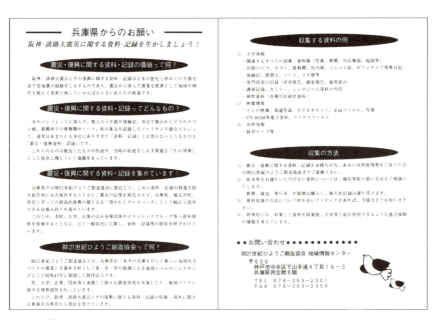

資料1　「兵庫県からのお願い」（左・表面、右・裏面）

レビ映像，報道写真，ビデオ，8ミリフィルム，写真，CD-ROM 等電子資料，マイクロフィルム，録音テープ等が含まれるとした。

このように，1995 年段階で考えられる範囲の記録媒体に記されたものすべてが対象となった。特筆すべきは，図書・刊行物といった二次資料だけでなく，それらに整理・編集される前のメモ類，アンケート原票等を含む一次資料（原資料）から収集しようとしたことである。ただ，この時点では，人と防災未来センターのような展示施設の計画は具体化されていなかったため，「モノ資料」は対象とされなかった。「震災遺構」についても，議論されることはほとんどなかった。また，震災資料をめぐる議論の中で，「データ処理や分析した資料を保存すればよい」と考える社会科学や自然科学の研究者と，「調査の原票など加工されない一次資料から保存」が必要という歴史研究者や資料保存関係者との間でイメージが異なることが明らかになった。

2000 年 6 月，兵庫県は，阪神・淡路大震災記念協会に委託して，緊急地域雇用特別交付事業の一事業として，大規模震災資料調査事業を始めた。半年交代の調査員をのべ約 440 人を雇用し，兵庫県内被災地を網羅するものであった。

調査事業では，マニュアルを作成し，調査先ごとに番号をつけ，調査開始から資料整理まで一貫して管理した。資料整理の時には，「出所原則」に基づき，調査先ごとに整理を行い，震災に関連した調査先すなわち組織，機関の活動の中で生じた資料群として把握できるようにした。調査先では，資料についてだ

写真 1　記念協会保存箱

けでなく，それにまつわる情報や体験も書き込むようにした。のちのち資料の理解のために，こういったメタ情報は必須のものであり，また，現代資料の収集だからこそ可能となるものだった。

　現在，人と防災未来センター資料室では，調査先区分として，①個人（避難所，仮設住宅，復興公営住宅関係者を除く），②復興公営住宅，③ボランティア・支援団体・宗教団体等，④ まちづくり協議会・コミュニティ組織，⑤事業所（企業），⑥ 労働組合・任意団体，⑦教育・研究機関（保育所を含む），⑧マスメディア，⑨行政・外郭団体，⑩避難所（自治会を含む），⑪ 仮設住宅（仮設自治会を含む）の 11 区分を設けている。これらは，結果として，1995 年の地震から約 5 年間の被災地の「今」を遺す資料となった（写真 1）。

■ 震災資料の公開

　「今」の資料を遺すためには，資料提供者の立場から言えば，プライバシー情報のつまった資料がどのような基準で保護されるのかは大きな関心事である。安心して資料を提供してもらうためには，プライバシーへの保護・配慮を明文化した基準を示し，収集主体への信頼性を高める必要がある。記念協会では，大規模調査開始にあたって，兵庫県文書課法制係とも協議を行い，「（財）阪神・淡路大震災記念協会における資料取扱いに関する要綱」（以下資料取扱い要綱，2000 年 5 月施行）を策定した（阪神・淡路大震災記念協会 2001）。

　この要綱の特徴は，まず「公開」を原則とすることをうたったことにある。それを制限するものとして，兵庫県・神戸市など地方自治体の情報公開条例の「公開をおこなわない公文書」，個人情報保護条例の「非開示情報の基準」を準用した。また，設置目的に沿った調査・研究のためには特別利用の道を開くことや，資料の取扱いや利用制限への苦情申立てについて諮問する専門委員会の設置を定めた。

　また，現代資料の数は膨大であり，多種多様である。大量の資料の公開判定を行うため，判断基準を示したマニュアルを作成した。まず資料を①書籍，雑誌，②新聞，③ 行政の広報，④ 冊子・文集，⑤ミニコミ・ニュースレター・会報，⑥ チラシ・ビラ・張り紙，⑦ 手紙・はがき，⑧ その他の 8 種類に分別

する。その他の項目には具体的な資料種類の記入することとした。

　そのうち①書籍，雑誌，②新聞，③ 行政の広報は，公開が前提のものなので，書き込みがあり，それが公開に差しさわりがあるかどうかについて確認した。④ 冊子・文集，⑤ミニコミ・ニュースレター・会報，⑥ チラシ・ビラ・張り紙，⑦ 手紙・はがき，⑧ その他に分別されたものは，プライバシーに関わる事項が含まれているかどうか，内容を読んでチェックを行った。

　写真については，公開を「記念協会に一任」されたものの中から，著作権に配慮し，提供者と撮影者が同一かどうかによってまずふるいにかけた。ついで肖像権を考慮し，撮影対象が人物と風景であるかによって次のような基準によって分けた。すなわち，個人の判別ができないような写真かどうか，また風景写真は原則公開であるが，立て看板に個人が判別できる情報が記載されているような写真かどうかである。これらの結果は，個票1点1点ごとに入力され，開館時にはこの一次選別で全く個人情報が含まれていないものだけを選びだし，確認後公開可能とした（阪神・淡路大震災記念協会 2002）。

　資料の収集時に，利用についての提供者の意向を確認し，許諾をとっておくことも重要なことであった。現在では，デジタル公開される機会も増えているが，「複製権」「公衆送信権」など，著作権上許諾を得ておく必要がある。記念協会では，「協会に一任」とともに，「インターネット上の公開」の可否を聞くことや，「別途協議」として，のちに許諾を確認するようにした。

　2002年4月，人と防災未来センターが開館し，約16万1000点の資料が，センター資料室に移管された。センター資料室では，前述した取り扱い要綱の基準に従い，約6万点余が公開された。

　センター資料室では，2004年3月から3回にわたって「震災資料の公開等に関する検討委員会」を開催し，記念協会の要綱の運用基準を定めた。ここでは，震災資料をその公共性から，「利用者の知る権利に資する観点から，原則として公開」との方針のもと，「知る権利と人格権の調和の観点」から，種類ごとに「館内及びインターネット公開」の二種を定めた。また，公開制限の見直しや利用制限の苦情申立てに対応するため，「資料の取扱いに関する専門委員会」の設置が決められた（阪神・淡路大震災記念人と防災未来センター 2005）。ただ，残念ながら，資料室の体制が，3年雇用の嘱託専門員によるものとなり，専門

委員会の設置はまだ行われていない。

3 ボランティアグループの取り組み

■ 震災・まちのアーカイブの設立

　震災・活動記録室は，1998年3月，被災地の情報支援を行う「震災しみん情報室」（現 NPO 法人市民活動センター神戸）と資料の部分を引き継ぐ震災・まちのアーカイブ（以下まちのアーカイブ）に分かれた。

　3月14日，まちのアーカイブの設立のつどいが，神戸市長田区の事務所で開かれた。この時「設立にあたって」には，このグループの設立主旨が詳しく述べられている。いくつか見ておこう（資料2）。

　まず，阪神・淡路大震災が，後世にさまざまな角度から顧みられる「歴史地震」と位置づける一方，震災一次資料は散逸の危機にさらされているという。そこで，「資料を残すことを通じて，震災の記録を後世に伝える活動に取り組」むと宣言した。そして，活動記録室時代に，外部から受けた批判に答える形で「記録を残すことは，遠回りしているけれども，震災の引き起こした問題を根もとの部分で考える確実な方法のひとつだと信じます」とした。アーカイブの意味は，「被災した一人ひとりが，自らの記憶をたどりながら，さまざまな記録を検討する場所。震災の問題を考えるためには，そのような場が必要である」という思いからであり，行政や学者・研究者だけが利用するのではなく，震災を体験した被災者自身が残していこうという場を「まち」に作ったという。

　具体的な活動として，①震災一次資料に関する調査・保存・整理，②被災地でまちのアーカイブづくりのお手伝い，③被災地の記憶と記録を考える作業，④震災の記録を保存することの意味を考える通信「瓦版なまず」の発行をあげた。

　まちのアーカイブは，活動拠点を2016年に長田区から垂水区に移したが，設立以来の会員も含め7，8人で，今なお活動を続けている。収蔵する資料の多くは，ボランティア関係である。活動記録室時に集めた初期のボランティア

資料2　震災・まちのアーカイブ設立にあたって

資料や活動記録室自体の資料もすべて，移管されている。また，震災時には，ミニコミ誌が多く発行され，記録室では意識的に集めてきたが，それらも棚に並べられている。

　会員には，詩人や主婦，研究者，勤め人など，資料や歴史と関係のない人たちも多く関わってきた。そのため，ここでは，「資料とは何か」「何故残すのか」から議論になった。ここでの活動記録は，現在第31号まで発行されている『瓦版なまず』に残されている。『サザエさんたちの呼びかけ：阪神大震災・瓦版なまず集成1998-2008』（2008年）は第24号までの合本である。その他，読書会を行った参加者の手記を綴ったときの記録『「百合」との往還』（2000年）をはじめとする叢書や活動記録室代表に発足の経緯をインタビューした『アーカイブ前史』（2003年）など，書籍を10冊近く発行し，記録の発信にも力を入れている。

第 5 章 「今」を遺す、「未来」へ伝える―災害アーカイブを手がかりに―

■ 震災・まちのアーカイブの取り組み

　まちのアーカイブでは，「つぶやき」という言葉がよく用いられた。記録に残らない，記録から落ちていく，「つぶやきを拾おう」「本当はこうだったんじゃないかな」とか，「本当は外ではなかなか言えないことなんだけどね」，そんな小さな声を拾い集めていきたいということであった。資料の整理を行うとともに，会員の一人が被災地で見聞きしてきた話をもとに，それが一体どういうことなのかということを，まちのアーカイブの場で問いかけ，確かめ，議論が行われた。その一つに取り上げたのが，公費解体や被災マンション問題である。公費解体とは，阪神・淡路大震災ではじめて取り入れられた制度である。従来，自力で行わなければならなかった地震で壊れた家の解体やその撤去費用を，災害廃棄物として，公費負担とするものである。地震で住宅に大きな損害をおった人への救済策として考えられた。

　被災マンションの建て替えと公費解体は，深い関係があった。建て替えするためには，解体が前提であり，マンションでは住民の決議が必要となる。公費で行われる解体は，予算執行と大きく関係し，期限までに決めなければ，「○○百万円の解体費用がタダ。期限をすぎれば自己負担」という状況であった。当初，公費解体は 1 年で終了と言われており，そのためには住民側は解体するか補修か，決議が急がされていた。結果として，締め切りは期限延長されるのだが，補修か建て替えか考える時間を十分与えられることなく，建て替えの多数派が形成されていったという。

　この問題は，両者それぞれの立場で言い分があり，是非の判断は容易ではない。立派に復興したといわれる街の中で，起こっていた被災マンションの建て替え問題とは何だったのか，と問われるとき，少数者の資料はきっと必要になる。そして，少数者の声は，意識しないと残せない。住民会議の人たちのお話を聞きながら，その資料が残るということの重要性について説明し，まちのアーカイブでは，一緒に相談にのっていった。現在，これらの資料は，人と防災未来センター資料室に収蔵されている。

　また，まちのアーカイブでは，2000 年 8 月に「特集・メモリアルセンターと公論」と題した『瓦版なまず』第 8 号を発行した。メモリアルセンターとは，

現在の「人と防災未来センター」である。計画段階では、当初「阪神・淡路大震災メモリアルセンター（仮称）」と呼ばれていた。まちのアーカイブは、このセンターを「震災の記録と記憶を扱う施設」と考え、県の計画を点検し、公開の議論の中で進められることが必要であり、それが行われているのか問いかけた。当時、記念協会では、震災資料の大規模調査が行われている時期だった。

メモリアルセンター建設についての動きが加速されるのは、1999年秋のことである。それまで、県は国に要望を行っていたが、11月に補正予算で施設整備の予算が計上され、センター設置が決定した。2000年2月に、建築業者の選定、5月に展示計画の骨子の発表、7月に県民からの展示に関する意見の公募と進み、2002年春の開館となった。

まちのアーカイブでは、1999年6月から関心をもって、調査を進め、7月には、「阪神・淡路大震災メモリアルセンター展示計画に関する公開提言」を県に提出した。提言では、自分たちの模索の経験から、震災を「伝えることの困難さ」を述べ、そのためには、「震災をどう記憶するか」であり、資料保存と並行して、震災を文化の領域でも普遍化する活動が必要であるとした。第8号には、「誰が、なにが、なぜゆえに、どのような状況で、壊れたのか、復興したのか」、このコンセプトに答えうる思想が必要とし、「センターを訪れると即座に検証でき、検証の契機が与えられ、しかも思考と自省を促され、かつ追体験できうる公共の場であることが望ましい」との意見も掲載されている。

2002年春、センターは開館した。完成前は「メモリアル」のための公共施設を標榜していたが、一転して「防災」のための施設となった。

■ いつかの、だれかに

まちのアーカイブには、資料にひかれて、さまざまなメンバーが集まった。歴史や記録保存に携わったことのある者、そういった経験のない者。記録に残らない、残せない出来事に心寄せる者。資料を真ん中において、「資料とは何か」「なぜ残すのか」、「震災を伝えるためには」、さまざまな議論が行われた。

筆者は、『瓦版なまず』24号（2008年）に、アーカイブ試論として、アーカイブの動詞形に注目し、まちのアーカイブは、「引き継ぐ」「名づける」「出会う」

という動詞の実践の場と記した。小川千代子は,『アーカイブを学ぶ』(2007年)の中で,「保存する」という動詞の意があると述べているが,日々生みだされてくる現代資料は,誰かが資料として認識し,名づける行為なしには流され去って行く情報の海に埋もれてしまう。ボランティアや記録室から資料を引き継ぎ,「震災資料」と名づけ,資料を通して,震災に出会えるよう整理をする。こういった活動そのもの,あるいは行う場がアーカイブということだと考えたのである。

寺田匡宏は,『Someday,for somebody いつかの,だれかに』(2005年)の中で,「災厄とは,人間にとって,個人の力を越えたマイナスのものが降ってくること」であり,「そのようなものに直面したとき,その偶然の不条理や条理を問う姿勢が生まれる」と述べている。阪神・淡路大震災の被災地で,多くの人が同じような思いを持ち,震災資料の収集・保存が共感を得て行われた。何を残そうとするかには,何を問おうかとする姿勢や問題意識が求められた。

阪神・淡路大震災から10年後の2005年1月,「いつかの,だれかに 阪神大震災・記憶の<分有>のためのミュージアム構想｜展」が開かれた。まちのアーカイブのメンバーを中心とした［記憶・歴史・表現］フォーラムが,阪神・淡路大震災のような災厄の記憶を多元的に伝えるためのミュージアム構想を試みるものであった。

この中で,「棚へ─<未来>の配達のために」と題して,まちのアーカイブ所蔵資料の複製が,インスタレーション作品として展示された。展示室の床に置かれた資料の入った封筒が置かれ,来場者は,封筒に入った資料を自由に閲覧

写真2　記憶の<分有>のためのミュージアム構想展

し，書き加え，その後日付のスタンプを押した後，郵便局の区分棚に見立てた棚に入れるというものだった。この展示について，笠原一人は，資料はいつかの，だれかに宛てて配達されるのを待っている，「いわば＜未来＞への郵便群であり，配達途上の記憶である」と説明した（［記憶・歴史・表現］フォーラム 2005）（写真 2）。

4 行政文書

■ 行政文書とは

　行政文書は，毎日生まれている「今」を伝える資料である。わが国では，国や地方公共団体（以下自治体）での事務処理は，一般に文書を通じて行われる「文書主義」をとる。文書を作成することで，言い間違いや聞き誤りを防ぎ，だれもが常に同じ受け取り方ができ，組織内で，確実で，正確な事務処理が可能となる。

　この文書主義の原則は，すべての合理的な経営組織に必要であり，特に市民の権利・義務と深く関わる公的経営組織としての近代官僚制でより求められる。欧米先進国をモデルに近代国家の構築をめざした明治政府は，「文書による行政」の確立の努力を中央から地方まで続け，今も日々，役所では，大量の文書が作成されている。ここでいう文書とは，「文字又はこれに代るべき符号を用い，永続すべき状態において，ある物体の上に記載した意思表示」（大審院判決，1910 年）である。

　文書管理のための基本法が成立したのは，2009 年 7 月，公文書等の管理に関する法律（公文書管理法）のことである（2011 年 4 月施行）。明治以来これまで，文書管理は行政内部の規則等によって行われ，文書はその基準に基づいて廃棄，場合によっては放置されていた。なお，国の法は「公文書管理」であり，兵庫県や神戸市のように，地方自治体によっては，「文書管理」を使うところもある。それぞれの法・規則等で，対象の定義を行っているが，差異がない（兵庫県文書課 2017）。

文書の管理は,「文書管理規程」「文書取扱規程」などによって,その取扱いが細かく定められてきた。文書の保存期間は,兵庫県の場合,30年,10年,5年,3年,1年,1年未満の6種である。保存期間満了後の文書は,それらの規程によって,「廃棄されなければならない」ものであった。

　廃棄後の文書の保存の道を法的に開いたのは,1987（昭和62）年12月に公布された公文書館法である。同法によって,重要な公文書については,「歴史資料として重要な公文書等」（以下,歴史的公文書）と位置づけ,その保存・公開に,「国及び地方公共団体」は,「適切な措置を講ずる責務を有する」とした。以後,文書の廃棄の後,歴史的に重要なものは,評価選別され,永年保存されることとなり,そのための施設として公文書館（文書館）が設置されることとなった。

　なお,文書は,事務室におかれ実際に使われている間を「現用」,現役を退いた文書を「非現用」,その中間に位置するものとして,書庫などに引き継がれると文書としてはあまり使われなくなることから「半現用」と呼ばれる。

　情報公開制度は,現用,半現用文書を公開の対象とし,非現用文書のうち歴史的公文書は公文書館法によって公開が担保された。公文書管理法施行後は,同法によって国立公文書館等の長は「利用させなければならない」となった。

　2011年4月,公文書管理法が施行された。第1条の目的で,公文書等は「国及び独立行政法人等の諸活動や歴史的事実の記録」とし,「国民共有の知的資源」であり,「現在及び将来の国民に説明する責務が全う」するために,「適切な保存及び利用等を図るようにすることを目的とする」と記されている。ここではじめて,国民への説明責任を果たすため,公文書の発生から選別,廃棄・保存まで管理する法律ができたのである。

■ 災害と行政文書

　災害時にも,自治体は行政文書を作成しながら業務を行う。震災関連公文書の例をあげると,り災証明書,義援金の申請書,家屋解体申請書,仮設住宅の申込書など市民が申請するものや行政側の家屋被害判定,避難所の運営,水道の復旧,災害廃棄物の処理,救援物資の受け入れ・配布に関するものなど,被

災から立ち直るための市民に密着したものが多い。さらに，復興計画に関する諸書類，また国・県からの通達など，いずれもこれらの資料なしでは，震災の実態やそこからの復旧・復興の過程をつかむことができないものばかりである。

被災自治体では，突発的に起こった災害のために，緊急対応にせまられ，通常の文書管理では想定されていない文書も多く作成される。また，文書の保存期間の基準は，決裁文書を中心に，組織にとっての重要度によって決定されており，申請書のようなより震災の現場に近いものの年限は短く設定されてきた。なお，「決裁」とは，行政機関の意思決定の権限を有する者が押印，署名等により，その内容を行政機関の意思として決定する行為をいい，決裁文書は最終的な判断を仰ぐところまで，組織内の意思が決定したものである。そのため，決裁文書だけでは，復興などへの意思決定の過程を追うことが難しいことがわかった。

阪神・淡路大震災では，兵庫県は，1995年10月から震災に関する記録や資料の収集・保存をすすめていた。ところが，その実施主体が外郭団体であったことから，公文書の収集については権限がなく，その実態の調査のみにとどまり，各自治体の自主的な取り組みに任さざるを得なかった。

兵庫県では，翌1996年に「震災復興関連資料・記録取扱要領」を定め，保存について依頼を行った。さらに，2000年4月に「県が保有する震災復興関連資料・記録取扱要領」を定め，その要領に基づき，事業主体，移管システムについて整備した。

神戸市では，記念協会に出向していた職員や文書館関係者等が文書の保存に尽力し，1999年11月に，震災復興本部総括局，文書館，総務局庶務課連名で「阪神・淡路大震災関連公文書等の保存と引継等について（依頼）」という文書を各局庶務担当課長宛に出し，保存年限の延長を依頼した。さらに，2006年，震災関連公文書の全量把握のために全庁内に照会がかけられた。その結果，各局で「震災関連公文書」と判断されたものが書架延長4.2kmであることが判明した（奥村2011）。

これらの文書の整理・保存は，非現用文書段ボール箱約6000箱（内2000箱は各原課で保管）について，2010年1月から開始された。現在，一定の整理が行われ，「震災20年継承・発信事業」の一つとして，「紙文書関係　6510ファイル，冊子・写真関係　3917冊，FD（フロッピーディスク），MO（光

第 5 章 「今」を遺す、「未来」へ伝える―災害アーカイブを手がかりに―

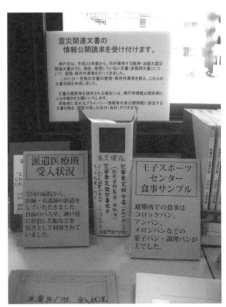

資料3　神戸市震災関連行政文書目録
　　　（神戸市 HP より）

写真3　神戸市役所での公開

磁気ディスク）105枚，ビデオテープ・DVD 51本，計1万583点（2017年6月2日現在）の目録が神戸市のウェブサイト（http://www.city.kobe.lg.jp/information/project/innovation/shinsai20/kanrenbunsyomokuroku.html）で公開されている。文書は，情報公開制度に基づき，申請に応じて，審査の上閲覧が可能となっている。なお，紙文書1ファイルには，10～30件程度の文書が綴られており，目録には文書名も記されている（資料3，写真3）

　伊丹市では，総務部総務課長名で所属長宛に，「震災関連文書等の引き継ぎについて」（1998年10月28日付）を事務連絡として送付した。同資料によると，総務課に引き継ぐ文書は，「震災全文書」，「震災関係文書で保存期限満了後で廃棄されていないもの」「不要となった震災関係資料・メモ（各公的団体・各種団体・民間会社等が発行した冊子等を含む）」「未整理の資料・メモ類」「フロッピーディスクに保存されている統計資料等で引き継ぎ可能なもの」である。ここでは，組織共用文書でなくても対象とした点で，公文書管理法の文書より広く定義した。ただし，「保存期限満了後も引き続き文書保管課で保管」すべ

きもの，予定のものは対象外とした。その結果，2010年現在，約600点（15箱）が総務課に引き継がれ，これらの公文書を用いて，伊丹市博物館は，『阪神・淡路大震災　伊丹からの発信（手引・資料編）』を，翌年には『阪神・淡路大震災　伊丹からの発信（本文編）』を発刊した。

おわりに

　1995（平成7）年1月に起こった阪神・淡路大震災の被災地で，震災と同時進行で資料収集が行われた。それまで，「過去」を保存することに主眼をおいていた資料保存に，「未来」からみて「過去」となる「現在」を保存する新しい資料観の地平を開いた。

　2011年3月に発生した東日本大震災以降，デジタルアーカイブが災害アーカイブの主流となった。現在，国立国会図書館に開設されたポータルサイト「ひなぎく」から，72連携機関（2017年3月現在）のアーカイブのデータに一元的な検索が可能となっている。ただ，すべてインターネット上の公開であり，公開基準等は連携元の基準によっており，統一されている訳ではない。それは，ポータルサイトのあり方に関わることであり，今後の課題となっている。また，他のアーカイブとリンクしながら，大量の情報の海からどのように資料を抽出し，災害の記憶を構築していくか，デジタル化社会で，新たなチャレンジが求められている。

《参考文献》

奥村弘編 2011『震災関係行政文書に関する整理と保存についての研究：第5回地域歴史資料学研究会報告書（科学研究費補助金（基盤研究(S)）研究成果報告書）』（神戸大学大学院人文学研究科）

［記憶・歴史・表現］フォーラム編 2005『Someday,for somebody いつかの、だれかに：阪神大震災・記憶の<分有>のためのミュージアム構想｜展2005冬神戸』（［記憶・歴史・表現］フォーラム）

第 5 章　「今」を遺す、「未来」へ伝える―災害アーカイブを手がかりに―

ケテラール・エリック 2006「未来の時は過去の時のなかに（児玉優子訳）」（記録管理学会・日本アーカイブズ学会編『入門アーカイブズの世界―記憶と記録を未来に―』, 日外アソシエーツ）
震災・まちのアーカイブ 2008『サザエさんたちの呼びかけ：阪神大震災・瓦版なまず集成 1998-2008』（震災・まちのアーカイブ）
阪神・淡路大震災記念協会編 2001『「震災資料の分類・公開の基準研究会」報告書』（阪神淡路・大震災記念協会）
阪神・淡路大震災記念協会編 2002『「震災資料の保存・利用, 及び活用方策研究会」報告書』（阪神・淡路大震災記念協会）
阪神・淡路大震災記念　人と防災未来センター 2005『「震災資料の公開等に関する検討委員会」報告書』（阪神・淡路大震災記念　人と防災未来センター）
兵庫県文書課 2017『文書法制事務の手引　第 6 次改訂版』（第一法規）
マクドナルドほか編 2005『ICA 報告書 16　電子記録：アーキビストのためのワークブック（国立公文書館訳）』（国際公文書館会議電子環境における現用記録委員会）
文書館用語集研究会編 1997（全国歴史資料保存利用機関連絡協議会監修）『文書館用語集』（大阪大学出版会）

第 6 章
埋蔵文化財と地域

森岡秀人
関西大学大学院文学研究科

　埋蔵文化財は，法律のレベルで早くから保存の社会的位置を獲得した地域の文化遺産として世界的にみてもかなり特異な経緯をたどってきた。指定制度に基づき選択的恒久保存を目指しながら，「周知の埋蔵文化財包蔵地」の概念の設定により，指定外物件についても遺跡・遺物を等価な価値づけの網の目を広く全国に張り巡らして，少なくとも記録保存する行政施策を強化しつつ，地域社会にその保存と活用の重要性を根づかせてきた点にある。その徹底には公示手段をとり，範囲の指定と内容説明の形で保護する台帳管理をシステム化していった意義は大きい。発掘調査を通しての地域歴史像への豊かな再現力は，考古学が他の学問分野との垣根を常々低くして蓄積してきたものであり，地域住民の関心の鉾先を時を超えた同じ土地の過去の社会へと招きいれる異次元性の源泉を形成している。

キーワード
周知の埋蔵文化財包蔵地　台帳管理　記録保存
異次元空間　震災復興調査　地域社会と遺跡保存運動

1 埋蔵文化財の基礎的理解

　理解しにくい埋蔵文化財も半世紀を経ると，詳しさの違いはあれ，一般市民の間に一定の浸透をみせてきた。一昔前では考えられないことである。埋蔵文化財とは土地に包蔵される文化財全般を指す。それらは互いに関係性をもつ遺跡・遺構・遺物を包括するものと理解されている。動産的性格を有する遺物は出土地からの移動が可能なものであって，代表的なものが土器や石器であり，鉄製品・青銅製品などの金属器や木製品，骨角器なども含まれる。出土物・出土品と総称されることも多い。基本は人間社会のさまざまな活動を支えるために製作された人為物であるが，近年は自然環境や遺跡立地などと深く関連する自然遺物も埋蔵文化財の範疇に含められる場合がある。自然遺物には，獣骨・植物遺体・堆積物などがみられる。遺構は竪穴住居跡・掘立柱建物跡，古墳や城郭，貝塚など，日常的によく使用される不動産の概念に匹敵する。土地そのものに根差したものであり，存在した自然環境から隔離され，大地から切り離しては価値が大幅に減ずるものである。遺構と遺物はその出土状態において，不動産に動産が伴う関係にあり，この関係が成り立つことで両者を統合する遺跡本来の意義が発揮される。その結合体こそが遺跡であり，引き出される価値自体が果てしなく広がる。ただし，原則的に発掘調査では遺構と遺物は分離され，後者は出土品として回収される。前者は開発に伴う調査で現地記録が細かく取られ，そのほとんどが壊される運命にある。狭い国土において，過去の人々のかつての営みは至る所に存在し，将来に保存すべきものには限りがある。遺跡の現状保存の難しさは，これまで繰り返されてきた激烈な保存運動の歴史と後世に残された遺跡数や保存面積が如実に教えている。

　埋蔵文化財は，以上の基礎的な関係性から解き明かすとかなり難しいように思えるが，実感として，民具・農具や古文書，仏像なども土中から出土すれば，埋蔵文化財としての取り扱いとなり，物としての本源の違いではなく，伝存形態が重要な意味を持つことが理解されよう。現存する建築物として近世城郭がある一方で，地上に石垣や土塁，堀跡以外の構造物が見えない城跡は埋蔵文化

財として発掘調査の対象となる。そして，過去と現在を結び付ける資料の宝庫が最もわかりにくい状況で残っている場が遺跡と言ってよい。それが地表から順次掘り出され，遺構や遺物として時間と空間の両面から整理，整序が進むことにより，○○の「跡」という言葉で一蹴できるものでないことが次第にわかってくる。その解きほぐしは熟練技術のいる難しいものであり，時間と費用がかかる。埋蔵文化財の発掘調査にまず専門的な資格や予算措置，適切な期間が問われる理由は，その経験と技術の習得に裏づけられた綿密な計画，判断と現場運営が不可欠だからである。

2 埋蔵文化財の保護制度概略と地域における体制づくり

■ 周知の埋蔵文化財包蔵地とは

　埋蔵文化財は今日大変多様なものとなっている。一括一語になっているのは，文化財概念を包摂させる上に別語では表しにくかったのであろう。埋蔵文化財とは法律用語であり，文化財保護法にその定義などが記されている。文化財保護法そのものは，世界に誇る奈良県法隆寺金堂壁画の 1949 年の焼失が基因となって，1950 年に公布されたものであり，既に 70 年近くの歳月が経過する。この法律の制定により，戦前の前身的な三法（史蹟名勝天然記念物保存法・国宝保存法・重要美術品等ノ保存ニ関スル法律）は廃止となった。連動するように 1951 年，博物館法も施行され，戦前の帝室博物館も管轄が宮内省から文部省に移され，新制の国立博物館が機能し始めた。そして，史跡指定（現在時，1795 件を数える）以外の数多き「埋蔵文化財」を本格的に保存する方向性は，1954 年になって定まっていった。指定物件を根幹とする選択的保存の厚い壁が破られた点が強調されてよい。戦前の文化財保全がすこぶる国策，国家の主導，イデオロギー的側面を備えていたことを顧みれば，この時点以降の埋蔵文化財の保存目的は，聖蹟や偉人顕彰などのありようと大きく距離を置くものになっており，少なからず前進がみられたと言える。条文や条数の変化，推移を

ここで触れる余裕はないが，現行法第93条第1項では，古墳，貝塚，住居跡などや土器・石器・骨角器・金属製品などの遺物の出土する土地を「周知の埋蔵文化財包蔵地」と呼んでいる。周知と公示は表裏一体のものであり，公示（埋蔵文化財包蔵地分布図の公刊，公表）のない周知はあり得ない。その運用や取り扱いは地方自治体に委任されており，最前線では市町村の文化財保護行政担当者が学芸員の資格保持者の専門業務の一環としてその保存と活用に従事している。一時までは，地方自治体は配置・未配置といった区分の狭間でさまざまな経緯をたどって，埋蔵文化財保存の基礎体制づくりのために，専門性の高い発掘調査のできる職員（多くが日本考古学などを専攻）を採用した。その結果，保護精度自体もすこぶる高まり，遺跡台帳や遺跡地図，埋蔵文化財包蔵地分布地図など，最新の発見，消滅など更新済のデータで周知の徹底に供する資料が公示，公開されており，開発，土木工事関係者のみならず，地域住民もそれらに明示されている範囲や地点を容易に知ることができる。その整備は都道府県レベルで始まり，順次市町村の地方自治体でも充実するところとなった。現在ではウェブ上での周知化もかなり進んでいる。その取り扱いは，法律に基づいて厳格であり，土木工事目的の土地に対する改変全般を指して「発掘」という用語が使用されている。考古学上の発掘調査のみを意味しないのが肝要な点だ。掘削，整地の行為や盛土作業なども発掘届出書が行政審査・指導の対象となり，慎重工事・工事立会・確認調査や本発掘調査の扱いが定まる。近年は地方分権化の進展により，地方自治体への権限委譲が進んでいる。

　埋蔵文化財の存在が周知されている土地で発掘する場合は，発掘に着手する日の60日前までに文化庁長官に届出をしなければならない（文化財保護法第92条第1項）。この届出に対して，届出の要不要も自治体所管部局，課館窓口で照会を行い，回答される仕組みとなっている。また，知らない人が多いかもしれないが，落とし物の扱いで関わる遺失物法（1989年制定，民法）が埋蔵文化財に適用されている。これは明治以来の「遺失物」という考え方が基底に備わっている表れであり，持ち主不明になる前提もある。もちろん，埋蔵文化財の「落とし主」は原則名乗ってこないが，厳然として出土地の土地所有者は存在するわけで，別に国民共有の財産である主旨に則って，地権者は所有権放棄をし，出土物は国に帰属する。そして，実態は国から譲与されて地方自治体

が所有・保管している。しかし，こういった保護制度，保護体制が短時日の経過をたどって一気呵成のうちに完成したわけではない。1975年の文化財保護法の大きな改正を経て，強化されていく経緯を通して，埋蔵文化財への認識が次第に高まり，地域ごとの保護水準の平準化なども進み，法の下での行政指導が行われているのである。その対象が全国に47万件存在すること自体，世界的にみても驚異的な数字とみてよい。それらがこの数十年の間に鰻上りに急増したトップの数値を示す地域歴史遺産の母体となっていることは多言を要さないであろう。

■ 埋蔵文化財と考古学の普及

埋蔵文化財は考古学の研究対象となっている遺構や遺物，その総体である遺跡とほぼ同義なものとして理解されるため，考古学研究の発展のため，不可欠な存在と考えられているが，それはあまりにも狭隘な見方と言わねばならない。日本の考古学は，埋蔵文化財が適切に保護の手続きが取られる以前から，近代科学の発達とともに長い歴史を有して成長してきており，むしろその草の根的な調査・研究の蓄積と出土物の歴史素材としての役割が戦後復興や高度成長下の社会に認められた背景といったものも考えなくてはならない。その基軸とも言うべきものは遺跡の存在の認識であって，それが遺物の単発的な表面採集から兆候を見せることも多く，ともすれば遺物に偏重しやすい「埋蔵文化財」という術語が慣用されていった事情は別に詮索すべきことと思われる。

考古学は連鎖する人類社会の歴史を物的資料に基づいて研究し，復元する学問であり，本来は国境や国内の行政上の区分とは無関係に推進され，日々深化しつつある。しかし，一方ではいかなる小地域にも考古資料は粗密をみせながら分布しており，地域社会にスポットを当てた発展段階を直接証するものとして貴重な手掛かりをいくつも与えてくれる。戦後の考古学の研究成果は目覚ましいものがあるが，未曾有の土地開発により無残にも何の手立てなく損なわれていく遺跡も増えていった。古墳や寺院跡，集落遺跡から出土する埋蔵文化財は，埴輪や土器，瓦などわかりよい考古遺物であり，郷土の歴史資料としても利用しやすいものであったため，学校教育の現場でも社会科歴史や日本史など

の授業及びクラブ活動で発掘やミニ展示などに活用され，ときには郷土資料室に類する部屋を設営して地域保存が行われていた。ごく身近な場所にも祖先の足跡を感じ取り，豊かな自然の恵みの下，小さな歴史の証左が姿を現してくることの喜びをかみしめることができた。各地で相応の価値が認められ，文字史料以前の形ある文化遺産が考古学の対象として保全の動きの基礎となったことは，その後の経緯を考える上に重要な駆動をなした。

　文化財保護法には当初，埋蔵文化財は位置付けられていない。有形文化財・無形文化財・記念物の3種類であり，過去には独立的に国宝保存法が有形文化財を，史蹟名勝天然記念物保存法が記念物を対象にしており，新法により無形文化財の概念と保存を含ませた点は大きな進展であったと言える。現行法では，さらに民俗文化財・伝統的建造物群保存地区や近年では文化的景観が加えられ，計6つのカテゴリーで構成されている。正確には，貝塚，古墳，都城跡，城跡，旧宅，その他の遺跡は，庭園，橋梁，峡谷，海浜，山岳，その他の名勝地，ならびに動物，植物および地質鉱物とともに記念物の範疇に属し，考古資料は建造物，絵画，彫刻，工芸品，書跡，典籍，古文書，歴史資料，その他の有形の文化的所産と並んで，有形文化財に帰属する。埋蔵文化財はこのうち，カテゴリーを異にしていた遺跡と考古資料について，別途，分類している。「土地に埋蔵されている文化財」という規定がみられる。

　広い文化財の範疇の中に占める埋蔵文化財の独立的位置づけは，戦後の国土乱開発により至る所で遺跡が調査もなく壊されていった背景の下，差別なく地域に残る遺産が足元に眠る確かな手応えのある歴史資料として顧みられたことから急速に進んだ。今日遺跡の代名詞ともいうべき埋蔵文化財の特性や本質を先ず知ることが重要であり，以下では，さまざまな角度からあらためてその属性を俯瞰し，とりわけ地域の歴史像構築に果たす役割に重きを置いてそれらの意義づけを行いたい。

3 地域歴史遺産としての埋蔵文化財の諸特性

■ 埋蔵文化財の特性を考えることの意味

　日本の各地に残るさまざまな時代の遺跡は，その大半が土に刻み込まれた複雑な遺構から成り，同時代の文化財が西欧諸国やアジア各地では石造や煉瓦造りのため，現在も地上に厳然と残っていることと比べると，数があっても非常にインパクトに欠ける。要は見映えがしないのである。土の凹凸，掘り込み，大小の穴であり，それらが重なるため，土質や色調を見極める綿密周到な発掘技術を駆使して初めてその平面形態や深さ，造られた時期の前後関係などが理解できるのである。建物があると言われても，その跡が柱穴や壁溝などのネガとなって残っているのが実態と言えよう。無論，古墳や寺院跡・城跡など発掘現場そのものに大きな刺激や知的好奇心を伴うケースも少なくない。しかし，多くはそうしたネガとなった穴や溝，落ち込みを検出する調査の積み重ねによってようやく全体像の一部が判明する。技術もさることながら，費やされる時間も手間暇がかかるものであり，土木工事に近いことを行うようになった今日の発掘調査現場では，調査の面積も開発内容（例えば，駅前再開発や高速道路の建設，圃場整備など）に則して大規模化し，層位的な発掘では立面的に何時期もの遺構面が検証され，時間も費用も綿密に計算され，開発部局や原因者との協議・調整を経て必要事項には投下される仕組みになっている。

　したがって，埋蔵文化財は古い歴史遺産の地上物が皆無に近い日本列島の自然・風土や繰り返される国土開発とも深く関わる形で土中に密閉されてきたものであり，その評価も発掘を伴う近代考古学の学問的視点や研究諸成果から加わってきた長い経緯を持つ。その重要性と保護は19世紀後半，既にエドワード・S・モースがお雇い外国人の立場で懇切に説いており，海外からの注目度はその後高まった日本考古学の研究水準に対してもある。爾来140年近い歳月が経過したが，その間の文化財保存をめぐる法制的な措置や指定制度の発達などの詳細に関しては，本章の果たす役割やねらいを越えるので，割愛する。

第 6 章　埋蔵文化財と地域

■ 地域と埋蔵文化財を結びつける特性の数々

　そこで，「地域歴史遺産」という観点から埋蔵文化財の特性を今少し突っ込んで考えると，他の歴史遺産と際立って異なる点がいくつか想起される。

　第一の特徴はその絶対量であろう。土器・石器・木器・金属器など，その大部分が往時の日常生活と密着するものであり，人間の活動痕跡が認められる場所には普遍的に存在する。しかもそれらは腐朽しないものは基本的にすべて不公平なく地中や古墳の埋葬施設などに残る。腐朽しない土器・石器に比べると，木器や金属器は腐りやすく，遺跡によってはそのすべてを失っている場合さえある。逆に出土文字史料で何十万点と発見される木簡は，『日本書紀』『続日本紀』などの記載を補完するのみならず，全く新しい生々しい情報を私たちに多数提供してくれる。この途轍もない絶対量の多さは，資料自体の普遍性や安定性をもたらすものの，公私を問わず土地と結び付く遺跡は全国に 47 万カ所も存在し，遺跡一つの面積も数十ヘクタールに達するものが珍しくない。そして，島嶼部の小島に至るまで全土的に分布・展開する遺跡のほとんどが後世の土地の改変に伴って次々と姿を現すから，尋常な数でないことは自明のことである。すべて人口の急増，成熟や人々の移動，変転，その多年の生活変化の累積によるものであり，遺跡そのものの構造体も重なることによってより一層複雑なものへと化していく。

　もう一つその数量に影響するのが旧石器時代から近現代まで持続している人類史そのものの長さである。文字史料出現以前の歴史が時間の大半を占めており，長期間の物質資料全体が考古学研究の対象となっている。必然的にこの埋蔵文化財の生命力の長さが第二の大きな特徴となる。文字社会を補うのではなく，同時代の文字史料が極端に僅少な部分や，ない時代の歴史像は，具体的な埋蔵文化財の歴史的評価が専ら駆使され，地域史叙述が試みられる。それは点から面へ，可能な時間も身近な時代まで悠久の長さを覆うようにもなる。大袈裟に聞こえるかもしれないが，人類の出現した 700 万年前から第二次世界大戦の防空壕や掩体壕に至るまで，対象文化遺産の時間幅も長い。戦争遺跡の調査と保存・活用はこの 20 年で随分盛んになっている。それらは地上に姿をとどめているものも多い。今や狭い土地に限っても歴史全体と何らかの関係を保つ

3 地域歴史遺産としての埋蔵文化財の諸特性

文化的所産が埋蔵文化財と言えよう。後述する災害の痕跡も貴重なものであり，戦争遺構や災害遺構は「負の遺産」とも称されるが，甚大かつ頻繁な経験をしてきた日本列島では積極的な保存と活用が望まれよう。

　上記した第一，第二の特徴は，保存と活用の面に直ちに影響する。特別史跡や史跡によって国レベルで遺跡自体が恒久的に後世に残るケースはほんの一握りであり（全国で史跡指定件数1795件，特別史跡は62件程度），都道府県，市町村のレベルで保存されている遺跡は，時々の開発に対する調整や調査・研究の進み具合，地元自治体の取り組み，地域住民や学会の保存運動など，多岐にわたることがらが密接に絡まって選りすぐられた所産と言える。今や市町村に1カ所の割合で存在するとも言われる国史跡は，一見絶対的価値が働いたかにみえるが，やはり相対的存在であることは否めず，史跡クラスの価値の高いものが打つ手遅れて失われていくこともままみられるのである。国宝・重要文化財などに指定され，国における高い評価の位置づけが備わることは，地域を超越する宝物の増加を意味し，すばらしいことに違いないが，ごく氷山の一角を占める数にすぎず，大多数はその数量に対する応急・恒久の対処がままならぬ埋蔵文化財であって，末端で埋蔵文化財の保存と活用にあたる市町村の地方自治体は，その将来に向けての適切な保管措置さえ満足に行えない状況にある。地域歴史遺産としての膨大な埋蔵文化財は，その保存管理が法定されているだけに，物理的にも日々増大する資料に正面から向き合うことになる。

　第三の特徴として，埋蔵文化財が法規定の整備とは別に早くから出土記録の台帳管理を進めていったことやその歴史的経緯を挙げておかなければならない。明治以来の史跡指定制度の伝統だけでは地域の埋もれた文化財は，見つかるまでに闇から闇へと葬られる命運をたどるのが必然である。その一般化の方向性にも大きく舵取りした「埋蔵文化財」の保護には，知られるだけ全件数を台帳記載する方策はうまく適合したと考えられる。その端緒の多くは郷土史や地域史の牽引者たる在野の学者，好事家，教員たちの活動が基盤となったものであり，既に戦前から地域の遺跡リストは粗密の差はあれ各地で進んでいた。そうしたリストは発掘を伴ったものが僅少であったことにより，法の下で引き継いでいった自治体も，玉石の価値観を問わず，新古も，大小も規定を設けず，まずは網羅的に作られた遺跡台帳と遺跡地図により保護管理の基盤が各地域に

第 6 章　埋蔵文化財と地域

根付いていくことになる。新規の土木工事に伴う発掘届出書を要する規定は，こうした遺跡台帳・遺跡地図のより精度の高い整備を一方では要請し，他の地域文化遺産の数々とはかなり異なった保護施策を予想以上に浸透させる遠因をなしたと言えよう。災害などが契機となって行動がスタートし，存在の確認からリスト作りが始まった他の部門の地域遺産が多い反面，埋蔵文化財保護の災害後の活動は，既に面積の広大な震災復興区域と周知の包蔵地の範囲との擦り合わせをひとまず作業前提にすることができたし，文化財保護法を基本的に守る方針の下，個別具体的な多様なケースを尊重しながら，非常時に見合った扱いの軽重を仮設し，柔軟的対応をとることが可能となった。

　第四の特徴は，第三の特徴を前提に，埋蔵文化財の保護体制が最初は都道府県レベル，続いて市町村レベルの地方自治体に形づくられたことであろう。それはより身近な地域歴史遺産の保護体制を埋蔵文化財の保護を中核に据えて行うことにより常備化していくことを導き，結果として，それ以外の文化財の保護を図らずも促進させた。例えば，埋蔵文化財の専門職員として採用された文化財保護担当者は，民家・民具調査や石造文化財調査，記念物調査，口碑伝承の聞き取りをはじめ，日常的に起きる突発性の案件にも即応する。無論，経理や庶務など一般事務もこなすので，現実には二足の草鞋を履いているようにもなるが，小さい市や町の行政事務は，体験的に総覧してみることがプラスになるケースも結構多い。こうした専門職員の行政需要の増加は 1970 年の大阪の万国博覧会開催に伴う会場建設，インフラ整備などがその飛躍化した時期の一点と重なる。広範囲に各地に跨る高速道路の建設は 1960 年代に遡り，例えば，名神高速道路など串刺し状態で次々と新しい遺跡が表面化する。自治体の要員不足は否めず，当時全国で 1000 名以下であった専門職員の数が 2002 年度には最高数である 7200 人を超えるという数字にまで上昇した。現在は埋蔵文化財調査自体の全国的減少に伴い職員数は減数しており，平成の市町村合併もその動きを加速させている。こうした事情の変化があるにせよ，これまでに蓄積をみた埋蔵文化財調査記録の質量は膨大なものであり，その実施してきた励行期間の長さも含め，大きな特質となっている。

　第五の特徴は，発掘調査などによって再現される世界の異次元空間の存在であろう。過去の歴史の古さは，発掘深度によらないこともよく理解しておくべ

きことの一つである。幕末の近代遺構が深さ3mの所でみつかる場合もあれば，表土の直下40cm程度で，今から2万年以上も前の旧石器時代後期段階の生活面が出てくることもあり，遺構や遺物の出土する深さがそのまま年代の新古を物語るものでもない。同一地点では，後世の攪乱を受けさえしなければ，出土層位が上層から下層へと下に発掘が進むほど，遺物の時期や年代も古くなり，文化相の違いが層序により実感できる。さらに地層の境目からはたくさんの遺構が伴う遺構面を順次検出でき，当時の人々が活動していた生活面に立つ実感を味わうことも可能である。現地を訪れた方はまるでタイムスリップしたかのような錯覚に陥ると時々偽らぬ感想を漏らす。長い間土砂で覆われ封印された遠い過去のワンシーンがうまくパックされ，現れる場合もある。立体的構造物や人そのものはほぼ出てこないが，人の気配や触った物がリアルな形で目の前に展開する。この体感，臨場感こそが遺跡を残すことへの意義や発掘・発見の感動を呼び起こすことを導く肝要な原点である。発掘調査現場にはさまざまな事情が纏わりついており，近頃実施件数も大幅に少なくなってきたが，現地の公開，啓発普及を目的とした現地説明会の開催は今後も不可欠であろう。

　第六の特徴は，法律の膝下で発掘調査や保存などの取り扱いが行われるため，その保護・普及啓発の多くが行政主導で実施される点が強調できる。埋蔵文化財を直接担当する行政職員は他の歴史分野と不釣合いに増加したことも確かなことであるが，地域歴史遺産保護の担い手を早くから行政単位に確保できたとみれば，大きな突破口が短期間に形成されたことは意味あることであった。考古学の対象資料は地域を限定して通時的な変化や特質といったものを基本に据えることができる。地域的特性や他地域との繋がりなども発掘資料の適切な把握と有機的な結合が物語っている。また，土台とも言うべき土地そのものの成り行きを絶えず見守る立場にあるため，派生する地上物件の文化財，例えば建築物や石造物，民俗資料や古文書などの存在，異変のキャッチなど，地域住民との連携や協力も予想以上に得やすくなり，緊急事態への対処も速やかに行われることも多い。文化財保護行政の基幹に埋蔵文化財の保護が据えられたことは，急迫する国土開発に自治体そのものが行政力行使により即効に対処せんがためのゆとりのない選択的施策であったかもしれないが，長い目で見れば，社会教育関連行政からの出発を超越した役割をも担うセクションが大小を問わず

生育，協働してきた経過も振り返る必要がある．あらゆる行政の中で，底辺での人的繋がりは最も進んだものとなり，それが非常時の対処でも地域同士，遠隔地同士を即座に結びつける原動力となったのは言うまでもない．

　土中からのメッセージは予測のきかないことも多く，貴重なものである．莫大な質量のものが蓄えられようとも，その適切な保全と活用の場を失っては不完全なものとなる．発掘調査の技術や関連諸学との連携は，日進月歩で発達することを常としている．これは私が体験してきたおよそ半世紀を射程に入れただけでも如実な経過を示している．できる限り遺跡は掘らずに後世に伝えていくべき存在だが，その遺存を見過ごすことも多いし，周知の埋蔵文化財包蔵地の外における不時の発見も相当数ある．科学技術が進んだ今日にあっても，実態が即応的に判明しないことは，埋蔵文化財が保有する特性の根幹と言うべきであろうか．

4　地域歴史遺産としての埋蔵文化財の活用

　前節までに，質量ともに特異な点のみられる埋蔵文化財の性格について，やや踏み込んでみてきたが，これらを地域の歴史資料として十二分に活用し，身近な社会に普及させていくにはどのような方法があるのであろうか．以下では，その特性を生かして地域住民が主役を演じる還元のあり方について論じてみよう．加えて，地域歴史遺産にふさわしい埋蔵文化財が単体ではなく，地域の歴史像構築の源として連結関係を深めること，他の分野の地域歴史遺産との存在，共存が脈絡として備わることまで射程に入れるべきことなどにも言及できればと思う．

　埋蔵文化財は過去の歴史を通して土地との強い結合を生むだけではなく，歴史的な景観の連続体として，今日の地域景観ともしっかり結びついている．その継続，維持を崩壊させる大規模な乱開発があったとしても，自然環境の大幅な改変を許容させない社会も同時に成長させてきた．国民主権下での埋蔵文化財の保存という獲得した対象物へのシフト換えは，地域固有の遺産としての意

義，各地で生きた歴史の証人として捉える方向性の定着化を招き，他地域の借用物でない郷土固有の歴史の有力な素材として働き始める。天皇制のタブーからの解放も手伝って，戦後の考古学は地域重視の路線で活動の輪を農村部をはじめ毛細に広げていった。また，戦後の文化財保護法の基本理念は，文化財を国民的な共有財産として位置づけ，身近な地域住民が主張できる財産権，環境権保護への理解とも通底することになる。言わば選択保存の枠外の埋蔵文化財全体がとりあえず地域歴史遺産の総母体として出発し，機能する。その最初の行動が地域住民と研究者が一体となって進められた和島誠一・近藤義郎らによる岡山県月の輪古墳の発掘調査（1953年）であり，神奈川県南堀貝塚の発掘調査（1955年）であった。郷土の真の歴史の解明が地域主体で進められた嚆矢として，今もその地域の歴史解明の国民運動，考古学運動は活動の原点として高く評価されている。農民，生徒・学生，青年団，一般市民がそれぞれ同じ鍬を取り，同じ釜の飯を食べながら一つの目的に立ち向かっていく姿は，自ら郷土の歴史を主体的に掘り起こすことの広まりにつながり，その先の個性豊かな果実の違いを共有する。言わば地域性の実証を伴う相互理解こそが歴史遺産の地域的価値だということである。

　埋蔵文化財の諸特性を見据えての最大公約数としての価値は判然としている。それはデータの蓄積が時空間を超えて莫大な数に達しており，物そのもの以外に記録類そのものが既に数字も生かせる地域遺産になっていることであろう。各地で制度的に取り組まれた地下遺産の基本的掌握が長期に及んだことの反映であると言ってよい。逆説的な言い方をするなら，地域管理のデータが集積する全国データはそのままではあくまでも全国の実態であり，集計が発信する列島像には大きな意味が確かにあるが，その地域性に常々戻る態勢が肝要な点であり，地域住民と地域遺産との強い結びつきはその部分で最も効果的となる。また，埋蔵文化財が地域にとって重要な遺産となるのは，今生きている現代社会からの遡及に時間の超越する自由が許されていることではないだろうか。ある時には縄文時代社会や古墳時代社会と，またある時には中世や近世の地域社会と，存在が確認されている埋蔵文化財を通して，かなり自在に歴史的なステージを飛び交うことが可能である。歴史学としては，細分割された専門研究分野に一見土足で入っていくような姿勢に映るが，地域住民が個々の地域

第 6 章　埋蔵文化財と地域

歴史遺産を理解する舞台や借景を連鎖的に用意することを手助け，有機的な地域歴史像との触れ合いを実感する上に大きな役割を果たしていると言えよう。大きな垣根を小さな垣根にする，あるいはそれらを取っ払う機能が埋蔵文化財には付帯すると考えてよい。

　他方，埋蔵文化財は地域単位に限っても単体ではなく，複数の対象が現在，どのように理解されているかに着眼した歴史的な活用を進める必要がある。古墳ではなく古墳群，城郭では本城―支城体制の関係，集落遺跡では母集落と子集落の紐帯といった具合に，調査・研究を通じて個々の埋蔵文化財の集合体に空間上の有機的関係を認め，さらには時間的な経過にもそれらを位置づける。言わば，日本史を小さな地域に可能な限り再現することだ。その原理は小地域同士の地域歴史遺産を繋げ，それぞれの歴史的意義を掘り下げ，親しんできた離れた住民の生存源とも言えるアイデンティーの根幹の共有化や自然，信条の親和感なども同時に形成し，伸縮のみられる動画的な「地域」とはいったい何かの模索の機会を与えるだろう。

5　遺跡保存問題と地域社会

■ 地域歴史遺産保存運動としての位置づけは可能か

　土地から遊離できない埋蔵文化財の遺構は，未だ正体がはっきりしない場合も，発掘調査が進められ，内容が掌握された場合でも未来社会への遺産として継承できなくなった段階で，保存問題に発展するケースがしばしば見受けられる。筆者自身も何度もそういった場面に遭遇した経験があるので，文化財の保存問題は日常的に常々考え，自らも立場と社会背景を理解しつつ取り組んできたが，いくつかの段階を経た運動がこれまでに展開されてきた。1960 年代から 1970 年代にかけては，高度経済成長の社会の下，多くの遺跡や古墳が煙滅していった。奈良の都として多くの国民が知る平城宮跡ですら，保存問題が巻き起こったのである。遺跡調査の実に 98％は記録保存であり，それは遺跡が土地と密接不離なものであり，急がれた地域開発が過去の遺跡にも改変を加え

ながら歩んできたからにほかならない。埋蔵文化財の基本的価値はまずは不動産としての土地に刻み込まれた遺構に存在するので，その記録保存をめぐって発生することが多い。その首謀者とも位置づけられた全国自治体による発掘調査は，諸開発の露払いと目され，「行政発掘」「緊急発掘」などと呼ばれ，揶揄された。かつては遺跡の現状保存を希求する保存運動が展開される全国的傾向が認められたが，近年は記録保存調査を励行する立場にある行政の役割の不徹底や怠慢に対して，その履行を求める運動が起こる目的の変化もあり，土地を所有する地権者や開発主体者の私権を尊重されるべきとする憲法のレベルとも関わり始めた社会動向の変貌も如実に反映している。いずれにしても，文化財保護法の精神，理念とも言い得る国民享受の本質が奪われたことを経緯に，その奪還が遺跡保存運動の原動力になった経緯は，多くの事例が物語っている。学術目的の調査を善とし，記録保存を前提とする行政調査を悪とみなす保存運動団体の風潮は一定世論に訴えることに功を奏したけれど，性格を異にする両者の実数が1963年段階に既に逆転現象の相貌を見せ始め，これを契機として当時，国の文化財の保全を所管した文化財保護委員会は，大規模開発を押し進める開発関係省庁と事前発掘調査の必要経費を応分の負担とする覚書を交換する情勢へと発展した。世に言う「原因者負担制度」であり，民間開発にも急速に定着していった経緯はよく知られることである。その蔓延(まんえん)が惹起(じゃっき)させるところとなった新たな保存問題は，調査体制が急速に整備される過程とは裏腹に拡大していった。公然と遺跡の大量破壊が促進された点は否めない事実である。

各種開発に伴う記録保存に対して，他方学術動機の調査は，記録とは別に遺跡も保存していくことを前提とする形で存続していった。史跡指定やその追加指定，史跡公園整備事業などを目指す動きや正しい地域史編纂事業の一環として時により実施される学術的な調査は，地域歴史遺産としての埋蔵文化財の効能を未来社会にも発揮，永続していく上で大事な行為であり，大学などの研究機関が実施される場合にはより地域に開かれた方針と目的でもって推進されねばならない。

さて，各地で巻き起こった保存運動の大半は，市民・研究者が動いている。どちらか一方では，持続的な基盤的行動は起こしにくい。自然保護や環境権の保護，埋蔵文化財と地域社会，考古学と地域社会は確かに繋がっているからだ。

第 6 章　埋蔵文化財と地域

　地域やそこで起居する住民・市民と遊離した無関係な保存運動は，国史跡級のものでない以外，遺跡は今日まで残ってはこない。以下では，当地域を中心とする代表的な遺跡保存運動を少し示してみよう。

　その嚆矢となったのが，兵庫県尼崎市の田能遺跡の保存運動であり，1965 年に激化した。尼崎・伊丹・豊中の広域工業用水配水場建設工事中に姿を現したのは，関西地方初の弥生時代の墓地の出現であり，多数の弥生人骨は「日本のツタンカーメン」とも喧伝された。突如出てきた優れた文化財価値を提供した工事現場は，調査と同時並行の苦渋の中で進められており，その保存を求める地域社会は全国にもこの憂うべき事態を発信した。そして，尼崎市民を要とする「田能遺跡を守る会」の結成を促し，地元の教員・商工会議所・各種労働組合や考古学者も集い，広範な市民運動を支える形で力強く展開した。ごく一部にせよ，史跡公園化され保存に至ったことは，近畿を中心に多発的となってきたこうした保存運動の盛行を招き，大阪府和泉市・泉大津市の池上遺跡や堺市の四ッ池遺跡でも同巧の住民運動が遺跡の行く末を見守ってきた。大阪市難波宮跡では住民監査請求という新たな形で法的手段も講じられ，埋蔵文化財保護裁判の方式も導入されたのである。

　1970 年前後に活動を開始した地元市民を中心とする「加茂遺跡を守る会」は，こうした前例を範としつつ，遺跡破壊に活路を見い出す行政調査を鋭く批判するとともに，近畿有数の弥生遺跡を横断する市道加茂 3 号線の工事に対し，不法行為として川西市に対し監査請求を行った。それが却下されるや，神戸地裁への工事差し止めの提訴へと向かった。集落遺跡の保存をめぐって，住民訴訟を起こしたもので，環境権や生存権をも守る文化財裁判となった。1980 年，川西市と保存団体双方は和解に至ったが，この市民運動は，加茂遺跡が国史跡になることの後押しとなった。その後の調査で加茂遺跡は，内外の環濠や斜面環濠を有し，多数の竪穴住居跡や方形周溝墓を営み，最高所近くには方形区画を配した大型掘立柱建物などを建設する内部構造豊かな弥生時代拠点集落であることが明らかにされている。

　六甲山東南麓地域では，徳川期大坂城の夥しい採石場がある。1620（元和 6）年から始まった再築大坂城の天下普請を如実に示す石切丁場が山塊部のみならず，市街地にも展開しており，こうした他地域には類例の少ない地域遺産の

基礎調査は，民間の芦の芽グループなど青少年の活動がベースとなって，1960年代後半から既に始まっていた。刻印石の分布や矢穴石の実態把握など，消費地の大坂城石垣調査とタイアップした貴重な成果であるが，1980年頃からは芦屋市や西宮市も行政的な取り扱いを始めるなど，全国的に見ても先駆的な官民の取り組みが進んでいた。市街地を対象とした大規模な宅地開発は勢いを増し，2000年代を迎えると，近世大名およそ20藩の採石活動を証す石切丁場も虫食い的な小開発のみならず，地形や自然環境にも影響を及ぼす大型のものも進行した。芦屋市六麓荘町から岩園町にかけての宅地造成では，2003年に地域住民がそれらの適切な保存と所定の調査を行政に求めた保存運動を起こした。それをきっかけとして，周知の埋蔵文化財包蔵地としての石切場の取り扱いが急速に進み，兵庫県と関係市は速やかに連携して，現地踏査を行って実態を掌握するとともに，自治体による保存の取り組みを促し，同時に調査方式などの平準化が目指された。こうした検討作業を経て，当時は築城石の抜け殻跡とまで言われた石切場の保全が長足の進捗をみせ，現在は西宮市が赤色立体図も作成し，未開発の丁場の密集地である甲山周辺の遺構群を国史跡として具申する段階になるまでの変貌を遂げている。考古学・歴史学の諸学会も数多くの要望書や声明を関係自治体に送付し，適切な保存と活用を求めており，学界主導型の保存運動とはまた色彩を異にする展開がみられたのである。

　以上，本地域における具体的な住民行動をベースとした埋蔵文化財保存運動の実例の二，三を紹介したが，これらは全国的に見ても先駆けをなす動きであり，埋蔵文化財の保護が潜在的にも地域歴史遺産との認識を踏まえて実践されてきたことの証左がこの地域にあったと言えるだろう。しかし，埋蔵文化財の今後を見直す立場で考えれば，国史跡級の遺跡は，全国的な観点からその重要性が担保され，緩急の速度差はあれ，少なくとも部分保存などが実現される一方で，圧倒的多数は似たものが各地にあるとされる地域の埋蔵文化財であり，他地域に類例があるとしてその地域では完全消滅してしまう例が俄然多くなる。似て非なるものであることは地域遺産間の価値づけの違いを明確にし，違いを大切なものとする在地の人々の日頃の接触と行動がなによりも欠かせないが，地域遺産全体の時空を超えた結束の要に埋蔵文化財の役割が多分にあることも改めて認識しなければならない。

第 6 章　埋蔵文化財と地域

■ 阪神・淡路大震災とその復興調査の推進

　兵庫県南東部に属する本地域は，埋蔵文化財の保護と活用に関し，切迫した事例が初めて勃発した地域として特異な足跡を残した。それが阪神・淡路大震災の発生と復興に際して実施された埋蔵文化財の事前調査である。被災した自治体が行ったこの調査には，文化庁と兵庫県とが発生の当初より連携して調整，協議を重ね，全国から埋蔵文化財の専門職員が多数派遣されることになり，文化財保護法の運用を臨機応変にし，基本方針，適用要領や変則的なマニュアルを作成して柔軟な対応を図った。激甚災害の対象となった10市10町は全国支援3年，兵庫県支援2年を受け，当初は実施不能とも言われた震災後の復旧・復興事業に伴う発掘調査を苦難を乗り越えながら無事遂行することができた。奏功の要因は多々あろうが，これまでに培ってきた地域住民の埋蔵文化財に対する日常的な接触，理解があったことは大きい。また，全国的な文化財関係者や機関の横の繋がりが既に熟していたことも看過できない。さらに，被害地域と周知の埋蔵文化財包蔵地との関係が机上の作業と現地踏査によって比較的に早くに割り出せ，その対処が予想以上に円滑に行われたことがあげられよう。その結果，復旧や復興の事業・工事の進捗を大幅に損なわせることなく，その記録保存調査の意義を浸透させ，推進していった。

　被災自治体で実施された大規模な震災復興調査では，当初予測した地域の歴史にとって重視される埋蔵文化財の記録保存が要となったが，その成果は予想をはるかに超え，全国的にも抜きん出る遺跡の実態が明らかとなった事例が多くみられる。大阪府池上曽根遺跡と並んで貴重な弥生時代中期後半（紀元前3世紀）の大型掘立柱建物跡や区画溝が年輪年代を伴って出土した武庫庄遺跡（尼崎市），当時国内で最も古い干支年銘木簡「壬子年」（7世紀中頃，652年）が出土した三条九ノ坪遺跡（芦屋市），絵図に伝えられる東大寺領庄園の管理棟など重要施設の存在が明らかとなった猪名庄遺跡（尼崎市），武庫郡武庫郷比定地で確認された奈良時代大型井戸出土「日下部」銘木簡（西宮市），地震を引き起こした野島断層の地形・地質の実態（淡路市）などはその一例であり，兵庫県域の事項にとどまらない大きな発掘成果を被災地が共有するところとなった。これらは地震を契機にしたにもかかわらず，地域の埋もれていた遺産を

現代生活に覚醒させ，地域住民に大地の下から顕在化する文化遺産のもつエネルギーを即物的に伝え，過去の歴史に学びつつ明日を生きる勇気さえ与える存在としてあらためて認識された。

　加えて，こうした工事損壊に先立つ事前調査では，数多くの地震痕跡が明らかにされ，洪水の多発や火災などの関連災害を含む土地の履歴が実証的に蓄積されることにより，被災の歴史が繰り返し度重なっている実態なども把握されるようになった。本章第3節でとくに留意した埋蔵文化財が持つ特性の数々が，統合的かつ即時的にその役割を演じたことになるが，その多くが災害史抜きでは地域の歴史像構築の本質に迫れないことを明晰にしたと言えるだろう。このような評価は形を変えつつも，東日本大震災や九州中部地震の被災対応にも継承され，現在も改善を加えながらそのノウハウが活かされつつある。

さいごに

　発掘現場で私たちが50年近く直面したことは，遺跡に過去の土地の履歴が連続的に残っていると見ることがいかに誤っているかということである。調査区の中に入り，堆積した地層を説明しながら，過去の歴史が人為的な痕跡，遺構や遺物としてずっと残っていることを誇らしげに印章づけることは大きな間違いである。弥生時代の遺構の直上に鎌倉時代の生活跡があり，その間の人びとの営みが一切認められないような遺跡にもしばしば遭遇する。その間の人間活動は，遺構・遺物の形をとっては全く消え失せており，まるで時が超スピードで駆け抜けた錯覚を起こす。これは中世の大規模な土地開発が古墳時代以降の地層の塁重を一挙に削平したからにほかならない。またある時には，水難により多くの人為物が一気に流された形跡を目の当たりにすることもある。地震や洪水など大きな災害もそれまでの生活堆積物を各所で覆い，流し，寸断する。たった1日で旧地表面が2m以上も上下に離れてしまうことだってある。この時の流れの断絶にも似た空白は実際に起居のなかった事実も含め連鎖の一類型である。人為か自然かを問わなければ，土地に刻まれた歴史は，過去の人間の

営みを次々と破壊しつつ，現代の私たちの生活面が形成されているわけである。その間には人びとがいったんその土地を去り，無住の地となったことも遺構・遺物は教えるので，数多くの調査地点の履歴を個別土地史のカルテとして丹念に集めなければ，小地域を対象とするレベルでも歴史的な変遷の叙述に誤認をきたすことになる。埋蔵文化財調査の点や線や面の成果は相互に連関し合っており，長年の蓄積が備わる必要もある。土地と直に結び付いた歴史はかように細切れなものであり，地域の歴史の中心軸や求心力の振れや変動といったものを通時的に観測することが求められる。

しかし，発掘という行為は，行政目的であれ，学術動機であれ，遺跡の破壊であることに相違ない。発掘調査された区域の地中の活動履歴は遺憾ながら途中，過程のすべてが消失する。したがって，慎重な取り扱いが不可欠なことは言うまでもないが，その経過の一部を一度でも二度でも社会に向けて，とくに地域住民に対して現地公開し，適切な内容説明を加えることは非常に受益性，公益性の高い事業であり，「現地説明会」なるものが全国各地で励行され，開催されてきた経緯の一斑をなしている。研究者にとっては事実確認の検証のほとんど唯一の機会になるし，「百聞は一見に如かず」という意味では，後日公刊される発掘報告書（記録保存媒体）の理解にストレートに繋がる経験を積んでいる。地域の市民にとっては，同じ土地に展開した見ず知らずの歴史を具体的な物証と説明により1日でも体感可能な貴重なひと時となる。先にふれた異次元体験は，地域歴史遺産の中でも埋蔵文化財が固有に有する経験豊かな再現力が活きている。地域の宝の存在の価値づけに，発掘調査現地の一般公開は可能な限り，行うことが望ましい。地域歴史遺産との新たな対面は，住民にとって数10cm下の過去の大地との接触からでも比較的容易に実現する。

《参考文献》

森岡秀人 2008「考古学が語る本庄地区周辺の地域史」（本庄村史編纂委員会編『本庄村史』歴史編，本庄村史編纂委員会）

森岡秀人 2017「摂津加茂遺跡」「神戸港震災メモリアルパーク」（文化財保存全国協議会編『文化財保存70年の歴史 明日への文化遺産』，新泉社）

第7章
歴史的町並み保存の「真実性」について

黒田龍二
神戸大学大学院工学研究科

2017年現在，114カ所の町並み・集落が国の重要伝統的建造物群保存地区に選定されている。その地区では補助金の援助で保存・修景が行われ，景色は「きれい」になってゆく。本章ではその保存・修景における学問的な真実を検証したい。しかし，明確な判断基準はないから，仮にそれを「真実性」（世界遺産のauthenticityとは無関係な曖昧な概念）と呼ぶ。まず，保存・修景によって「真実性」が生み出されるが，それ以前の町並みが持っていた現実＝真実は変質する。次に選定された地区の種類には偏りがあり，残しやすいもの，善なるもの，快いものが選ばれている。コラムでは道徳的な「悪」に属する近代遊郭建築を紹介し，町並み保存の「真実性」を問う。

キーワード
町並み保存　景観　近代遊郭建築　重要伝統的建造物群保存地区

第 7 章 歴史的町並み保存の「真実性」について

はじめに

1975（昭和 50）年に伝統的建造物群保存地区の制度が創設された。国によって選定された重要伝統的建造物群保存地区（以下では重伝建地区とする）は，2017（平成 29）年 2 月には 114 カ所を数える。この制度ができて以後，景観，環境など幅広い保存，整備の制度が誕生した。近年はこれらの運用が経済効果，地域活性化などの社会問題に関して有効性を持つことが求められ，とりわけ「活用」が強く求められている。

ここではこれら個々の制度の善悪や矛盾，効率など現実的な問題を論じるのではない。常日頃，筆者が知人と歴史的物件の保存問題について論じる疑問，また筆者が講義などで学生に投げかける疑問などを書いてみる。

1 町並みの真実と「真実性」

近年，文化財の価値についての分かりやすくかつ基本的な概念として，「オーセンティシティ」（authenticity）という概念が使用される。これは，日本でも世界遺産登録が始まるに際して，「グローバル」な概念として紹介され，用いられるようになった。筆者は直接に関わったわけではないので単なる見聞であるが，日本の国宝に指定されている建造物が本物なのかどうか，外国から疑いの目で見られたと聞いている。石造建築の世界から見れば，木造建築は腐朽し，磨耗していくものとみられていて，1000 年以上前に建設された建物が本当に残っているのかどうか，疑問視されたそうである。レプリカではないのかと。そこで，日本の古代木造建築を現地で実際に見てもらい，その修理技術を懇切丁寧に説明し，理解されたということである。

私はそこで問題となったヨーロッパ的な概念である「オーセンティシティ」の意味はいまだによく理解できていない。それは「真実性」と訳されているよ

うである。しかし，石造文化圏と同じように，日本でそれを使うのは無理がある気がする。それは日本風に言い直せば，記録，様式などの確実な年代観と当初材，当初形式という概念に相当するのではないだろうか。日本の文化財建造物の指定と修理の長い歴史の中で，力点の置き方は若干変化するが，その点は基本的な概念として連続している。だからこそ，日本の木造建築にも「オーセンティシティ」が認められ，次々と世界遺産に登録されるようになったのだと推定する。

　ここでは，重伝建地区などで保存される町並みの「真実性」を問い直してみたい。実際のところ，町並みに関しては単体の建造物と同じ精度の「確実な年代観と当初材，当初形式」を求めることはできない。そこで町並みに関する文化財的な価値判断の基本にある価値を便宜的に「真実性」と呼ぼうと思う。これはヨーロッパ的な「オーセンティシティ」とは一応無関係で，まだ明確に定義できないからカギ括弧付きで使うことにする。なぜ町並みが単体の文化財と同列ではないのかというと，人が住むための利便性や安全性の確保が必要だからである。保存される町並みがゴーストタウンになっては困るので，物理的に昔そのままというわけにはいかない。一方で，保存には方針が必要であり，その根底には何らかの基本的な価値が共有されているはずである。それを「真実性」としておいて，さまざまな局面の「真実性」を問いかけてみようと思う。保存された町並みが「うそ」であっては困るが，それを真実といえるかどうかは疑問である。なぜなら，保存の手が入る前の雑然とした町並みこそは確実に本物であり，うそではないからである。町並みに手をいれることによって，以前の本物の町並みから何らかの別の「真実性」をもった町並みに変わって行くのだと理解できる。ここでいろいろ思考するうちに，保存された町並みの「真実性」が見えてくるのではないかと考えている。

2　街路の「真実性」　景観の問題

　重伝建地区で，すべてが江戸時代の物件で構成されている地区はない。町場

第7章 歴史的町並み保存の「真実性」について

であれば銀行，郵便局，医院，映画館など近代の生活に欠かせない近代の建築があるだろう。村の場合は，民家の主屋が江戸時代のものであっても，便所などの付属屋，塀，植栽まですべてが江戸時代のものである村はない。我々が今見る町や村の風景は，江戸，明治，大正，昭和，平成の物件が入り混じって構成されている。重伝建地区では保存すべき物件を中心に町並みの修景が行われるが，風景の中にある植栽全般やレトロな建物は積極的に保存すべきであるし，そうしているところが多いと思う。現代的な看板，サイン，イルミネーションなどは抑制され，「歴史的風景」に合致した穏やかなものに置き換えられていくのが通例である。それはどういう風景なのかというのが，ここでの問題である。

町場では道沿いに町家や商業施設，公的施設が建ち並ぶが，さて道はどうなっているだろうか。現代の町であれば，100パーセント舗装されているだろう。江戸時代であれば，未舗装だったはずである。通常の村や町では戦後まで未舗装のところが多かった。重伝建地区であっても現代の生活は重視されるから舗装をなくす必要はないが，地区全体が合意すれば舗装をやめることもできる。舗装されない道は不便だが，過去の道の有り様を復元することはできるし，そうした地区がある。

次に，電柱はどうだろうか。電柱は近年まで文明のシンボルだった。それが今となっては，町並み景観の形成上からは好ましくないものとされ，撤去したいという住民意志がある地域がある。電線を地中化して電柱をなくすのである。しかし，風景のなかに近代の銀行や郵便局，商業施設があったら，それは電気すなわち電柱と一体のものだったはずである。だから近代の建物があって，かつ電柱がない街路が実現したとすると，それはかつて存在したことのない風景である。日本では電線の地中化は一般的ではないし，電化する以前の物件だけで構成されている町並みもない。だから，電線のない町の風景は，町並みが古くても極めて現代的であり，近未来的なのである。そのような風景をみると何か，私の知っている日本ではないような，妙な気分になる。

なぜ電柱を撤去したいのかというと，私の知る範囲ではその方がきれいだと思う住民が多いからである。つまり，電柱は醜いものだという価値観がある。その価値観は，テレビや書物で紹介されるヨーロッパの「美しい」町並みや村の風景には電柱がないからではないか，と私は勘ぐってしまう。

街路の電柱は日本の真実の姿なのだとすれば，歴史的町並み整備において，電柱は残したほうがよいのかといえば，それも違う。現在の電柱は高くて頑丈なコンクリート柱であり，少し以前の低い木製電柱ではない。現在の電柱は電気だけでなく，高度な情報回線などの一式を担っていて，木製電柱では支えられないと聞く。従って，従来の木製電柱の風景を再現するなら，電線は地中化して木製電柱を立て，ダミーの電線をはることになる。考えてみれば，道路の下には上水道と下水道があり，地下は現代に適合したものなのだから，地上を未舗装にすること自体がダミーだといえる。近年，電柱の消えた町並みが徐々に出現しているが，その町並みに「真実性」はあるのだろうか。かといって，ダミーの電柱と電線は，それこそ「うそ」になる。

3　地区選択の「真実性」その1　善か「悪」か

　現在保存されている地域はどのような地域なのか。我々が何かを目的としてそれを選択しているとすれば，選択は正しく行われているのだろうか。保存の目的などを検討してみたい。
　江戸時代に遊里は悪所と言われた。悪い場所なのである。京都の島原は第一級の悪所であるが，そこの高級店，角屋は国指定重要文化財になっている。角屋は江戸中期から後期に建設された揚屋（あげや）と呼ばれる遊郭建築の一種で，極上にして妖艶である（藤岡・恒成1973）。また，近代の悪所の代表例のひとつ，大阪の飛田（とびた）新地

写真　鯛よし百番外観

にある料理屋，鯛よし百番は国登録有形文化財である。正確な建設年，大工とも不明だが，1922（大正 11）年から 1928（昭和 3）年頃の建設とされ，1933（昭和 8）年銘の彫刻が内部にある（橋爪 2004）。第一級の悪所にある質の高い建物は，文化財として評価されている。

　ここで考えるべきことは，この二つの建物は単体としては建設され得なかったということである。島原も飛田も政治的に設定された悪所であり，そこが全体として栄えた結果，出現した建物である。その特殊な地域には，揚屋，置屋（おきや），料理屋その他がある。百番は地域の役割分担のなかで誕生し，存在意義をもった建物なのだから，その周辺も保存すべきではないのだろうか。また，少なくとも同種の建物との比較検討なしには正当な評価はできないはずである。

　今までに選定された地区をみれば，それが芸術的な一級品の保護ではないことがわかる。庶民の生活に即した建築群を全体として評価し，地域を面として保存する点が重要である。であれば，悪所も含めるべきであり，そうしてはじめて角屋や百番の位置づけがまっとうされる。百番がいかに素晴らしい建築であるかも重要だが，どういう町が百番を生んだのかを知ることも重要である。建造物群を保存する意義はそういうところにあるのではないか。

　重伝建地区の茶屋町には京都市の祇園新橋と金沢市の東山ひがし，主計町がある。これらも悪所であるが，江戸情緒と芸事や遊びなどの茶屋文化が正面に出ていて上品である。これらと近代遊郭を区別することは難しいが，同じではない。近代遊郭である飛田の町並みには洋風の外観をまとうものが混在し，いかにも近代を感じさせる。百番はそういう町並みの中に存在している。角屋は江戸時代の遊郭の街並みのなかで生まれた建物であって，その文化的背景は基本的に異なる。それを知ることも重要である。

　遊里は近代に入ってからは花街となり，一定の地域を形成する。花街は，全国の都市部ならどこにでもあった歓楽街である。加藤政洋によれば，その地域では芸妓（げいぎ）と娼妓（しょうぎ）が画然と分離して営業することはなく，ほとんどの場合は混在する（加藤 2005）。だから明確な分類が困難であるが，その分花街の性格や雰囲気，そして風景は多種多様だっただろう。花街は全国で 600 カ所が存在し，なかでも東京の花街は樋口一葉の『たけくらべ』（1895），永井荷風の『隅田川』

(1909),『腕くらべ』(1918),『新橋夜話』(1912, 1920)を産む。これらは花街あるいはその周辺の話しであり，花街の存在を基本において書かれたものである。

　荷風の哀切な『墨東綺譚』(1937)は玉の井で展開する。玉の井は近代遊郭のひとつで，戦前は銘酒屋街，戦後はカフェー街のいわゆる私娼窟だった。同じ遊郭でも新吉原，新橋や葭町（よしちょう）とは文化の異なる街だった。その風景は映画で再現されたが，玉の井も同類の遊郭も建物は全滅したわけではない（日比2010）。その気になれば外観くらいは見ることもできる。近代の遊郭のどこか特異な佇まいは，私たちの社会の一面を雄弁に物語る。

　しかし，上品な茶屋町ではない近代遊郭が重伝建地区になることはないだろう。そこに悪所の問題がある。まず，建物の所有者が経済的なうまみがない建築や町並み保存に興味をもたないだろう。しかし，それは根本的な問題ではない。買い上げればよいのである。それよりも，私の見聞ではまず近隣住民が悪所を嫌う。とっくに悪所ではなくなっていても，できれば早く姿を消してほしいし，保存などもってのほか……，と考え，感じる人が多い。地域住民が残したくないものは残せない。角屋や百番は将来に残される可能性が高いが，それらは悪所の建築だから残るのではなく，別の建築的，美的評価が与えられたから残るのである。問題は百番の周辺地域であり，百番のような目玉すらない玉の井である。おそらく好事家以外はそれらを残したいとは思わない。飛田や玉の井は近代遊郭の多数派であり，歴史の認識にとって重要だと私は思っている。実例として滋賀県草津市の寿楼をコラムに紹介しておく。寿楼は上質の近代和風建築で，かつ近代遊郭とは何かを雄弁に物語る建物だった。私は破壊される直前の近代の遊郭をいくつか調査した。その部屋，勘定場，廊下，階段，便所を実測し，写真をとり，図面を作成しただけだが，建物のもつ現実感は小説や映画とは違う。その切実さは現実の「もの」しか持ち得ない。

　明らかなことは，地域の誇りとされ，愛され得るものは残るし，そうでないものは残らないということである。善に属するものは保存され，「悪」に属するはもの除却される。悪所はいわゆる負の遺産である。負の遺産とは，歴史上反省すべき事柄を象徴する事物のことで，戦争遺産が代表的であろう。第二次大戦中のドイツの強制収容所や広島の原爆ドームがそれである。これらは極端

第 7 章 歴史的町並み保存の「真実性」について

に「悪い」。だから残すことができたともいえる。地元に反対があったとしても，それを押し切ることができるほど世界的に「悪い」。しかし，遊郭に類するものは世界中にある。そこから利益を得ない住民にとっては，珍しくもなし，「自慢」もしたくない。それは最近まで合法的だった地域の社会悪なのである。「悪」というよりは「恥部」というほうが近いだろう。だから保存が難しいし，それを声高に叫ぶことも恥ずかしい。

　法律や制度の目的は措くとして，伝統的建造物群の保存は何を目的とすべきだろうか。それはやはり「もの」としての建造物群になにかを語らせることであろう。私たちが現物を見て，体験することによって「なにか」の真の姿を知ることに意味があるのではないだろうか。私が「ものの保存」に認める意義は，歴史の証拠である。売春制度はよくないということを学び，主張するとして，その物的証拠を見ることに勝る学習があるだろうか。文献によって詳しい知識は得られるが，「もの」は文献以上のことを語り，皮膚感覚を教えてくれる。「もの」を保存することの価値はそういうことではないのか。さらに言えば花街で生きた人たちの生活を理解しようとするなら，街そのものへのまなざしが必要である。花街には料理屋や検番があり，近隣には髪結い，風呂屋がある。それらが全体として街を構成する。

　悪所をめぐって問題の所在を考えたが，心地よくないもの，美的でないものは残りにくいし，残しにくい。戦争遺産は，防空壕，飛行場，掩体壕，砲台跡などが各地に残る。保存の動きもないではないが，一般的ではない。保存が政治的な意味をもつと解される場合もあって，複雑である。同和地区の建築も社会問題に属するものである。その古くなった住宅は取り壊して改善すべきものであって，保存すべきものとは誰も思わない。そこでは供給された住宅が生活のために改造され，拡張された姿がある。それは供給されたものとその後の生活実態がどのようなものであったかを物語るはずである。歴史的意義があったとしても「悪」は実態として残されず，我々は善なるものを残してゆく。

4 地区選択の「真実性」その2　問題意識と研究の不足

　古建築の保存について，建物にどのような価値があるのかを究明する中心的な学問分野は建築史学である。骨董の鑑定と同じように，建築史学者は古建築をみれば，すぐにその価値がわかり，保存すべきかどうかを判断できる，という先入観があるようである。質の高いものはすぐ分かるとしても，歴史的に重要な物件が質の高い建物であるとは限らない。その歴史を知らないと判断できないのである。今は一級品だけ保存すればよい時代ではなく，広汎な文化遺産と歴史の証拠とを残すべき時代である。

　私は建築史研究者ではあるが，町並みのような現実的かつ総合的な物件の意義や価値について，一体どこまで共通理解が得られているのか，疑問に思うことが多い。それは研究者の怠慢だといわれればそれまでだが，やはり現実の複雑さが基本的な問題である。建築物と建築群（町並み・集落）は大量にある。そして，建築と集落・町並みに関連する学問分野も多くある。半世紀以上前の建築と集落・町並みを保存の対象にするとして，それらがどういうものなのか，学問的にわかっていることは，保存すべきものの量に比べてはるかに少ないのではないか。

■ 保存される町並みと保存されない町並み

　選定された重伝建地区には説明がある。毎年刊行されている『歴史の町並 平成28年度（2016）版』（全国伝統的建造物群保存地区協議会 2016）をみると，選定された地区には必ず種類がある。この町並み・集落の種類の選択にはなにか基準があるのだろうか。単純に考えれば，日本にある伝統的な町並み・集落の種類を代表するような地区を選んで，代表例として保存すべきなのではないか。集落を成り立たせる代表的な生業を上げてみると，農業，漁業，林業，商業，各種の製造業などがあり，これに関連する町並み・集落がある。また身分や町の機能に関連して武家町，寺町，社家町，門前町，港町などがある。以上のよ

うな種類のなかで，重伝建地区で少ないのは漁村である。漁村はたくさんあるが，現在選定されているのは京都府伊根町伊根浦のみである。伊根浦は水上に建つ舟屋が大きい特徴であり，漁村としては特異な形態である。つまり，典型的あるいは一般的な漁村は選定されていないのである。ほかにも日本の町並み・集落の中には種類そのものが保存対象になっていないものがあるだろう。ちなみに大学の建築学科などの副読本として版を重ねている『日本建築史図集』（日本建築学会 2007）には農家，町家，町並みは記載があるが，漁村とその建築については記載がない。これは漁村の重伝建地区が少ないこととも関連すると思われるから，それが何を意味するのかも考える必要がある。

保存対象とされた町並み・集落の価値については，『歴史の町並』に「独特である」「特性をよく維持している」「稀少である」「保存がよい」「典型的である」などの価値付けが記されている。そのような重伝建地区の写真をみれば，一目で現代の通常の町並みではないことがわかる。ここで問題にしたいのは，重伝建地区選定の条件には暗黙のうちに「保存状態がよいこと」「何らかの特性があること」が求められていることである。これを否定形で表現すればその事情はよく分かる。保存状態が悪くて，個性がない町並みに公的資金を投入して保存することはできない。

また，保存してゆく上で，「保存状態がよいこと」と「何らかの特性があること」には密接な関連がある。「保存する」には何をどのように「保存する」かが示されなければならない。その基準は建築群がもつ特性から導き出される以外にない。だから，共通の顕著な特性をもつ建築群が重伝建地区になる。しかし，そのような建築群はある種の典型的な町並とはいえるが，普遍的だろうか。我々は特殊な町並みを選んで保存しているのではないか。共通の特性をもたない，あるいは現段階では特性を認識できない建築群のほうが普遍的である可能性がある。我々は，まず種類の選択において普遍的ではなく，選んだ地区についても普遍的ではないものを選択して保存していると考えられる。

■ 重伝建地区の周辺　性格の曖昧な地区

保存対象として性格がわかりやすい城下町とか商家群とか農村，山村集落以

外に，いわく言いがたい地区つまり性格が曖昧な地区がある。そのような地区を含む意図かどうかは判らないが，在郷町という分類があって，8カ所が選定されている。しかし，選定された地区は個性的な地区ばかりで，数多く存在するはずの性格が曖昧な地区の代表例ではない。

重伝建地区においても，性格の曖昧な地区は排除される傾向がある。例えば鳥取県倉吉市の打吹玉川は商家町とされ，道沿いに平入の瓦葺町家が並んでいる。重伝建地区の外にも町並みは続くが，そこでは平入の茅葺町家が混在する。そのなかに茅葺屋根を道側だけ瓦葺にした町家があるのは重要な意味を持っている。つまり，この地区の中心部の瓦葺の町並みは，町ができ始めたときからすべて瓦葺きだったのではない可能性を示している。最初は茅葺だったか，あるいは混在していたと考えられる。選定地区外の茅葺町家は中心部の町並の形成過程を物語る極めて重要な資料なのである。何故その地区を境界外にしたのか。実際の審議経過はさておき，結果をみれば瓦葺できれいに揃った地区だけを選定したことになる。それは間違いで，茅葺と瓦葺が混在した町外れのいわく言いがたい地区を含めて保存すべきであろう。

■ 町家と農家の区別はつくのか

私は兵庫県篠山市の篠山と福住の二地区の調査に関わった。篠山は重伝建地区の分類では城下町であり，福住は宿場町・農村集落となっている。城下町のほうは古くから良好な町並みとして知られていて，1975（昭和 50）年に報告書が出ている。妻入り町家の町並みと武家住宅群からなり，地区の性格も明らかだったので，再調査の上 2004（平成 16）年に重伝建地区に選定された。篠山から 11km 東に離れた福住は新しく浮上した地区で，その性格について新たな調査研究が必要だった。調査成果を 2009（平成 21）年に報告書にまとめ，2012（平成 24）年に選定された。調査の結果，福住の町並みは農家が町家に転化する経過をよく示す地域であることが分かった。その特性は次のようなことである。

・街道沿いに民家が並ぶが，その並び方は篠山城下町ほど高密度ではない。
・街道から距離をおいた位置に摂丹型民家すなわち農家を建てる事例がある。

第 7 章　歴史的町並み保存の「真実性」について

　・同じような平面形だが，茅葺と瓦葺が混在する。
　・平面的な部屋の割り方は全体に同じだが，街道に面した部屋をミセとする
　　事例とザシキ・仏間とする事例がある。
これらの特徴は，福住では農家と町家，そしてその中間的なものが混在していることに起因している。このことは，地域の後背地に広い水田が広がり，街道沿いの家も農業を営んでいることから容易に理解できる。農業を営みつつ，街道を通る多くの人々目当てに宿を提供する，あるいは商売を営むのはごく自然なことである。
　一方，城下町篠山の町家は瓦葺，妻入の町家が櫛比する町並みで，従来これは摂丹型民家すなわち農家が町家へと変化したものと考えられていた。しかし，まず篠山の後背地には水田はなく，ここに農家型の家を建てる必然性はない。加えて，篠山城下町は権力者によって江戸初期に人工的に作られた町である。西国に対する守りの軍事上の拠点として篠山城を天下普請で作り，城下町を形成するために近くの八上城下から町民を強制移転させている。このことからまず農家型の家が建てられたとは考えられない。篠山の住宅は最初から町家型だったと推定される。あとは屋根葺材の問題で，瓦葺，板葺，茅葺の選択肢から最も経済的な茅葺が選択されたと考えられる。このようにして篠山で誕生したのは，奥行き方向の通り土間沿いに居室が並ぶ通常の町家平面に，茅葺屋根をかけた町家だった。その町家の形は周辺の摂丹型民家と似ているようにみえるが，摂丹型民家に特有のエンゲという正面の板間が無いし，正面側の室はミセとなる場合が多い。よって摂丹型民家と篠山城下町の妻入町家は全く異なるものと考えられる。現在の篠山城下町の町家はほぼ瓦葺であるが，江戸時代の絵図では茅葺が相当あるし，現在も河原町に茅葺町家が 1 軒だけ残っている。このことから篠山城下町は，町が建設された江戸時代初期にはほとんどが茅葺であり，徐々に瓦葺に変化して現状のようになったことが明らかである。
　一般論として，町家の型は大きく分けて次の 3 種類が想定される。
　1．板葺平入の京町家の型を移入したもの
　2．周辺農家の型が町家化したもの
　3．平入・妻入の茅葺町家
そして，これらは順次瓦葺きとなっていった。私が，福住の民家は農家とその変

形の町家が混在するのに対して、篠山の町家の最初の形は単なる妻入の茅葺町家である、と主張したのは 2009（平成 21）年（篠山市教育委員会 2009）のことである。いまだ従来説を支持する学者が多いかもしれない。そうだとすると、第 3 の型はあまり認識されていないかもしれない。この議論は決着していないとすると、学問的には未熟な段階だといえる。

　何を保存すべきか、という選択について、いくつかの側面から考えるべきことを述べた。要点は、きれいなもの、揃ったもの、分かりやすいものを選んで保存することにどれだけの意味があるのか、ということである。公的資金を注ぎ込むからにはそれなりの理由が必要である。そのためには上記の 3 点が揃っていれば、説明は容易である。しかし、文化そのもの、歴史そのものを語る素材を保存しようとするなら、私がいうような、性格が明らかでない地区について真剣に深く考えなければならない。それこそが単なる上質の文化財の保存ではなく、その地の歴史と文化を保存することにつながる。

むすび　幻想の町並み　保存 + 修理 + 修景、そして…

　町並み・集落の保存に関連して、基本的な二つの点、すなわち街路の景観と、重伝建地区の選択についてその「真実性」を問いかけてみた。何を目的とするのかによって「真実性」は異なるが、結果をみれば、善なるものの中からさらに恣意的に地区を選択し、その地区をかつて存在したことのない新しい風景に作り直しているといえる。それが「真実性」をもつとすれば、目的は何なのであろうか。

　再度、修景の原理的な点について考える。

　重伝建地区の保存は、修理の必要な建物を中心に実施される。修理の指針は建物の意義や重要度に応じて、復元する場合と一定の枠内で修理する場合がある。重要な建物は原則的に古い状態に復元する。新築の場合は、守ろうとする町並みのデザインコードに沿った形が求められる。そして、舗装、電柱、看板、建物が修景されていく。先に修景の問題点として、電柱がなくなった街路につ

いて，かつて存在しなかった光景だと書いた。重伝建地区全体について景色の違和感を口にする友人もいるから，私だけの感じ方ではない。重伝建地区は建造物群を残す地域と理解されるから，そこでは景色が伝統的であってほしいという期待がある。それに対して，修景された景観が近未来的に見えるので，そこから出る嘆息である。映画のセットのようだと。

しかし，その問題は電柱や街路よりももっと根本的なところにある。それは日本の古建築の文化財としての修理方法が含む問題である。仏像や絵画の修理では，古色を帯びた作品を原色に戻すことは少ない。だから古びた作品は修理されても古びている。建築も考え方は似ているが，建築は骨組み自体が時とともに傷みが進行する。文化財修理は建物を構成する部材を残すために行われるが，修理した建物が倒れてしまえば元も子もないので，地震その他に対する強度が足りない部材は補強したり，新材に取り替えたりする。そして，ゆがみや傾きを修正し，屋根も雨漏りしないように屋根材を新しくする。そうすると，以前の腐食し，雨漏りし，傾いていた建物はしゃきっとする。よみがえるのである。このこと自体が時間に逆行するようにみえるが，古建築の修理においてはこの点は避けられない。なおかつその上に，現在では，後世に末永く残すための耐震補強が不可欠になっている。これによって，たとえば修理された江戸時代の建物は，同等の修理されない昭和の建物より強くなる。非常な年寄りが，若者より姿勢がよく，元気になるのである。

重伝建地区でも建築物を災害から守るためには耐震補強と防火対策が必要である。そこに引き続き人が住むとすれば，なおさらである。そこまでは単体の文化財と基本的に同じである。異なるのは，町全体が修景されることである。これは単体の建物の文化財としての修理とは根本的に違う。町としては新しい町が作られているのである。それはテーマパークとどのように異なるのか。それぞれの地区で行われる保存と修景のあり方は，保存地区を設定する目的に帰すべき問題である。そこで事業がどこに向かっているのかを見ようとした。しかし，建築が保存されること以外の目的，すなわち町並み・集落の本質に関わる大きな目的が私には見えない。新しい町はどのような「真実性」をもつといえるのだろうか。

《参考文献》

加藤政洋 2005『花街 異空間の都市史』（朝日新聞社）

黒田龍二 2009「篠山における町家の形成と周辺農家との関係－大場修氏の「摂丹型町家」概念に対する批判的検討」（『日本建築学会計画系論文報告集』646 号）

篠山市教育委員会編 2009『篠山市福住地区伝統的建造物保存対策調査報告書』（篠山市教育委員会）

全国伝統的建造物群保存地区協議会 2016『歴史の町並 平成 28 年度（2016）版』

日本建築学会編 2007『日本建築史図集 新訂第二版』（彰国社。初版は 1949 年）

橋爪紳也監修 2004『飛田百番－遊郭の残照－』（創元社）

日比恒明 2010『玉の井 色町の社会と暮らし』（自由国民社）

兵庫県教育委員会文化課編 1975『兵庫の町並み 篠山・室津・平福』（兵庫県教育委員会）

藤岡通夫・恒成一訓 1973『角屋』（毎日新聞社）

草津市史編さん委員会 1986『草津市史 第三巻』（草津市役所）

第7章 歴史的町並み保存の「真実性」について

コラム 草津の近代遊廓建築　寿楼（滋賀県草津市）

黒田 龍二
（神戸大学大学院工学研究科）

　草津には本陣の南東500mほどのところに、1900（明治33）年頃に開業した東新地があった。開設当初、周囲は水田だった。最盛期は1919（大正8）年頃である。およそ東西方向に通る幅7mほどの道の北側に7軒、南側に9軒、合わせて16軒の貸座敷が建ち並び、道の中央にはしだれ柳が植えられていた。現在も南側に開盛楼が残っている。

　ここに紹介するのは1998（平成10）年に取り壊された寿楼で、南側の東から2軒目にあたる。敷地は幅約12m、奥行き約50mと細長い。主な建物は4棟で、呼び名は分からないので、便宜的に表からミセ、角屋、和館、浴室としておく。ミセは北側の道路に面して建ち、切妻造、平入り（東西棟）、桟瓦葺2階建である。角屋はミセの背面の東側にあって、奥の和館とミセとを繋ぐ南北棟の建物である。2階建、桟瓦葺で、西側は庭である。和館は南北棟の2階建で、南側入母屋造、北側切妻造、桟瓦葺で、北側には落棟があり、これも切妻造、桟瓦葺である。落棟はミセ側で角屋とつながる2階建てである。浴室は平屋で、入母屋造、桟瓦葺である。

　ミセは東側に玄関、通路・台所を配し、西側は改装された広い一室である。この広い部屋は米軍駐留時にはダンスホールだったという。2階は個室が並ぶ。角屋は1階が通り庭と洗面所などで、2階はやはり個室が並ぶ。和館は座敷を主体としている。浴室は、外観はおとなしい和風だが、内部は華やかである。壁、天井は飛ぶカモメを描いた色鮮やかなタイル張りで、天井は宝形屋根の形に作られている。浴槽は石製である。

　寿楼の客向けの室は、ホール、洋風個室、座敷からなる。今比較できるのは同地区では開盛楼だけで、筆者の知るなかでは県内の八日市新地の遊廓（滋賀県八日市市）がある。それらでは

写真　寿楼外観

部屋は和室だけであるが,寿楼には洋風個室があり,特徴といえる。部屋数は洋風個室8室,和室は4畳半3室,6畳4室,8畳4室,12畳が1室である。洋風個室はミセ2階に4室,角屋2階に3室,和館2階に1室ある。ミセ2階と角屋2階にある洋風個室は,広さは4畳半で半分が板間,半分が作り付けの木製ベッドである。壁は白く,天井周りには繰り形が付く。角屋では,ベッドは三方が壁で板間側は両脇の袖壁と天井垂壁とし,アルコーブ状になっている。和館2階の洋風個室だけは豪華な作りである。板間が木製タイル貼りで4畳半と広く,ベッドはアルコーブ状になっている。天井照明の取付け具は円形で絵入りの陶器製である。内装から判断すると,南端の12畳が居住用と思われる以外は客室とみられる。一般に遊郭建築は表階段と裏階段があるといわれ,八日市遊郭はその原則に従っているが,ここではそうではない。階段は3カ所にあって,それぞれミセ,角屋と和館の落棟部分,和館

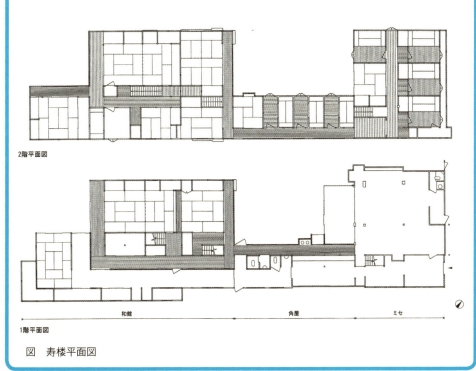

草津遊郭

2階平面図

1階平面図

図　寿楼平面図

第7章　歴史的町並み保存の「真実性」について

の本体部分に対応している。ミセの階段はホールと2階の個室を繋いでいる。ミセ2階から角屋2階に行くこともできるが，仕切りがある。角屋2階は和館落棟の階段から上がるのが通常であろう。落棟2階から和館2階へは行けない。和館本体は広い座敷が4室に，洋風個室1室，4畳半1室からなる。座敷は襖を取り払えばさらに広く使うことができる。この3つの部分は客層および，多人数の宴会などの使用法に対応したものであろう。

建設年代はミセが明治末から大正頃，和館は戦後で1958(昭和33)年の売春防止法施行以前，およそ昭和20年代と推定する。ミセは表の2階に装飾的な和風の手すりと雨戸があるが，そのすぐ後ろに白い壁と洋風窓を設けていて意匠が相応していない。2階は建設当初は和室だったものを洋風個室に変更したものとみられる。これに対応して和館を建てたと推定される。規模が大きく建築的な質も高いので，少なくとも草津の代表的な近代遊郭建築だった。

第8章
近代の歴史的建造物と地域

田中康弘
兵庫県教育委員会事務局文化財課

　兵庫県は，地理的に北部は日本海，南部は瀬戸内海や太平洋に面し，東部は畿内，西部は中国地方に接している。また県域は旧の国で，摂津，播磨，丹波，但馬，淡路の5国が集まり，各地域で多種多様な文化的要素を見せる。建造物も類に違わず，近代という時代の流れの中で発展，変化した建造物は，分野，地域等で多様性を見せる。これら分野ごとの特性を見た上で，将来的な保存・活用の手立てについて事例を見ながらそのヒントを探っていきたい。

キーワード
近代化遺産　近代和風建築　歴史的建造物　活用

第 8 章　近代の歴史的建造物と地域

はじめに

　兵庫県内の近代における建造物を考えるうえで必要なことは，藩や郡といった近世以来の地域性，近世から連綿と流れる時代性，各地域での産業構造など，そのものが生み出されるに至った上記との関連性を考慮・検証することである。各地に現れた近代の建造物は何らかの必要性を受けて生み出されたものであるので，単純に"この場所にこのような建造物がある"ということだけではそのものの本質は見えてこないばかりか，それがその後，将来にわたって存続しうる意義すらも失われる恐れがある。

　これまで兵庫県教育委員会では，県内各地の建造物について分布調査を行ってきた。その中でも，2003（平成 15）年度から 2005 年度にかけて実施した近代化遺産総合調査と，2011 年度から 2013 年度にかけて実施した近代和風建築総合調査では，各地に残存する歴史的な建造物を幅広く確認することができ，そのうちいくつかは文化財指定等の保護措置をとるに至った。近代という特性上，数多くの建造物が残存している一方，日を追うごとにその数が減っていっていることもまた現実である。それは，災害等による滅失もあるのだが，やはり社会的必要性が失われ，消滅してしまうものが多いといえる。

　本稿では，県内の歴史的な近代の建造物として，住宅，学校，公会堂，寺院，神社，ホテル，娯楽施設，美術館，工場・社宅，台場・砲台，産業といった事例を見ていきながら，これらが社会的要請に答えうるものとなり，将来にわたって存続していくために何が必要なのかを実際の 3 件の活用事例と，兵庫県等が主体となって育成してきたヘリテージマネージャーの役割を見ながら考察していきたい。

1 地域の近代化とその建造物

　現在の兵庫県域は古代の令制国でいう，摂津と丹波の西半，播磨，但馬，淡路の範囲（一部備前，美作を含む）からなる。また，北は日本海，南は瀬戸内海，太平洋に面し，国内ではそのような県は他にない。さらに，県域の多くは森林が占め，沿岸部，内陸部，畿内に近い地域，中国・四国に近い地域，その地域ごとで生活様式や文化が多様なことは想像に難くない。明治という時代がもたらした"近代化"の波は，文化や生活様式などと共に，さまざまな建造物にも影響を与えた。時代や社会情勢によって要求されるものにも違いがあり，また，近接する他府県の影響など，地理的要因等が建造物の種類や形態にも影響を及ぼしていることは明らかである。ここでは，近代の建造物の種類別にいくつか事例を見ていきながら，その時代背景やその必要性などを読み解いていきたい。

■ 住宅

　人々の生活の舞台となる住宅は，そこに住まう人，家族の生活様式，地域の環境などが色濃く反映される。神戸では開港に伴い西洋人が居住するようになり，彼らが住む西洋館が神戸市北野界隈に建設された。旧トーマス住宅（1909［明治42］年，重文），旧ハッサム住宅（1902年，同），旧ハンター住宅（1907年，同），小林家住宅（旧シャープ住宅）（1903年，同）を初め，多くの西洋館がこの地を中心に建設された。その後，西洋館は景色や環境の良い場所を求めて，神戸市須磨や塩屋地区にも広がっていく。昭和の初めに塩屋の外国人向け住宅開発を行ったのが，英国人ジェームスであった。現在でもジェームスが建設し住んだ邸宅が旧ジェームス住宅（1933年，市指定）として残る。このように，外国人のための住宅が建設される一方，日本人のための洋風建築住宅が建設されてくる。神戸市の御影，住吉界隈には，近代以降に財をなした資産家が，都市化による住環境の悪化で大都市を離れ，良好な住環境を求めてこぞってこの地域に邸宅を構えた。その一つに，旧村山家住宅（1909年〜1918年頃，重文）がある。1909年建設の洋館と1918年建設の書院棟，玄関棟などか

らなり，それぞれが渡廊下で繋がる連立式の建造物である。主体となる生活は洋館で営み，書院棟などの和館は主に接客などに使用され，それぞれ別の機能を有していた。西宮市に建つ旧辰馬喜十郎邸（1888［明治21］年，県指定）は，2階にベランダを持ついわゆるコロニアルスタイルの擬洋風建築である。内部には洋風の設えの部屋と畳敷の設えの部屋を有し，和洋が融合して新たな形体が出現してきた時代の建物である。大正期になると，これまでの西洋の技法や形体を吸収し形にしてきた時代から，世界的に流行したアールヌーヴォーやセセッションといった風潮を取り入れた建築が生み出されてくることになる。神戸市須磨に建つ西尾家住宅（1919年，県指定）はそのような時代に建設された。設計は神戸を中心に活躍した設楽貞雄（1864〜1943）で，地方の建築家が活躍してくるのもこの頃の特徴と言える。

　このように，洋風の要素が住宅に積極的に取り入れられる傍ら，近世以前の伝統様式を受け継ぎ，さらにそれが発展する流れが存在する。江戸期からの流れで建設されるものは，町家や農家といった，洋風の生活を取り入れる必要性が薄い類いのものに多く見受けられる。町家については，未だ県内でも広く分布しており，特に篠山市篠山・福住，豊岡市出石，たつの市龍野，加西市北条など，まとまって残存する地域も多い。農家に関して，4間もしくは6間を基本とした部屋と，建物の一角を占有する土間からなる形は，近世からの流れがそのまま受け継がれているといえる。また摂津・丹波地域には，入母屋造，妻入で奥行きのある間取りとなる摂丹型と呼ばれる農家が見られる。また，養父を中心とした但馬南部地域では，2階建や3階建養蚕農家が多く見受けられるのも特徴と言える。一方，但馬北部では，複数の土蔵を有する大規模な農家が散見され，主屋の一室に天井が他よりも高い部屋を造り，ここに神棚を奉るといったこともこの地域の民家の特徴と言える。淡路地域では，四方蓋造と呼ばれる下屋を四周に廻らす造りの農家が見受けられるが，これは淡路が徳島藩であったことの影響と考えられる。

■ 学校

　文明開化の興った明治時代，近代日本が欧米諸国の文化や技術を積極的に吸

収し,これに追いつくために必要としたのが,知識と教養を身につけた"人材"であった。1872（明治5）年,"国民皆学"を目指し,当時の文部省が「学制」を発布することにより日本の近代教育が幕を開ける。その波は地方へも波及し,兵庫県内でも早くより学校が建設されていく。現存する戦前の校舎は少なくなってしまったが,その中でも,丹波市に残る旧氷上高等小学校校舎（県指定）は,旧柏原町の中心部,史跡柏原藩陣屋跡の北隣に所在する。1885年に建設され,木造2階建,屋根や外壁は日本風,窓や玄関ポーチは洋風といった,伝統技法を駆使して西洋建築を模した擬洋風建築である。中央に廊下を配し,その両側に教室などを配置する中廊下形式で,正面に円柱を立てた玄関ポーチが張り出す。近年,耐震補強を含めた改修工事が行われ,内部をレストランや,地域の情報発信施設として活用が図られている。柏陵記念館（1897年,丹波市,国登録）は,旧兵庫県柏原尋常中学校（現柏原高等学校）本館の教室及び昇降口を移築し,記念館として保存されたものである。これも旧氷上高等小学校校舎と同じく擬洋風建築で,玄関ポーチには西洋の古典様式を模した意匠が見られ,背面にはベランダを付した形状となっている。校舎全体の建替に際しても,学校敷地内で過去2回の移築により保存されてきたことからも,この校舎が同窓生や地域住民から,いかに大切にされてきたかが窺える。篠山市立八上小学校校舎は篠山城の東南方向約1.7 kmの篠山市糯ヶ坪に所在する。1937（昭和12）年に建設された,白色系の柱と黒色系の外壁のコントラストが印象深いモダンな外観の木造二階建の校舎で,北棟と南棟が並んでいる。教室を南面させ,その北側に廊下を配し,校舎の両端部に階段を配した,左右対称の形状となっている。近年,耐震改修工事が行われ,これまでどおり現役の校舎として使用されている。県内には他にも旧今津村立今津小学校校舎（1882年・西宮市）,旧黒川小学校校舎（1904年・川西市）,西脇小学校校舎（1937年・西脇市）,篠山小学校校舎（1951～55年・篠山市）などに木造校舎が数棟残る。これらの校舎は,兵庫県における学校教育の歴史を知る上で,大変貴重なものである。

　公設の学校施設がある一方,私設の学校施設が近代以降に設置された。神戸女学院（1933年,西宮市,重文）や小林聖心女学院本館（1927年,宝塚市,国登録）,関西学院時計台（旧図書館）（1929年,西宮市,国登録）は,キリスト教系の学校として,また,灘の酒造家たちが私財を投じて建設した灘中学

校，灘高等学校本館（1929［昭和4］年，神戸市，国登録）などは公立とは違った固有の教育理念により設立された。これらは，明治以降の近代教育の発展を見ていく上でも注目したい物件である。

■ 公会堂

　民衆が"自由"を謳歌し始めた明治時代，憲法発布と国会の設置により，日本でも議会制民主主義が確立し，これまで一部の為政者によって行われてきた政治に民意が反映され始め，全国各地で政治的な演説や，さまざまな講演が行われるようになった。そのような風潮の中，民衆がこれらを集まり聴く施設"公会堂"が渇望されるようになる。中崎公会堂（明石市，国登録）は，1907（明治40）年，明石郡長であった三輪信一郎が郡の中心施設として公会堂の必要性を提唱したことを受け，1911年に明石郡公会堂として，現明石市役所より東へ約300m，中崎遊園地の東端の地に建設された。設計と監督を当時，奈良県技師を務めていた，明石郡伊川谷（現神戸市西区伊川谷）出身の技師，加護谷祐太郎が務めた。こけら落とし講演では，文豪夏目漱石も登壇したと言われている。公会堂は，桁行23.6m，梁間15.8mの規模で，東側に8畳と6畳の和室と北面中央に車寄付の玄関が付属する。屋根は，主体部，下屋，玄関で異なった形式で，これが複合的に重なり合うことで重厚な印象を受ける。内部は，西洋建築の技法であるトラス組を駆使して柱を立てない広い空間を形成

写真1　中崎公会堂

し，意匠は床や違棚，折上格天井といった，書院造風な設えとなっている。また，柱のエンタシス（胴張）や，蟇股等各種部材に復古調の意匠が散りばめられ，古建築に精通した加護谷の設計方針が垣間見られる。また，加東市明治館（旧加東郡公会堂）は，1912（大正元）

年の建設であるが、若干の相違はあるものの、その外観、意匠、規模など、あらゆるところが中崎公会堂と酷似しており、設計者などは不明ながら、これらの二棟の強い結びつきを感じずにはいられない。これらは、時代の要請に応じて登場した、これまで日本には無かった類いの建造物であり、兵庫県における民主主義の発展過程を知る上で貴重な遺構といえる。

■ 寺院

明治時代の廃仏毀釈は寺院建築にも大きな影響を与えた。行きすぎたこの運動の反動は、改めて仏教美術の秀逸さを再認識する契機となり、文化財保護法の前身となる古器旧物保存方や古社寺保存法などに帰結することとなる。県内には平安時代から近世に掛けての寺院建築が数多く残る中、廃仏毀釈に起因しないにしても、明治以降に再建された寺院建築も少なくない。

姫路市書写山の山上に伽藍を構える円教寺は、966（康保3）年、性空上人（910～1007）開基と伝えられ、西国三十三所にも数えられる天台宗の古刹である。境内は国の史跡に指定されており、数多くの重要文化財、県・市指定文化財を持つなど、境内は文化財の宝庫といえる。円教寺摩尼殿（県指定）は970（天禄元）年、如意輪堂を建立したのが始まりと伝えられ、現摩尼殿は前身建物（1494［明応3］年建立）が1921年の火災で焼失したことにより1933（昭和8）年に再建されたものである。設計は当時、数多くの近代建築の設計を手がけ、「関西建築界の父」とも言われた建築家、武田五一博士、大工棟梁は江戸時代より尾張藩作事方の流れを継ぐ11代伊藤平左衛門であった。建物は、桁行9間、梁間7間、一重、入母屋造、本瓦葺、懸造であり、東面に向唐破風造、本瓦葺の向拝が付く。内部は前方三間を外陣、後方四間を内陣とし、内外陣境に格子戸を入れて、仏と礼拝者の空間を明確に区分けする。

この摩尼殿は、細部意匠等に建築家である武田博士のデザインが随所に見られ、社寺建築に設計という概念が取り入れられた近代和風建築である。同じく武田博士が携わったものとして、清水寺（大講堂、根本中堂、鐘楼、本坊、客殿、本坊表門）（1917年、加東市、国登録）、光明寺本堂（1925年、同）、慈眼院持寶院大師堂（1926年、同）があり、細部意匠や構法などに、近世の寺院

第 8 章　近代の歴史的建造物と地域

写真 2　円教寺摩尼殿

建築には見られなかった独自の意匠を見ることができる。

また，近代における大きな技術的な変動により産み出されたのが鉄筋コンクリート造の寺院建築である。大覚寺本堂（1938［昭和 13］年，尼崎市）は，明治以降の火災による再建であるため，火災に強い建物を求めたのも頷ける。歴史学者の魚澄惣五郎の監修，渋谷五郎設計により建てられ，設計には武田五一の助言があったとされる。後述する白鶴美術館（1934 年，神戸市，国登録）でもコンクリートという新しい素材で伝統様式を忠実に表現しようとする動きは注目すべき点といえる。

■ 神社

近世までは神仏習合のもと，寺院と神社が共同で運営されている時代が長く続いてきたが，明治期の神仏分離によりこれまでの運営形態に大きな転換を迫られることとなった。各地の神社は近代の社格制度により社格が定められ，建造物の新築時には社格により規模等に制限が設けられるなどの影響が見られた。一方，近世からの流れを引き継ぐ形の神社があったことも事実で，近代以降の神社建築が一律に新政府の神道政策に影響や統制を受けたものではなかったとみられる。

官社社殿の造営には，社格に応じた境内の面積，社殿の種類，規模などの基準が示された「制限図」という雛形が旧内務省から示され，これに沿って造営が計画された。これの早い事例として淡路市の伊弉諾神宮が挙げられる。伊弉諾神宮は，この淡路島の中北部，淡路市多賀（旧一宮町）に鎮座し，国生み神話で有名な伊弉諾大神，伊弉冉大神を奉る淡路国一宮である。1871（明治 4）年に国幣中社，1885 年に官幣大社となった。境内は南北を軸とし，境内の中央に，北から本殿，幣殿，中門，拝殿，表神門を南北軸に配し，拝殿西側に

は社務所，貴賓殿，神饌所等の建物を置き，表神門から東西に延びた塀で四周を取り囲み，鳥居は本殿等が建つ軸線を南に延ばした敷地南端に建つ。本殿は1879（明治12）年の建立，三間社流造，檜皮葺であり，幣殿（1885年），中門（1884年），拝殿（1882年），表神門（1883年），貴賓殿（1875年），祓殿・神饌所（1884年）などが整然と配置されている。本殿，中門，拝殿が一直線に並び，中門から出た透塀が本殿を囲むという配置形式などは制限図と同じであり，当社の社殿にもこれの影響が見られる。この「制限図」は，大正元年に廃止されるが，廃止までの40年ほどの間に建立された社殿にあって，早い時期に制限図の影響を受けて建立された当社の社殿は，県内でも珍しく，特に近代という時代性を顕著に示した好例と言える。

■ ホテル

旧甲子園ホテル（西宮市，国登録）は，JR甲子園口駅より南東約500 m，武庫川の西河畔にあり，現在，武庫川女子大学甲子園会館として大学のキャンパスの一部となっている。建設は1930（昭和5）年で，"東の帝国ホテル，西の甲子園ホテル"とも言われ，国内最高クラスのホテルと言っても過言ではなく，また大阪や神戸からも近い本格的なホテルとしても人気を博し，高松宮，徳富蘇峰，ベーブルースなど，多くの著名人が宿泊したと言われている。しかし，ホテルとしての営業期間は短く，戦況が悪化した1944年に海軍病院として使用されるまでの14年間しかなかった。その後は，進駐軍の接収や国有化を経て，1965年に現在の武庫川学園の所有となった。学園の取得後は，旧甲子園ホテル当時の姿への復原とともに，活きた教育施設として利活用を図るための改修が行われ，現在は現役の教室などとして使用されている。

設計は遠藤新が担当した。遠藤は建築界の巨匠，フランク・ロイド・ライトの日本での愛弟子で，ライトのデザインを継承した建築家の一人である。ライトは世界で最も有名な建築家のうちの一人で，落水荘（アメリカ），グッゲンハイム美術館（同），旧帝国ホテル（東京）など，数多くの名建築を世に残した。芦屋市にある旧山邑家住宅（淀川製鋼迎賓館）はライトの原設計，遠藤の実施設計で建てられた建築で，重要文化財となっている。

ライトの建築は，"有機的建築"と呼ばれ，自然の採光や，水の流れを取り入れ，また，地形をうまく活かすなど，専ら無機質になりがちな近代建築にあって，これらのものを設計の中に随所に取り入れている。旧甲子園ホテルでは，この"ライト流"のデザインを随所で見ることができ，その精神は確実に遠藤に受け継がれていると言える。

　建物は若干振れた東西軸を長軸に，敷地のほぼ中央に配置されており，南側の庭や武庫川河畔の南側の風景に開くように計画されている。平面，外観はほぼ左右対称となっており，中央に玄関，ロビー，ラウンジなどの共用スペースを配し，その両翼に宿泊棟（現教室棟）を配している。中央棟寄りの左右に棟を配し，宿泊棟は寄棟屋根で頂部に露盤宝珠を模したオーナメントを付けるなど，日本的なデザインを想起させるのも，ライトにはない遠藤独自のデザインであると言える。

　このように昭和初期に建設された当建物は，阪神間モダニズムの一代表例であり，ホテルから学校建築へと用途が変わりながらも大切に使用され，未来へと受け継がれている好例といえる建物である。

■ 娯楽施設

　近世以前より，庶民の娯楽施設として，農村での歌舞伎舞台や町場の芝居小屋などの施設が建設されていた。永楽館（豊岡市，県指定）は，出石町の出石城下町に建てられた豊岡市出石重要伝統的建造物群保存地区の西に近接する芝居小屋である。現在では，"永楽館歌舞伎"と称して毎年秋に行われる歌舞伎の公演や，その他さまざまな演芸公演が催される人気の芝居小屋として盛況を博している。この永楽館は，1900（明治33）年11月より建設に着手し，翌1901年2月には兵庫県知事より常設劇場の新設許可を受け，同年6月，劇場開演に至ったとされる。明治期の歌舞伎の興行にはじまり，大正期後半には活動写真の上映や新劇の公演，政治家の演説，昭和戦前期には浪花節ほかの大衆演芸，レビューなどの会場として利用され，大いに賑わっていたことであろう。戦後は映画館，遊戯場などを経て，倉庫として長らく存置されていたが，1998（平成10）年に当時の所有者から旧出石町（現豊岡市）へと寄贈され，同年出

石町指定有形文化財となり,その後,2014(平成26)年には兵庫県指定重要有形文化財に指定された。

建物は地上2階,地下1階建で西面の県道側を正面とし,正面北寄りに今で言う入場口にあたる木戸口を設け,木戸先上部2階に欄干付の縁,さらに3層目に太鼓楼を載せることで,芝居小屋の出入口を賑やかに演出している。外壁は全体として和風の外観を呈しているが,西・北・東面に取り付けられた鎧戸が近代らしい意匠として目を引く。

近畿地方の明治以降の芝居小屋として,大阪府池田市に建てられ明治村に移築された呉服座(1892[明治25]年,重文)などが知られるが,現地に残された遺構としては永楽館が最古である。永楽館は物流の要衝として賑わいをみせた城下町出石における娯楽施設として人々の記憶に残るとともに,今では新たな賑わいを創出する,貴重な建築遺構である。

一方,明治も後期になると阪神間では鉄道の発展と共にリゾート施設の開発などが進み,大衆の娯楽も多様化することとなる。1905年に鳴尾百花園開園,1907年に鳴尾競馬場開場,1924(大正13)年に甲子園球場開場といった近世にはなかった施設が次々に現れてくることにも注目しておきたい。

写真3　永楽館

写真4　永楽館内部

■ 美術館

　神戸市東灘区，六甲山の麓，住吉山手の高台で，眺望のよい場所に建つ白鶴美術館（神戸市，国登録）は，白鶴酒造第7代当主嘉納治兵衛（鶴翁）が，自身の蒐集した古美術品を一般に公開するため，1934（昭和9）年に建設した。美術館は本館，事務棟，渡り廊下，土蔵，付属屋，茶室（大正期頃建設，1956年移築）からなる。美術館では，中国・日本の工芸品，仏教美術などを中心に，国宝，重要文化財などの貴重な品々を含む数多くの古美術品が所蔵されている。

　本館は，鉄筋コンクリート造，2階建，銅瓦葺の建物で，外観などは寺社に見られる意匠が多く取り入れられている。内装には主に檜材を使用し，書院造を模した意匠や，折上格天井，火燈窓といった，"和"を基調とした意匠となっている。

　事務棟の外観は角柱の柱型を見せた真壁造り，渡り廊下のそれは寺院の廻廊風で伝統的な木造の意匠をコンクリートで表現している。

　このように，明治から昭和前期の近代という時代に，コンクリートという新しい素材で，近世以前の伝統的な木造建築の意匠を忠実に表現しようとする動きは，新素材と伝統意匠の融合を試みた事例として大変興味深い。

■ 工場・社宅

　明治時代に興った産業の近代化で，我が国では，さまざまな軽・重工業が発展した。

　日本毛織株式会社も全国有数の毛織物会社の一つとして，1896（明治29）年に神戸で操業した。1899年に加古郡加古川町（現加古川市加古川町寺家町）に加古川工場を建設したのを皮切りに，1919（大正8）年までに第6工場まで増設，さらに同年，世界水準の近代工場を目指し，印南郡米田村（現加古川市米田町船頭）に印南工場を建設するなど，日本の発展とともに，工場も拡大していった。その後，加古川工場は生産を縮小，印南工場と統合して事業所となる。現在，加古川工場の建物群のほとんどが除却されたが，印南工場は現在でも稼動しており，整然と並んだノコギリ型の屋根にみるレンガ造の建物群等が建ち並ぶ姿に，往時の様子を伺い知ることができる。また，印南工場の南方，加古

川橋東詰南側の敷地に，工場に関連する社宅群と，工場長役宅が工場長の住居として現役で残っている。

■ 台場・砲台

「台場」や「砲台」は，領海に侵入した敵の艦船を攻撃するために，海に向けた大砲（大筒）を設置することを目的とした施設である。台場は概ね江戸時代に，砲台は明治時代以降に呼ばれた呼称で，基本的には同じものを指す。イギリスから起こった産業革命以降，西欧諸国は市場や植民地を求めて，世界各地に進出していた。1854（嘉永 7）年，ロシア使節プチャーチン率いる軍艦ディアナ号が，大阪湾に侵入する事件が起こると，それ以降，大阪湾を防備するために，紀淡海峡や明石海峡，大阪湾の沿岸部に台場が設置されることになる。

兵庫県には，1842（天保 13）年から 1906（明治 39）年までに，大阪湾や播磨灘の沿岸部，但馬地域日本海沿岸部に設置された台場や，砲台，その他関連施設，96 件が設置され，その記録が残っているが，このほとんどは除却されたり，遺構が確認出来ない状態となっている。それでも兵庫県には，西宮砲台（1866［慶応 2］年完成・西宮市），和田岬砲台（1864［元治元］年完成・神戸市兵庫区），明石藩舞子台場跡（1964 年頃完成・神戸市垂水区），徳島藩松帆台場跡（1862［文久 2］年頃完成・淡路市）が残っており，後世その価値が認められ，国の史跡に指定されている。その中で，西宮砲台と和田岬砲台には，現在でも石堡塔（せきほとう）と呼ばれる円筒状の建造物が残っている。塔は，外部に開けられた窓（砲眼）から砲身を出し，敵艦を砲撃するというものであった。当時，西宮，今津，湊川崎，和田岬の 4 カ所に設置されたが，現存するのは西宮と和田岬のみである。

写真 5　西宮砲台

第 8 章　近代の歴史的建造物と地域

■ 産業

　赤穂は，赤穂義士とともに"塩"が全国的に有名である。日本では古くから海水から塩が作られ，赤穂でも江戸時代以前より行われていた。赤穂では，江戸時代に入ってから入浜式製塩が行われ，沿岸部には広大な塩浜が広がり，大規模な塩業で大いに栄えた。

　そのような製塩が主産業であった赤穂の地に旧日本専売公社赤穂支局（赤穂市・県指定）はある。1905（明治38）年に塩専売法が制定されると，全国22カ所に塩の収納，売渡に関する事務を行う地方機関が設置された。ほとんどは税務監督局に置かれたが，6カ所は特設され，そのうちの一つが赤穂に置かれた。現在，塩務局関連の施設として残っているものは赤穂・姫路を除いてほとんど無く，塩倉庫などの関連施設を含めて残存しているものは，赤穂が唯一である。この旧日本専売公社赤穂支局の建物は 1908 年に事務所，文書庫，塩倉庫（11棟）が建設され，1983（昭和58）年に事務所，文書庫，移築した塩倉庫1棟からなる赤穂市立民俗資料館が開館し，その後 1986 年にこれらが県指定重要有形文化財に指定された。

　事務所は木造平屋建，一部2階建で，玄関部分に塔屋が付いたものとなっている。入口はアーチ状の庇が付き，塔屋内部は吹抜けとなっており，2階部分には手摺りを設け，窓廻りに一部ヴォールト風の意匠を見せるなど，曲線を意識したものとなっている。通用口部分にはイオニア風柱頭飾を冠した膨らみのある柱を用い，各所に洋風の要素を取り入れた，和洋折衷の建物である。これらの建物は町全体が塩業に大きく関わっていたことを示す貴重な遺産の一つである。

　また，朝来市の生野鉱山・神子畑鉱山，養父市の明延鉱山には鉱山の関

写真6　旧日本専売公社赤穂支局

連施設があったが，その多くは閉山に伴う社会的要請の喪失により，解体・撤去されるに至った。その中でも，1883（明治16）～85年建設の神子畑鋳鉄橋（朝来市，重文），羽淵鋳鉄橋（同，県指定）といった交通施設，明治初期建設の旧神子畑鉱山事

写真7　神子畑鋳鉄橋

務舎（元生野鉱山外人宿舎）（同，県指定），1876年～明治時代後期に建設された旧生野鉱山職員宿舎（同，市指定），明延鉱山北星社宅（養父市）といった社宅群など，未だ鉱山に関連する施設は数多く残り，その面影を留めている。近年，これらの産業遺産にも注目が集まってきており，産業遺産に関連するツーリズムが全国的に行われるなど，これまでは見逃されてきていた新たな価値の発見という現象が起きてきていることについて，注目していくべきである。

2　歴史的建造物をいかにして残すか

　建造物に関する文化財としての保護は，1897年の古社寺保存法に始まる。これを引き継ぐ文化財保護法（1950［昭和25］年制定）では，現状変更の原則禁止によりその形体を安置する保護がなされてきた。しかしその後，寺社や城郭以外に，民家や近代建築が文化財に指定されるようになり，さらに，1996（平成8）年に文化財登録制度が創設されるなど，文化財自体が多様化してきた。従来の文化財修理では当初形状への復原が行われることが一般的であり，使用方法がある程度限定されている寺社や，見学施設としての城郭などは，形体を当初の形に復原しても影響はさほど出なかったが，生活様式の変化に合わせて改修が行われてきた民家では，現代の生活を建設当初の空間で行うことは不可

能に近く，結局は近接する敷地に新たに住宅を建設して管理するなど，建物を"標本"として安置する保存が行われてきた。近年は，そのような修理，管理も変化してきており，使いながら保存するといった活用を考慮したものが多く見られるようになってきた。

ここでは，指定や登録となっている文化財を中心に活用事例を見ていき，さらには文化財にはなっていない歴史的建造物を将来的にどのように残して行くかを考えるためのヒントを見つけていきたい。

Case 1　旧氷上高等小学校校舎

前述の旧氷上高等小学校校舎（丹波市，県指定）は，旧柏原町の中心部，史跡柏原藩陣屋跡の北隣に所在する。2013（平成 25）年から 2015 年にかけて内外部の改修が行われ，ライブラリースペースや，ギャラリー，丹波の食材を活かしたカフェ，レストランを併設した施設「たんば黎明館」として生まれ変わった。ここで問題となるのは，指定文化財としての保存と施設を活用するための改修の両立である。改修を行うために文化財の価値を損なうようなことは決してできない。そのため，厨房や衛生設備といった文化財内部に含有し難い施設は別棟で設置し，文化財である本体に影響が無いよう配慮が試みられた。歴史的建造物等では技術的に配慮が難しいバリアフリー等の対策も別棟にエレベーターを設置するなどして解決が図られている。

このように，旧氷上高等小学校校舎は地域の学校教育の歴史を記憶する文化財としての役割の他，地域住民の交流の場と，

写真 8　旧氷上高等小学校校舎

写真 9　旧氷上高等小学校校舎内部

他地域からの集客が見込める施設として新たな一歩を踏み出している。

Case 2　旧木村酒造場

旧木村酒造場（朝来市，国登録）は，天空の城で有名になった国史跡竹田城跡の麓，JR播但線竹田駅から南南西約250mの位置にある元造り酒屋の建築群である。主屋をはじめ，土蔵や貯蔵所などの旧醸造施設を残し，これをレストランやカフェ，さらには結婚式場としても活用されている。主屋は上質な伝統的住宅を活かした宿泊施設として使用され，一部の土蔵では竹田城を解説するガイダンスコーナーや地域の産物を展示販売するコーナーを設けて，地域も一緒に参加出来る試みも行われている。主屋の一角にある窯場は土間に埋め込まれた大きな窯を見ることができ，もとの醸造施設を活かした空間造りが試みられている。

写真10　旧木村酒造場店舗兼主屋

ここでは，水廻り等の施設は建物内部に納めており，立て直した土蔵以外は既存の施設内にバックヤードや衛生設備を設けている。

Case 3　旧ジェームス家住宅

神戸市塩屋の明石海峡を望む高台に旧ジェームス家住宅（神戸市，市指定）は建つ。英国人貿易商によって1934（昭和9）年に建てられた住宅で，主要な部屋は南側の広い芝生の庭に面する。ベイウィンドウや塔屋を持ち，屋根はスパニッシュ瓦を葺くスパニッシュスタイルの建物で，主屋の他，東屋

写真11　旧木村酒造場店舗兼主屋内部

写真12　旧木村酒造場舟蔵内部

第 8 章　近代の歴史的建造物と地域

写真 13　旧ジェームス家住宅

写真 14　旧ジェームス家住宅新設チャペル

やプール（現在は一部のみを残す），和館などが建つ。主屋を中心に，現在は結婚式場，レストランとして使用されている。既存の施設では賄えない，チャペルやバンケットホールなどの高い収容人数が必要な施設は敷地内に別棟で建て，機能を付加する形で解決している。厨房施設などは主屋内に内包しており Case 1 のように外には出していないが，必要な施設を別棟で付加するということは共通する。

　以上，これらのケースは数ある歴史的建造物を活用したほんの一例である。これらに共通して言えることは，"収益を上げる施設" として活用されていることである。これまでは，単なる見学施設としてや，資料館といった公共性のある施設として使用されるケースがほとんどであり，収益を上げるような活用はあまり見られなかった。しかし，近年は文化財ではない歴史的建造物を中心に，旧煉瓦倉庫をレストランや店舗等に活用する事例など，収益性を持つ施設が徐々に増えていき，現在は指定や登録を受けた文化財であってもこのような活用をしている事例も増えてきている。建造物は外部にあることから，経年による劣化は避けられず，必ずいずれかの時点で大なり小なりのメンテナンスが必要となる。この費用を賄う意味でも何らかの収益性が求められ，それ以外でメンテナンス費用を拠出できる手立てがないと，将来的な維持，保存は極めて困難になるといえる。特に近代の建造物は残存しているものも多く，公的な支援を受

けられる文化財の指定を受けられるものも限られてくる。例え良質な建造物であっても将来的に維持，保存をするためには自立的な維持管理ができる仕組み作りが求められる。

3 ヘリテージマネージャーの役割

　ヘリテージマネージャーは，兵庫県教育委員会等が中心となり2001（平成13）年より育成を行ってきた，歴史文化遺産を発見し，保存し，まちづくりに参画できる能力を有する人材である。全14日，計60時間に及ぶ講習や実習を通じて，歴史的建造物の価値の知識や理解を深め，またヘリテージマネージャー同士の繋がりを創ることでその能力を社会に活かすことが期待される。修了した人数はこれまで382人に上り，県教育委員会にヘリテージマネージャー登録している者は333人（2017年3月現在）になる。この受講生を中心として，「ひょうごヘリテージ機構（H^2O）」というネットワークが構築されており，県内各地に所在するメンバーが，H^2O全体としての活動とともに，神戸，阪神，東・北播磨，中・西播磨，但馬，丹波，淡路といった地区ごとにさまざまな活動を行っている。具体的には，登録有形文化財の登録申請業務や古民家再生調査（相談）業務，さらに台風，地震等による建造物被害の調査や，兵庫県教育委員会の実施した近代化遺産総合調査，近代和風建築総合調査への協力などである。このように，文化財所有者やその地域，行政などと協力・連携して地域資産の再発見・再検証を行う活動など，より専門的な見地から活動を行っている。近代の建造物の多くは未だ未指定，未登録であり，文化財としての認知がされていないものがほとんどである。それらの中には，文化財としての価値が見いだされないまま姿を消すものも少なくない。また文化財の価値が見いだされたものであっても，その維持管理において困難な状況下に置かれたものも多く見られる。文化財指定を受け，適切な保護措置が執られているものはごくわずかであり，多くの歴史的建造物はそれが受けられる環境ではないのが実状である。これらをできるだけ多く将来に残していくためには，自立的な維持管理

が必要であり，これを実現するためには何らかの活用が求められ，それをサポートする人材として，専門的知見と民間での活動実績のあるヘリテージマネージャーの活躍に期待が寄せられている。

おわりに

　これまで，近代の建造物を歴史的，地域的視点から見て，さらに保存・活用の可能性について事例を通して述べてきた。建築当初はその必要性に対する要請に呼応する形で産まれた建造物も，生活環境・様式の変化や求められる耐久性などの変化，また，単に老朽化したという理由から除却されてきた建造物は枚挙にいとまがない。もちろん，街というものは新陳代謝をするものであるし，古いものを残しさえすれば良いということでもない。しかし，都市部への人口集中に歯止めが利かない現在，地方における魅力というものは，都市部と同等のものがあることではなく，都市部にはないその地域特有のものをいかに有しているかということではないだろうか。それは，その土地の自然，食，祭り，芸能といった固有の環境，文化といったもので，これらの昔から受け継がれてきたものを活かした"まちづくり"が地域活性の重要な柱となってきており，建造物もこの中の要素の一つとして利活用されていくことが求められてきている。建設当初の社会的要請に答えられなくなったものが除却されてきた時代から，新たな使命を与えて生存させていくことが求められる時代に入ってきたと考えて良い。高速道路網や高速鉄道といった交通インフラの充実により地方と都市間との距離が縮まり，これが都市部への人口集中を招いている要因の一つとも言えるが，言い換えると都市部から地方への移動も容易であるとも言える。インターネットの普及で情報格差が多少なりとも平準化され，誰もが情報を発信出来る昨今において，地方の魅力も積極的に発信されている。数多く残るその地域の特徴ある歴史的建造物を地域の魅力的な資産と捉え，その他の自然や文化とともに活かすことで，地域の活力に繋がることを期待したい。

《参考文献》

兵庫県教育委員会事務局文化財室編 2006『兵庫県の近代化遺産～兵庫県近代化遺産（建造物等）総合調査報告書』（兵庫県教育委員会）

兵庫県教育委員会事務局文化財室編 2014『兵庫県の近代和風建築～兵庫県近代和風建築総合調査報告書』（兵庫県教育委員会）

国史大辞典編集委員会編 1979『国史大辞典』（吉川弘文館）

コラム ヘリテージマネージャーの育成と活動

村上 裕道
(兵庫県教育委員会)

　地域は限られた歴史的文化的資産を活かし，人材育成を基本とした地域再生の取り組みを促進している。そのため，地域に眠る歴史文化遺産を再発見し，保存・活用する人材「ヘリテージマネージャー（以下，HM で表記）」の育成に各地が取り組み始めた。

　2001（平成 13）年度に先行開始した兵庫県 HM の育成計画では，「個人の資質の向上を図るのではなく，地域のために活動する人及びその活動集団を育成する」ことを目的とする。そのため，受講者の講習会修了後の具体的な活動イメージを描き，支援活動を前もって用意をした講習会とした。

　また，養成コースは 3 コースを設定し，一つは，建築士等の免許取得者を対象とした建築士コース。二つは，歴史文化遺産を活用し，古民家の転用等，実践的な活動を展開している者のコーディネーターコース。そして，三つはヘリテージマネージメントに興味関心のある者を対象としたサポーターコースである。

　なお，建築士コースの全講義修了者の内，希望する者は，兵庫県教育委員会の HM リストに登録し，兵庫県まちづくり技術センターへ登録情報を送付，各種専門家の派遣事業等を受託できるようにした。

　講習会終了後の活動促進策として，行政部門からの活動支援では，①文化財保護部門の登録文化財の登録調査への促進策，②景観形成部門の景観アドバイザー等の派遣事業，③地域活性化部門の古民家再生の相談等派遣事業。そして，HM の活動を支援する中間支援組織として，兵庫ヘリテージ機構（以下，H^2O で表記）を立ち上げ，講習会終了直後から活動を促すようにした。

　次に，講習会のカリキュラムであるが，最初に講習会を始めた，兵庫県及び神奈川県・静岡県が相談し，60 時間の講習，月 2 回開催，講習期間を凡そ 6〜7 カ月を要する長期の講義形態とした。それは受講者へのアンケート調査により設定したもので，それが後の標準になったようである。講義内容の基本的な視点は，ローカルな技術と知識の尊重，実際の歴史的建造物の活用の糸口となる情報の提供等，プロとして活動している人材向けの講習会を意識したものとした。

　そのため，HM が「実践段階で直面する課題解決のための講習会」として，アドバンスコースを開催している。同コースは，HM の悩みに答える授業である。あらかじめ決められたものでは

なく，困った者が，「これを知りたい」と指を立て，こんな授業が欲しいと発信すれば，中間支援組織であるH^2Oが授業コースを設定し，希望者を募集。指を立てた者が授業を主宰する組み立てである。

2016（平成28）年度には，5つのコースが設定され，古民家再生のノウハウやコンバージョンの事例では，建物のリノベーションに加え，事業化するための事業グループの形成手法や，ファンドの組み方等，相当にビジネスを意識した授業となっていた。

これまで兵庫県の養成講習会の修了者は382名を数え，登録者は333名となっている。また，準備をした活動支援が糸口となり，あらゆる方面に浸透中である。国登録文化財総数は641件を数え全国一の登録県となり，県登録文化財の制度も整備された。古民家再生事業は延長に延長を重ね，さらに拡大中である。同派遣支援が民間の修理工事を誘発している。また，人口減少地区での歴史的建造物の活用が雇用を生み，移住者を誘引した事例も報告されており，地域再生の関係者から熱い視線を受けている。

H^2Oの構成メンバーは400人を超え，NPOも10を数え，社団法人まで作った者もでている。

また，兵庫県では，建造物以外にも樹木医を対象に天然記念物関係のみどりのHMや庭HMの育成にも取り組んでおり，成果を上げている。文化財全体に拡大していくことを期待する。そのためには，各分野特有の課題を解決する必要があり，周辺分野の者との調整がブレイクスルーには効果的であろう。

全国的には，40道府県が養成講習会を実施済みで，建築士連合会が中心となり，全国組織も形成されている。既に文化庁では日本遺産等，観光振興・地域再生事業と連携した取り組みを開始し，歴史地区の導入を図っている。また，国土交通省も「歴まち法」に基づく認定計画・整備事業を進める等，本格的動きとなってきた。また，政府も「歴史的資源を活用した観光まちづくり」として①人材育成，②自治体・情報発信，③金融・公的支援，④規制・制度改革に取り組むとのことであり，歴史文化の活用が本物となってきた。

《参考文献》

村上裕道他 2003『高度なリカレント学習システムに関する調査研究』（兵庫県教育委員会・(社)兵庫県建築士会）

村上裕道 2016「地方公共団体の挑戦 歴史文化が地域の持続性に果たす役割」（『月刊文化財5月号』, 第一法規）

村上裕道他 2003 - 15『ひょうごヘリテージ年報1 - 13』（ひょうごヘリテージ機構）

第 9 章

民俗文化と地域
―但馬地域の事例を中心に―

大江 篤
園田学園女子大学人間教育学部

兵庫県は日本民俗学の創始者，柳田國男の出生地である。日本民俗学は，広義の歴史学であり，日常的な「あたり前の暮らし」の歴史を明らかにする学問といえる。しかし，人口の流動化や少子高齢化，生活様式の急激な変化のなかで伝統的な民俗文化の基盤は脆弱なものとなっている。さらに，廃村によって生活の基盤である地域が消滅することにより，「人の暮らし」「社会の履歴」までもが消滅することが現実化している。しかも，民俗文化は地域歴史遺産であるという意識が薄く，保全しなければならないものと考えられてこなかった。地域の活性化のためには，幸せな暮らしの記憶を記録化し，民俗文化の重要性を再認識しなければならない。

キーワード
日本民俗学　柳田國男　柴田實　営みの記憶　社会の履歴

第 9 章 民俗文化と地域―但馬地域の事例を中心に―

はじめに

　日本民俗学の創始者である柳田國男は，兵庫県の出身である。1875（明治 8）年に神東郡福崎町辻川（現，神崎郡福崎町辻川）の松岡家に生まれた國男は，12 歳で関東に転出するまで播磨で暮らした。そこでの体験が「民俗学」という学問の原点にあることを晩年『故郷七十年』（柳田 1959）で述べている。自らの家と家族の不幸から，

> 「私の家は日本一小さい家だ」ということを，しばしば人に説いてみようとするが，じつは，この小ささ，という運命から，私の民俗学への志も源を発したといってよいのである。

とも述べている（写真 1）。また，1885（明治 18）年の母の実家北條町（現，加西市北条町）での飢饉の体験について述懐し，

> 飢饉といえば，私自身もその惨事にあった経験がある。その経験が，私を民俗学の研究に導いた一つの動機ともいえるのであって，飢饉を絶滅しなければならないという気持ちが，私をこの学問にかり立て，かつ農商務省に入らせる動機にもなったのであった。

と記している。このことから「何故に農民は貧なりや」という課題を学問で解決することを目指した。そして，この書には播磨での様々な体験の記憶を記し，辻川での行事について，次のような記載がある。正月行事のキツネガリについて，

写真 1　柳田國男生家（福崎町）

　私の子供のころ辻川には狐狩りという行事が，一月十四日の夜から翌朝にかけて行われていた。…辻川ではオロロ追いといい，単に理由もない行事として残っていた，オロロとは物を捜すときの掛声であろうが，子供らが群を作って，寒い夜更けの街道を村の外れまで「オロロや

オロロ」と叫びながら歩くのであった。

とある。また，秋のイノコについては，早く「亥子祭の例」（柳田 1927）に，

> 播磨神崎郡田原村
>
> 爰でも亦変化して居るか知らぬが，四十年前には確かに次のようであった。津ノ国で今キノコといふものを，我々はキノコモチと呼んで居た。或はワラデツポウなどといふ者もあつたのは，此を以て大地を打つ音が，ほん〳〵と冴えて響くからであつた。縄で出来るだけ堅く藁を巻き，重みを附ける為に何か余分のものを入れて，末の方が可なり太くなって居た。それを右の手でまはして，からさをの如くにして土を打つのである。五人十人が調子を揃へて打つと，子供には少なくとも面白いものであつた。歌は之に合せて歌ふので，キノコ餅くれんと云々といふのが最普通であつた。それで此藁の棒をもさう呼ぶことになつたものと思ふ。別に新嫁の前に限らず，辻々を突きあるき又人家の前の広場を利用した。雛とか七夕とかに物を貰ひにあるくことを，何とも思はぬ子供たちであつたが，亥の子には別に餅などをねだれなかつた。只歌の文句には，亥子餅くれぬか、は，鬼うめ蛇生め，角の生えた子を産めなど、も謂つたから，元は必ず餅を貰って居たのである。月夜の情景を連想するから，旧暦十月も一の亥より第二の亥の日の方を用ゐるのが例であつたらう。…

とある。このように柳田國男の著作から，約130年前の播磨の豊かな行事や伝承を知ることができる。柳田國男は，近代社会の変化の中で失われていく生活文化に眼差しをむけ，多大な研究成果を残した。その起点に播磨での生活体験があったことは重要である。柳田國男は自らの学問を次のように位置付けている（柳田 1934）。

> 事象そのものを現象として，ありのま、に凝視し，「わかっている」，「当たり前だ」といわれている其奥の真理を洞察することである。常民の自ら知らなかったこと，今も尚知らないことに心づくことが，我々の学問なのである。

「常民」は，名もない庶民を示す柳田の術語だが，日々の暮らしにおける「当たり前」に潜む「奥の真理」を追究することに学問の目的をおいている。本章では，地域歴史遺産としての民俗文化の現状と課題を検討し，これからの地域

社会における意義について考えたい。

1 民俗学と民俗文化

　柳田國男は自らの学問を歴史学として位置付けている。例えば,『青年と学問』では,

　　　自分たちの一団が今熱中している学問は目的においては多くの歴史家と同じい。ただ方法だけが少し新しいのである。

と述べている（柳田 1928）。民俗学は「文化史学」であるという。「少し新しい」方法とは何か。それは,現在の暮らし,つまり日常生活に視点を置くことであった。そして,郷土の歴史を考える際,「史心」が重要であると主張する。柳田國男は,和歌森太郎との共著『社会科教育法』で,

　　　史心という言葉はいろいろの内容をもつが,かんじんなところは,社会は動いていくものであるということの確信をもつような心である。その基礎には,今は昔と違っているということ,昔から今の間には,変遷なり発達,進歩があって現実を昔と変えてきているが,それと同様にこれからも変えていくことができるものであるという確心をもつことが史心である。一口に昔といわれるものの中にもいろいろあつて,それは一つではなく,幾段にもわかれて,変わってきたということである。そうして現実にひろがっているものをまず見つめて,そこに何か昔から伝承されてきた一つの事情がありはしないか,今のことの原因にありはしないかとたずねていく心も,われわれは史心として理解している。

と指摘している（柳田・和歌森 1953）。「いま」「ここ」での「当たり前」の暮らしを研究することから,時代による社会や文化の変化を明らかにすることができるのである。そのための方法として,歴史資料と民俗資料を駆使し,総合的に歴史を明らかにすることを目指さなければならない。田中久夫は,

　　　伝承資料を重ね合わせることによって,当時の伝承の在り方を知り,それを時代順に見て変化の跡を知る。現在残る伝承から記録の文字の意味を

知り，それを重ねて歴史的変遷の跡を知る。それが何故そのように変遷し
　　たのか，その変化の必然を明らかにするのである。考える基準はどこまで
　　も現在の民俗である。
　　　そのために民俗の分析が必要ということになる。また，そのためにもしっ
　　かりした民俗調査が行なわれなければならない。ことに同時代ならばその
　　変化の理由もあきらかにすることが比較的容易であるからである。
と述べている（田中1994）。歴史資料と民俗資料を重層的に重ねあわせること
により，歴史的な「変化の必然」を明らかにすることができる。そして，フィー
ルドワークによる詳細な民俗調査と徹底して史料を渉猟する文献調査に裏付け
られた「日本民俗史」の叙述こそが重要である。この民俗学の研究をまとめた
ものが，図1である。

　フィールドワークの場では，話を聞かせてくれる伝承者と話を聞く調査者
がいる。両者のコミュニケーションが聞き取り調査である。また，祭礼や行事，
民俗技術については参与観察調査となる。その場では，話された言葉や見えて
いる行為だけではなく，伝承者の持つ無数の記憶・経験・体験から，調査者の
関心のある「民俗」を聞き出し，文字化する作業を行う。一人ひとりの「当
たり前」の日常の記憶は，記録しないと消滅してしまうため，記録化する場が
フィールドワークということになる。通常の歴史の研究は，過去の人々が書き
残した文献史料を厳密に読み，解釈し，歴史像を構築していく。それに比べて

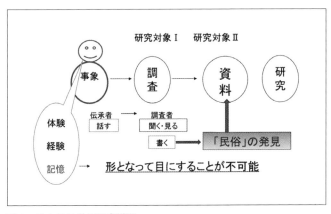

図1　日本民俗学の研究構造

民俗学による歴史研究は，記録を書き残す作業と書き残された資料（歴史資料，民俗資料）の読解という二段階の作業ですすめていく。そこでは，人々のもつ記憶や伝承のなかから何を聞き，どのように書くのかという点が重要となる。

それでは，「民俗」とはどのような内容か。柳田國男『郷土生活の研究法』（柳田 1935）では次のように分類されている。

　　第一部　有形文化
　　　1 住居　2 衣服　3 食物　4 生活資料取得方法　5 交通　6 労働　7 村
　　　8 聯合　9 家・親族　10 婚姻　11 誕生　12 厄　13 葬式　14 年中行事
　　　15 神祭　16 占法・呪法　17 舞踊　18 競技　19 童戯，玩具
　　第二部　言語芸術
　　　1 新語作成　2 新文句　3 諺　4 謎　5 唱へごと　6 童言葉　7 歌謡
　　　8 語り物と昔話と伝説
　　第三部　心意現象
　　　1 知識　2 生活技術　3 生活目的

そして，この 3 つの分類について，

　　　目は採訪の最初から働き，遠くからも活動し得る。村落・住家・衣服・其他我々の研究資料で目によって採集せられるものは甚だ多い。目の次に働くのは耳であるが，是を働かせるには近よつて行く必要がある。心意の問題は此両者に比して尚面倒である。自分は第一部を洒落て旅人の学と呼んでよいといつて居る。通りすがりの旅人でも採集出来る部門だからである。之に倣うて第二部を寄寓者の学，第三部を同郷人の学ともいふ。

とする（柳田 1934）。第一部の「旅人学」とは，そこでの暮らしを旅人の視点でとらえることであり，目で見て理解できる文化事象を指す。「有形文化」とは，衣食住をはじめとするモノと年中行事や祭礼などのコトである。第二部の「寄寓者の学」は，しばらくその地に滞在し，そこで暮らす人々と会話を交わし，耳で聞いて知ることができるものである。昔話や伝説などコトバで伝承される文化である。第三部の「同郷人の学」は，その土地で生まれて育った人の感情や信仰のことを「心意現象」と称している。そこで暮らしてきた人々のココロを知るための文化事象である。この三分類は，フィールドワークにおける伝承者との距離によるものであり，コト，モノを観察し，コトバを聞き，さらにコ

コロを理解しようとする民俗学の視点を示すといえよう。柳田國男は，自ら打ちたてた学問を「郷土生活の研究」と称したのは，そこで生活するものが自らの「当り前」の暮らしに目を向け，その意義を考えていくことを考えていたからであった。

2 兵庫県の民俗学研究

　関西の民俗学の萌芽は，1934（昭和9）年と1937（昭和12）年に京都帝国大学で開催された柳田國男の講義にある。その受講生が，京都，大阪の大学で教鞭をとり，アカデミズムのなかで発展した。柳田國男が京都で講義をした際，京都帝国大学の助手として講筵につらなった柴田實は，兵庫県文化財保護審議会委員として兵庫県の民俗文化財について数多くの調査，研究に携わっている。『兵庫県の歴史』第3号に「兵庫県の民俗」（柴田 1971）を執筆している。

　摂津・丹波・但馬・播磨・淡路の五国からなる兵庫県の文化の多様さと民俗文化の広範さを指摘し，文化財保護法で重要民俗資料（現，民俗文化財）と指定されている民俗芸能を紹介する。そして，民俗芸能の「技の巧拙のみにかかわらず，むしろそれを支えそれを裏付けている民俗信仰や，社会的背景等を考えて，それら芸能発生の歴史を微証するに足ると思惟されるもの」を選定していると指摘している。今日の文化財指定を考えていくうえでも重要である。

　そして，上鴨川住吉神社神事舞，但馬のざんざか踊り，播磨・摂津の獅子舞を取り上げている。また，有形の民俗文化として，農村舞台，赤穂の入浜式製塩用具，灘の酒造道具，丹波布が紹介されている。さらに，これら文化財として指定されるもの以外の民俗文化として，

　　社会の進歩，歴史の発展の上からは当然改廃せられ消滅すべき習俗であって，しかもわれわれが過ぎ去った父祖の時代の村の生活をば正しく理解し，歴史の進歩の跡を精確に知るためには，これを記録の上に書遺すべきものがいくつかある。

と述べている（柴田 1971）。具体例としては，但馬の親方，子方制度や相生の

漁民慣行（網元と網子）を紹介する。このように，民俗文化を社会的背景や信仰的背景をふまえ，生活文化として総合的に理解することの重要性を指摘しているのである。

また，柴田は，太田陸郎・玉岡松一郎・西谷勝也等「熱心な探訪記事が，昭和初期以来累積されて」きたことを紹介している。兵庫県の「野の学問」としての民俗学の嚆矢は，1932（昭和7）年の兵庫県民俗研究会の設立にある。太田陸郎は設立メンバーの一人で，雑誌『兵庫県民俗資料』は1935（昭和10）年まで刊行された。

その後，1936（昭和11）年に近畿民俗刊行会が組織され，雑誌『近畿民俗』が刊行される。その事務局は太田のところに設けられた。創刊号に掲載されている会規に，①年六回の会誌の発行②講演並びに民俗関係図書の刊行③主として近畿の民俗学的事象を採集並研究することを目的とする，とある。兵庫県民俗研究会を発展させたものといえよう。『近畿民俗』創刊号に寄稿した柳田國男「成長は自然」には，

　　是まで人があまり気づかなかったことは，フオクロア見たいな新しい地方の学問が，首都を中心としなければならぬ理由は一つも無く，又その中心を是非とも一つにする理由も無いことであった。文化の中央集権は地方人が，単なる偶然の行掛りに対してあまらいに従順であった結果に過ぎぬものが多いが，我々の方面には其行掛りすらも現在はまだ無いのである。今ならば是を煎餅や牛肉以外に神戸の一つの名物とすることも決して空な野望では無い。自分なども実は大きに誤って居たと思ふことは，近畿はただ通って見ると開け切った地方であるが，其周辺には山坂に隔てられた，奥在所といふやうなものを若干持って居る。殊に往還だけが早く現代化した結果却って果実でいふと花落ちの部分に当る所が，片端にもとの姿をまだ保存して居る。

と述べ，民俗学研究のネットワークづくりの重要性と近畿の民俗文化の重要性を指摘している。民俗学の全国組織化（日本民俗学会の前身となる民間伝承の会が1934［昭和9］年に設立される）の時期に設立された近畿民俗刊行会に寄せる柳田國男の期待の大きさをうかがうことができる。しかも，「日本民俗学二十五回連続講演会」（1936［昭和11］年9月から1937［昭和12］年3月，

毎週土曜日）を開催している。この講習会は，「東京の「民間伝承の会」と連絡をとり，宮本常一氏が計画原案を作製した」という。柳田國男，折口信夫をはじめとする東京の研究者と近畿の研究者の延べ42名が登壇している。「普通講義」と「特殊講義」があり，柳田國男は「昔話」「餅と団子―晴の食物―」，折口信夫は「神事舞踊」，太田陸郎は「親方子方」を講義している。また，第1回「日本民俗学序説」は柴田實が講師となっている。この講習会の内容は多岐にわたっており，たいへん充実した内容であった。また，京都帝国大学の西田直二郎も講師を務めており，アカデミズムと在野が協働したものであったといえる。

1936（昭和11）年には，会の名称を近畿民俗学会と改めたが，1937（昭和12）年に第2巻第1号で休刊となる。やがて，太田陸郎の自宅から京都帝国大学文学部国史研究室（柴田研究室）に移動し，1949（昭和24）年に復刊する。

兵庫県教育委員会では，1964（昭和39）年に文化庁による民俗資料緊急調査を実施し，その後，現在まで13冊の調査報告書を刊行している。また，2005（平成17）年からは文化庁ふるさと文化再興事業，文化遺産を活かした観光振興・地域活性化事業，文化遺産を活かした地域活性化事業として，8冊の祭礼行事・民俗芸能の報告書を刊行してきた（参考文献）。

以上のように兵庫県における民俗学研究の歴史の一端を紹介したが，昭和初期から民俗文化への関心が芽生え，柳田國男の指導のもとアカデミズムと在野が関係しながら，数々の報告書を蓄積してきた。1970年代からは，兵庫県教育委員会による行政調査が実施されるようになったのである（参考文献）。

3 民俗文化の現状と課題

平成26年度の「文化遺産を活かした地域活性化事業」（兵庫県教育委員会）で2016（平成26）年9月から11月に但馬地域の自治会，保存会を対象に質問紙「但馬無形民俗文化財調査用紙」による調査を実施した（兵庫県歴史文化遺産活用活性化実行委員会2016）。「どの地域にどのような民俗文化財が残っ

ているのか，また使用されていない芸能の道具などが残っていないか，保存・継承していくうえでの課題は何かなど」について，各市町教育委員会，但馬民俗芸能応援隊の協力のもと回収を実施した。アンケートの回収率は，豊岡市75.1％，養父市81.6％，朝来市63.0％，香美町98.3％，新温泉町99.0％である。ここでは，踊りなどの芸能と盆の時期の踊りの項目と「祭礼の変化や現状の課題」についての自由記述を中心に但馬の民俗芸能の現状を検討するとともに，各地域での特徴的な伝承活動を紹介したい。

■ 豊岡市の民俗芸能の現状と課題

豊岡市において「踊り」などの芸能が「伝承されている」と回答した自治会は，268中27（10.8％）である。豊岡―3.7％，城崎―0％，竹野―0.4％，日高―1.1％，出石―2.6％，但東―2.2％である。また，盆踊りについては，268中80（29.9％）であり，豊岡―16.0％，城崎―2.6％，竹野―4.9％，日高―3.0％，出石―2.6％，但東―0.7％となっている。

課題としては，「参加人員が減少しており，日程や規模の変更が望まれる」（上佐野／お田植え祭り），「本地区は全32戸であるが，高齢化が進み，年々参加者が減ってきている。また，行事に関心を持つ人も同様に減ってきている」（赤石／春祭り千本つき），「少子高齢化で参加者，特に若者が足りない」（大関東／盆踊り），「祭礼に関わる人数が不足」（旭），「集まる人も少なく，踊る人がないのが問題点」（三宅／盆踊り），「だんじりの担ぎ手が少なくなっている。子供会の児童にも曳かせている」（森尾），「少子高齢化により祭礼行事が消えていく思いがする」（佐田），「少子高齢化が進み，みこしの担ぎ手が少なく，又，子供の奉納相撲も少なくなり，こまっています。区の戸数70戸」（名色），「若い人を中心とした餅のつき手の確保が最大の課題」（南尾／千本餅つき），「課題は「みこし」の担ぎ手がなく，格納されている。損傷もしており，修復に経費が必要」（袴狭／川下祭）「農作業の機械化，生活様式の変化，少子化，高齢化等の進行に伴い，かつての伝統文化は廃れたり，簡略化してきており，当時の記録もほとんどない」（奥小野）など，人口減少，少子高齢化にともなう民俗芸能の担い手の不足を課題とするところがある。

3 民俗文化の伝承と課題

　盆踊りについても1950 (昭和25) 年頃 (如布), 1955 (昭和30) 年頃 (八木), 2005 (平成17) 年頃 (寺坂) に休止しているところがある。
　こうしたなか,「「みこし」は3年に1回, 区内を巡行。次回は2015 (平成27) 年に行う。巡行しない年は伊智神社境内に安置」(府市場),「地区の高齢化で担ぎ手が少なくなり, 当区では各戸をまわるが, 道中は曳いて, 家の前に来たら担いで練るようになった。各家でもてなしを受ける。昔は「宵宮」の夜から担ぎ, 曳くなんて考えられなかった。又, 校区内を担いでまわったそうですが, 今では隣村の藤井区の神社のみで練っている。(当区が終わった後に) 最後に当区神社で練って, 終わりとなる」(奈佐路),「昭和60年までは竹だんじりで行っていたが, 庄友会結成後, 四本柱を新調して担ぐようになり, 担ぐ人数が減少して車輪を設置。要所以外を曳くようになった」(庄境) など行事の形態を変化させながらも伝承を維持している事例もある。
　栗尾では,「昭和39年に公民館が火災にあい, 道具 (小太鼓, 衣装その他) を失い, 一時中断」していたものの復活し,「平成25年度まで栗尾「練りこみ保存会」(有志) で続けてきましたが, 高齢化, 若者流出など有り, 平成26年から栗尾区の行事として受入, 区, 副区長が会長になり再出発」とあり, 芸能を支える組織の変更を行っているところもある。
　同様に復活した事例としては, 1980 (昭和55) 年の鍛冶屋の「はっさくの綱引き」,「昭和20年代頃?他地区のダンジリどうしの喧嘩で壊されダンジリのない時代が続いたが, 平成になり区の有志により復元し」た鳥居のダンジリなどがある。
　風流の復活については, 轟古代太鼓踊保存会・竹野町教育委員会 (2005) に詳しい報告がある (写真2)。
　1931 (昭和6) 年頃から中断していた太鼓踊りが戦後, 1951 (昭和26) 年8月14日の蓮華寺の施餓鬼に復活した。踊り手は, 中学1年生3

写真2　轟古代太鼓踊

名であった。翌年，翌々年の 3 年は継続したものの，踊り方が中学校を卒業するとともに再び中断した。1957（昭和 32）年に「蓮華寺檀信徒の老人のクラブであった親和会会員による復興計画」がたてられ，再度復活する。この時の踊り方は老人が担い，唄い方に若手が参加した。翌年翌々年も踊られた。ところが，1951（昭和 26）年から太鼓踊りの復活を牽引してきた仲居善兵衛が死去したことにともない中断する。

　1991（平成 3）年に「轟で意のある人」が集まり，復活への動きがおきる。1951（昭和 26）年当時の踊り方が記憶をたどり，1958（昭和 33）年の録音テープで 7 カ月の練習で復活した。過去 2 回の中断の経験から，保存のための組織が検討され，蓮華寺檀家から選ばれた蓮華寺太鼓踊り保存会が 1992（平成 4）年 3 月に結成された。2014（平成 26）年度の会員は 16 名，4 月に総会，7 月から 8 月にかけて 5 回の練習を行い，8 月 14 日施餓鬼で踊り，11 月 9 日の紅葉祭りでも踊っている。また，「但馬子ども芸能祭り」の見学も行い「朝来市のはぶちの子供獅子舞は村をあげて残している様子が強く感じられた」と記録されている。他地域の活動にも目を向けている。

　この他，豊岡市には，1970（昭和 45）年頃からはじまった如布の神楽や新温泉町歌長の獅子舞をモデルに 2013（平成 25）年秋から始めた妙楽寺獅子舞など新しく芸能を創始する事例もある。

■ 養父市の民俗芸能の現状と課題

　養父市において「踊り」などの芸能が「伝承されている」と回答した自治会は，120 中 14（11.7%）である。八鹿― 2.5%，養父― 0.8%，大屋― 3.3%，関宮― 5.0% である。また，盆踊りについては，120 中 61（50.8%）であり，八鹿― 13.3%，養父― 13.3%，大屋― 12.5%，関宮― 11.7% となっている。

　課題としては，「人口減少に伴い神社の行事も存続するのが困難な状況になってきています。祭礼も時代に合わせて変化していかなければ維持できないのが現状です」（宮本），「これまで祭りに奉納相撲が行われていますが，子供の人数が少なくなり続けることが大変むずかしくなってきました」（蔵垣），「保存会員が高齢化し減少している。会員確保（補充）に困っている」（関宮）など

人口減少にともなう行事の維持の困難を記すものがある。

「練り込み」では,「踊り手,特に青年の男性が少なくなり,継続が困難な状況です。青年の踊り手は,小学生高学年から中学生が原則ですが,対象者が非常に少なく,地区内の青年や消防団員にお願いして,やっとの思いで継続しています」(中瀬),「1970年ぐらいまでは中学生が踊っていましたが,人数が少なくなり,青年団,消防団等が交代でつとめ,平成17年ぐらいから再び中学生にし,現在は消防団,中学生合わせて行っている。踊り子が4人であるが,2人にしようかと考えています」(出合,昭和22年頃にはじまる)など踊り手の確保に苦慮している。中八木の「きつねげえ」(キツネガリ)は,「子供の行事であったが,子供の数が少ないので,大人がやっている。(数少ない子供と)」という。

また,子供がいないため,2014(平成26)年から神輿を中止した事例(糸原)や男子中学生が太鼓をたたく屋台から,1975(昭和50)年に子供神輿に変更した事例(夏梅)などがある。

盆踊りについては,1955(昭和30)年代(上薮崎,大塚),1960(昭和35)年頃(伊豆,外野),1965(昭和40)年頃(葛畑),1975(昭和50)年代(十二所一,左近山),1991(平成3)年(和多田),2005(平成17)年(上小田)と高度経済成長期から現代にいたるまで廃絶となるものがあとをたたない。

そうしたなか,大屋市場では,昭和50年代に「神社の夏祭に子供みこし(ミニ版,台車引き)を区内に引き回し,祭のムードを高めている」という事例や「筏区の屋台は昔は無く,1975(昭和50)年頃,村づくりの中から出来たもの」があり,新たな行事の生成もある。中八木では,

当地(八木地区)は昔の城下町ではありますが,昔はあったそうですが「だんじり」などの秋祭りの行事も無い地味な地区です。地区の住民の盛り上がりのためにも,もう少し小規模でもよいですが,だんじり,屋台を地域活性化のために

写真3　大杉ざんざこ踊り

も今一度行ってはと思っています。（地域の高齢化，少子化の問題もありますが）

という意見もある。

　保存会の活動としては，1963（昭和38）年に結成された大杉ざんざこ踊保存会がある（写真3）。芸能の伝承にあたり，世代間交流と後継者育成に熱心であるだけではなく，公演活動に積極的である。「全国民謡大会」（1960［昭和35］年）から「ひょうごの民俗芸能祭」（2015［平成27］年）まで数多くの芸能大会に出演している。

■ 朝来市の民俗芸能の現状と課題

　朝来市において「踊り」などの芸能が「伝承されている」と回答した自治会は，102中10（9.8％）である。生野―0％，和田山―4.9％，山東―2.9％，朝来―2.0％である。また，盆踊りについては，102中50（49.0％）であり，生野―9.8％，和田山―13.7％，山東―10.8％，朝来―14.7％となっている。

　課題として，「祭礼前は宵宮に子供奉納相撲（男子）が昔から続いているが，子供（男子）の数が少なく，一番しかない年がある」（宮田），「現状の問題点として高齢化が進み，担ぎ手が少なくなり，現状維持が大変難しくなっている」（和田山上町），「高齢化，人口減少により，祭の維持・開催が年々厳しくなってきている」（和田山新町）と人口減少，少子高齢化が挙げられている。

　盆踊りは，1955（昭和30）年頃（平野），1960（昭和35）年（久留引），1986（昭和61）年（山口），法道寺（1995［平成7］年）に廃絶している。また，行事の廃絶は，「事故があり，なくなったと聞いている。私が子供の頃，屋台は解体され，その材は残っていたが，現在は廃棄した」（桑原）とあるように人的な問題だけではない。

　行事の創始としては，玉置の，

　　昭和42年頃までは子供の屋台（やっさ）のみ，以後中止（断），近年（昭和50年以降）になって大人の屋台として復活した。最近は他地区（和田山町内の枚田岡，柳原，駅前）と合同練り合わせ（イベント）も行っている。

という例や昭和50年代に始まった林垣の神楽や1992（平成4）年頃より行わ

れている楽音寺天満宮秋祭り宵宮の宴（夢舞台）での芝居などがある。

保存会の活動として，羽渕獅子舞保存会は，2015（平成 27）年度，笛の吹き手の養成と人数の確保のために春から毎週 1 回「横笛教室」を開催し，秋祭りで初心者が演じることができた。

写真 4　寺内ざんざか踊り

このような保存会の結成の経過についての一例は，和田山町教育委員会・寺内ざんざか踊り保存会（1992）『寺内ざんざか踊り』にまとめられている（写真 4）。寺内のざんざか踊りも大杉ざんざこ踊同様に公演活動に積極的であった。1952（昭和 27）年の「兵庫県「郷土芸能」コンクール」から「江原道国際観光博覧会」（1999〔平成 11〕年）まで多くの芸能大会等に出演している。「兵庫県「郷土芸能」コンクール」への出演に際しては，地域で意見が対立したようである。

> 当時の空気としては，「"ざんざか踊り" は神前奉納の行事であって，かつて NHK の要請で一回これを電波にのせるための撮影をしたものの門外不出である。たまたま雨乞いのために宮を離れて村内奥地の糸井川渓谷に足を運んだと聞くが，これは観覧ではなく農家の五穀豊穣の祈りの分野に過ぎない。

また，「見せ物ではない。宮への奉納こそが，"踊りの本質である"」と反対する声があがった。県からの要請もあり，出場することとなった。この出場では，「しない」が長すぎ，その場で竹簾を 50 cm 切断せざるをえないハプニングがあり，それ以降「しない」の長さが短くなってしまった。

この後，1969（昭和 44）年に兵庫県教育委員会の指導もあり，保存会が結成された。その背景には，「ほ場整備の施行等による農業の構造改善，子弟の高学歴化と就労思想に対する変化等により若年層を中心に人材を都市部に供給し続け，「ざんざか踊り」についての後継者難にあえぐ現実に突き当たって」いたことがあった。

また，報告書には子どもの参加について，次のように記されている。

> 昭和33年に後継者のことを考え，小学校三年生から五年生までの氏子の子供8人を踊りに参加させたが，練習と学校の期末テストが重なり，2〜3年しか続かなかった。そして，平成2年に氏子の4人の小学生が練習に参加し，平成3年に中学生となった3人が奉納に参加できたのである。その背景には，糸井小学校の「子どもざんざか踊り」の取り組みがあった。
> 糸井小学校では，郷土の伝統芸能を学習しようと，昭和六十三年，子どもざんざか踊りを結成した。

とあり，太鼓としない等の諸用具も子供用のミニサイズとし，学校行事や町内の行事に演じている。このような学校教育との連携は注目すべき取り組みといえよう。

■ 香美町の民俗芸能の現状と課題

香美町において「踊り」などの芸能が「伝承されている」と回答した自治会は，118中40（33.9％）である。香住区―8.5％，村岡区―17.8％，小代区―7.6％である。また，盆踊りについては，118中61（51.7％）であり，香住区―20.3％，村岡区―23.7％，小代区―7.6％となっている。

課題としては，

> 三谷区では毎年7月24日に万灯の火祭を実施し，愛宕神社に奉納しているが，現在高齢化が進み，火祭に使用する竹，むぎわらの確保が困難な状態となり，縮小している。今後，当区で考え直さなければならない課題となっている」（三谷）

> 少子化，高齢化のため，伝統をそのままでは継承できなくなってきている。神社や祭礼に対する関心が薄れてきており，祭りを盛り上げようとする積極的な行動や意識が薄れて地区内の活性化が弱まってきている。（福岡）

や「少子高齢化により伝統芸能の継承が難しくなっている」（山田）という記載がある。

また，盆踊りは，1945（昭和20）年（忠宮），1950（昭和25）年（猪之谷），1955（昭和30）年代（広井），1974（昭和49）年頃（神場），1980（昭和55

3 民俗文化の現状と課題

年頃（実山），1982（昭和57）年（高坂，城山）1984（昭和59）年（和佐父），1985（昭和60）年頃（野間谷），1980（昭和55）年頃に2〜3年実施（用野），1998（平成10）年（寺河内，長須），2008（平成20）年（耀山），2010（平成22）年（石寺），一時期中断して又復活して2011（平成23）年くらいまでやっていた（大野），2013（平成25）年（市原）と断続的に廃絶が続いている。

　また，復活や新たな行事に転換した事例として次のようなものがある。

　　10月8日の秋祭りに「子供みこし」と合わせ,「はやし込み」「花嫁行列（男性のみの仮装）」を行っている。地区内の安全，無病息災，五穀豊穣，子孫繁栄等を願い地区内を巡行する。戦後途絶えていたが，平成3年に復活し現在も続いている。（長坂）

　　当地区では夏（八坂神社），秋（森本神社）の2回祭礼がある。昭和40年代より夏祭りは行われなくなったが，平成になってから子供会の御輿，だんじり等のみを出して祭礼として行うようになった。昨今は担い手が減少し，将来的に御輿渡御が出来なくなる可能性もある。一方最近結成された青年会により，獅子舞等を新しく導入しようとする動きもある。（上計）

　　以前は神社の境内で子供の相撲大会をしておりました。また青年団を中心に練り込みの奉納も行われていました。現在では青年団の組織もなくなり，少子化で子供の数も減り，地区有志による練り込みの奉納を行ってお

写真5　「海の学校 柴山小学校」沖浦三番叟

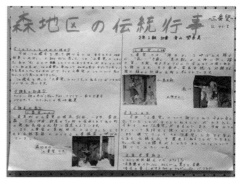

写真6　「森地区の伝統行事について　三番叟について」
　　　（香住第一中学校）

183

第 9 章 民俗文化と地域―但馬地域の事例を中心に―

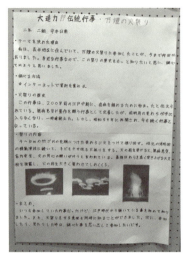

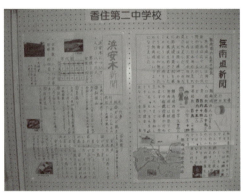

写真 8 「浜安木新聞・南垣内新聞」(香住第二中学校)

写真 7 「大迫力伝統行事 万燈の火祭り」

ります。(黒田)

この他,若松獅子舞保存会は 1950(昭和 25)年,鎧の麒麟獅子舞は 1991(平成 3)年頃,三川権現太鼓(大梶)は 1993(平成 5)年,川上の獅子舞は 1975(昭和 50)年,子供大名行列は 1992(平成 4)年にそれぞれはじめられたと伝えられている。

香美町の民俗芸能の伝承での特色は,学校教育との連携である。香美町では,「ふるさと教育」が展開されている(香美町教育委員会 2012)。

小学校では,権現太鼓(奥佐津小学校),単元名「盆踊りに向けて」(村岡小学校),菖蒲綱伝説(射添小学校),芸踊り(長板・長瀬・原),射添地区芸能発表会参加(射添小学校)などが無形民俗文化財に関わる学習内容である。中学校では,三番叟の観賞・三川権現太鼓の観賞・獅子舞の観賞(香住第二中学校),村岡の伝統芸能・民謡(村岡中学校)がある。各学校での学習内容と地域との連携や民俗芸能の担い手との関係については,今後調査・研究を深めていきたい。

■ 新温泉町の民俗芸能の現状と課題

新温泉町において「踊り」などの芸能が「伝承されている」と回答した自治会は,100 中 27(27.0%)である。浜坂― 19.0%,温泉― 8.0%である。また,

盆踊りについては，100中39（39.0%）となっている。

課題については，次のような記載がある。

　　三尾麒麟獅子舞　少子高齢化で獅子，榊，船神輿，鉾等の舞い手，担ぎ手，曳き手が不足し，やむなく体育の日の前日の日曜日に変更した。また，鉾の音頭出しが不在になるために後継者育成に努めているが難しい。

　　七釜麒麟獅子舞保存会　毎年，例祭には獅子，榊を出して全戸を回るが，現在人数が不足して困っている。祭りが土・日曜日になればいいが，平日は高校生を頼むにも，学校の許可を得なければならない。

　　麒麟獅子舞　栃谷　若者の減少で，獅子舞の運営が困難になっている。各戸の門付けには，各8名ほどの人数を要するが，参集しがたい。

いずれも麒麟獅子舞であるが，少子高齢化による担い手の不足，高校生の参加の難しさが指摘されている。この他，盆踊りや行事についても，

　　飯野　年々参加者が少なく盆踊りの保存継承が難しくなって参りました。イベント的要素を折り込んだものにしていけば参加者も増えてくると思います。

　　境　万灯神祭事　毎年7月24日に実施していた。昭和40年頃まで実施していた。集落内にある愛宕山山頂に火の神の祠があり，その前の広場に茅を持込み積み上げて火を付け，1年間の無病息災，豊作や村の発展を祈願していた。（村人全員でやっていた）　※当集落は現在戸数は12戸，人口は35名，平均年齢は68才で，伝統的行事及び集落内での日役等については対応できなくなっており，行事の伝承をする若者がいなく，限界的な集落となっています。

とあり，同様の課題があることがわかる。このようななかで，塩山では村芝居が2001（平成13）年に約30年ぶりに復活している。

新温泉町の民俗芸能の保存会活動の特色は中高生への取り組みである。

なかでも，久谷のざんざ

写真9　宇都野神社麒麟獅子舞

か踊りは，8名の踊り手は中学生を中心に伝承されている。2015（平成27）年度は，高校生も参加していた。1カ月前からの稽古や当日の衣装の着付けでは，上級生が下級生を指導し，保存会のメンバーとともに伝承されている。

　また，宇都野神社麒麟獅子舞保存会は，1998（平成10）年にできた県立浜坂高校の「麒麟獅子舞サークル」を指導し，文化祭ほか地域の福祉施設の訪問，小学校の学習発表会への出演のほか，県高等学校総合文化祭郷土芸能発表会に出演している（写真9）。

　高校生の活動が宇都野神社麒麟獅子舞の伝承活動とどのように関わるか今後調査・研究を行うべきであろう。

　以上，アンケート調査の結果から，「踊り」の伝承活動に関わる自由記述を中心に検討を加えてきた。但馬のいずれの地域でも人口減少と少子高齢化にともない民俗芸能や行事の存続を危惧する声が聞かれた。その一方で，近年になって地域おこしを目的にかつての民俗芸能を復活させたり，新たな行事を始めたりする事例も見られた。さらに，保存会の活動も時代や社会の状況とともに変遷を遂げている。これらの時々の民俗芸能を伝承する課題を記録し，後世に伝えていくことが重要である。

　急激な少子高齢化の進行，人口減少や地方の過疎化・都市の過密化の進行等の社会課題は，民俗文化だけが抱える問題ではない。しかし，小学校・中学校・高等学校と地域が連携した取り組みやコミュニティの再生と民俗芸能の伝承など地域の課題を解決するために民俗文化の持つ意義は大きい。

むすびにかえて―持続可能な社会と民俗文化

　以上，本章では，柳田國男『故郷七十年』を起点に，兵庫県の民俗文化に関する研究史を紹介し，但馬地域でのアンケート調査にもとづく民俗文化の現状と課題を検討した。

　昭和初期から柳田國男の指導のもと，兵庫県下の民俗文化の調査・研究がす

すめられ，行政調査や大学の調査が継続的に行われてきた。しかしながら，現在，その全体像を把握することは困難である。民俗文化は，当たり前の暮らしの営みの蓄積である。したがって，その時々の記録を継続的に検証していく必要がある。千葉徳爾が柳田國男の見解として，

> 昔あったものごとがそのまま現在もあるということはあり得ない。それと同じように，いまのものごともいつまでも変わらないというものではなく，未来は必ず変わるはずで，昔のものごとが変わってきた過程がわかれば，いまのものごとを変えていくにはどのような条件が必要かもわかる。つまり，変わっていくにはそれぞれ理由があり，または，そのときどきの必要があった。ただ，そのどれをとるかについてはそれぞれの時代の人々の判断が働いたから，その判断が正しかったり誤っていたりしたことで，結果はよくも悪くもなったのである。

と述べている（千葉 1994）。地域の暮らしの歴史の変遷を記録と記憶を総合して明らかにすることが，未来の地域づくりに重要である。

2014（平成 26）年 2 月に兵庫県文化財保護審議会は，兵庫県文化財保護条例制定 50 周年を迎えて，「地域の文化を発展的に受け継ぐために―地域の持続可能性に文化が果たす役割―」という提言を行った（兵庫県文化財保護審議会 2015）。その報告書において，「地域の善意によってまもられ，受け継がれてきた」文化財が，地域社会の衰退とともに，「支える人」の減少を招き，文化財の保存・活用の展開が困難になっているという現状を認識したうえで，次の 7 つを指摘する。

(1) 地域の文化をささえる人の育成
(2) 歴史文化遺産の基盤整備と活用の手法―地域の文化を共有する「場」づくり
(3) 県政長期ビジョン〜時代の潮流　人口減少社会と，「地域文化」の危機
(4) 「営みの記憶」を残す―歴史文化遺産が直面する脅威―
(5) 地域の歴史文化を総体として保護する仕組みづくり
(6) 地域の文化を受け継ぐ
(7) 精神を鍛え，感性を磨く〜地域の文化を未来へ受け継ぐための素養

このなかで注目したい点は，(4) である。地域の歴史文化遺産は，「地域の暮らしを積み重ねた結晶であり，社会を結ぶ膠着材」であり，それが消滅することにより，「人の暮らし」「社会の履歴」が消滅することになる。

千年の歴史を刻んだ地域が，跡形もなく消えてしまう状況が現実化するなかで，地域の文化が持つ意味について真摯に受け止め，我々の世代においてなすべきことを熟考するときがきた。

　アンケート調査を実施した但馬地域においても，この指摘が現実のものとなっている。つまり，「村じまい」が目前に迫り，地域社会で維持されてきた歴史文化遺産をどのように保存すべきかを考えなければならない。廃村とともに「社会の履歴」が消えてしまうことがないよう「営みの記憶」を記録に残し，伝えていくことが急務である。

　一方，地方創生を推進し，地域を活性化するためには(6)が重要である。「地域の文化を受け継ぐ」ために，①地域を愛する人づくり，②魅力あふれる地域づくり，が取り上げられている。2011・12（平成23・24）年度の兵庫県社会教育委員会の提言に，

　地域社会における人々の生活を豊かにする資本として，…地域社会における人と人との関わりの豊かさが，こどもの教育成果の向上…につながるなどの多くの役割を果たす

と，ソーシャルキャピタルの機能を重視している。そして，幼児期「地域に触れる」小学生「地域を知る」中学生「地域との関わりに気づく」高校生「地域に参画する」大学生「専門分野や学びを活かす」成人「地域の核となる・専門分野や学びを活かす」と年齢に応じた地域との関わりを指摘し，社会教育と学校教育が連携し，生涯を通じて地域と関わりを持ち続けることの重要性が述べられている。

　「記録に残されぬほどの平凡なこと，誰からも責任を問われることのなかった…太平無事な生活」（田中 1994）を送れることこそが持続可能な社会に必要である。民俗文化は日常的な「あたりまえの暮らし」であり，歴史文化遺産であるという認識が薄い。だからこそ，「幸せ」な暮らしの記憶を記録化し，民俗文化の重要性を再認識しなければならない。

《参考文献》

王京 2006「太田陸郎とその中国研究―戦時下の民俗学者」(『日本民俗学』248 号)

王京 2008『歴史民俗資料学叢書 3 一九三〇,四〇年代の日本民俗学と中国』(神奈川大学大学院歴史民俗資料研究科)

大江篤 2011「「歴史文化基本構想」と民俗文化―民俗学のなすべきこと」(『御影史学論集』36 号)

大江篤 2017「小学校社会科と民俗学――兵庫県の民俗文化財を中心に―」(『園田学園女子大学地域連携推進機構年報』4 号)

香美町教育委員会 2012『香美町教育基本計画 平成 24 年度~平成 33 年度』

加茂幸男 1992『太田陸郎伝』

沢田四郎作 1958「大阪府」(『日本民俗学大系』第 11 巻,平凡社)

柴田實 1971「兵庫県の民俗」(『兵庫県の歴史』3 号)

竹野町教育委員会・蓮華寺古代太鼓踊保存会 2005『轟の太鼓踊り』

田中久夫 1994「歴史学としての民俗学」(『日本民俗学』200 号)

千葉徳爾 1994「福崎町の民俗事象と全国的位置づけ」(『福崎町史』第 1 巻本文編Ⅰ)

西谷勝也 1958「兵庫県」(『日本民俗学大系』第 11 巻,平凡社)

兵庫県民俗研究会編 1982『兵庫県民俗資料』上,下(国書刊行会)

兵庫県教育委員会 1969『兵庫県民俗調査報告 1 上生野:生野ダム水没地区民俗資料緊急調査報告書』

兵庫県教育委員会 1970『兵庫県民俗調査報告 2 小代:小代地区民俗資料緊急調査報告書』

兵庫県教育委員会 1971『兵庫県民俗調査報告 3 沼島:沼島地区民俗資料緊急調査報告書』

兵庫県教育委員会 1972『兵庫県民俗調査報告 4 千種:西播奥地民俗資料緊急調査報告』

兵庫県教育委員会 1974『兵庫県民俗調査報告 5 但馬海岸:但馬海岸地区民俗資料緊急調査報告書』

兵庫県教育委員会 1975『兵庫県民俗調査報告 6 丹波の窯業:今田町立杭を中心に―民俗資料調査報告書』

兵庫県教育委員会 1976『兵庫県民俗調査報告 7 兵庫の民俗芸能』

兵庫県教育委員会 1979『兵庫県民俗調査報告 8 青野川・黒川水系民俗調査報告書』

兵庫県教育委員会 1981『兵庫県民俗調査報告 9 兵庫県の民謡:兵庫県民謡緊急調査報告書』

兵庫県教育委員会 1983『兵庫県民俗調査報告 10 兵庫県民俗地図:兵庫県緊急民俗文化財分布調査報告書』

兵庫県教育委員会 1988『兵庫県民俗調査報告 11 兵庫県の諸職:兵庫県諸職関係民俗文化財調査』

兵庫県教育委員会 1989『兵庫県民俗調査報告 12 兵庫県の方言:兵庫県方言収集緊急調査報告書』

兵庫県教育委員会 1997『兵庫県民俗調査報告 12 兵庫県の民俗芸能:民俗芸能レッドデータ

ブック』

兵庫県教育委員会 2005『ふるさと文化再興事業伝統文化総合支援研究委嘱事業実施報告書 平成 16 年度 播磨の祭礼 屋台とダンジリ』

兵庫県教育委員会 2006『文化庁ふるさと文化再興事業伝統文化総合支援研究委嘱事業実施報告書 平成 17 年度 稚児の祭礼 ヒトツモノをめぐって』

兵庫県教育委員会 2007『文化庁ふるさと文化再興事業伝統文化総合支援研究委嘱事業実施報告書 平成 18 年度 播磨の王の舞』

兵庫県教育委員会 2008『文化庁ふるさと文化再興事業伝統文化総合支援研究委嘱事業実施報告書 平成 19 年度 丹波の曳山祭礼 波々伯部神社と川原住吉神社をめぐって』

兵庫県教育委員会 2009『文化庁ふるさと文化再興事業伝統文化総合支援研究委嘱事業実施報告書 平成 20 年度 丹波市の祭礼 氷上町大護神社・山南町若林大歳神社・山南町狭宮神社・柏原八幡神社』

兵庫県文化財保護審議会 2015『地域の文化を発展的に受け継ぐために―地域の持続可能性に文化が果たす役割―』

兵庫県歴史文化遺産活用活性化実行委員会 2013『文化遺産を活かした観光振興・地域活性化事業報告書 平成 24 年度 淡路島の民俗芸能 ダンジリと芸能』

兵庫県歴史文化遺産活用活性化実行委員会 2014『文化遺産を活かした地域活性化事業報告書 平成 25 年度 淡路島の民俗芸能 風流』

兵庫県歴史文化遺産活用活性化実行委員会 2016『文化遺産を活かした地域活性化事業報告書 平成 27 年度 但馬の民俗芸能 風流』

兵庫県歴史文化遺産活用活性化実行委員会 2017『文化遺産を活かした地域活性化事業報告書 平成 28 年度 但馬の民俗芸能 ダンジリ・三番叟』

柳田國男 1927「亥子祭の例」(「民族」3 巻 1 号)

柳田國男 1928『青年と学問』(日本青年館)

柳田國男 1934『民間伝承』(共立社)

柳田國男 1935『郷土生活の研究法』(刀江書院)

柳田國男 1959『故郷七十年』(のじぎく文庫)

柳田国男・和歌森太郎 1953『社会科教育法』(実業之日本社)

山本康司 2014「神戸大学附属図書館所蔵「古文書」の来歴と太田陸郎」(『神戸大学大学院人文学研究科地域連携センター年報 LINK【地域・大学・文化】』6 号)

和田邦平 1975『日本の民俗 28 兵庫県』(第一法規)

和田山町教育委員会・寺内ざんざか踊り保存会 1992『寺内ざんざか踊り』

第10章 地域博物館論

古市 晃
神戸大学大学院人文学研究科

地域に存在する歴史博物館の8割以上は，博物館法上の条件を満たしていない類似施設であり，その根底には専門的知識をもつ学芸員の不足という問題がある。制定当初の博物館法の理念は一度も実現されることなく現行法へ改定された。いわゆる平成の大合併や指定管理者制度の導入によって，この状況はさらに悪化し，学芸員数の実質的減少，資料の保存状態の劣化など，深刻な状況がもたらされている。このような状況下で，地域博物館が果たすべき役割とは何か，具体的な事例に基づき考えていくことが必要である。重要なことは，資料と資料の諸関係の把握による地域の歴史的個性の展示であり，そのことによって人々が過去と現在の関係を考えるきっかけを作ることである。

キーワード

博物館法　博物館類似施設　学芸員　指定管理者制度

はじめに

日本には国公立・私立を問わず大小さまざまな展示施設がある。ここではその内、市町村立の、主として歴史系の博物館・資料館を素材として、地域社会の中で博物館が果たすべき役割や、現実に生じているさまざまな問題について論じてみたい。

1 地域博物館の現状

■ 地域博物館の概況

文部科学省が基本的に 3 年ごとに実施している「社会教育調査」は、博物館や図書館などの社会教育施設の現状を把握する際の基本的なデータである（文部科学省ホームページにて閲覧可能）。ここでは最新の調査結果である 2015（平成 27）年度版を用いて、まず地域博物館の現状を確認しておきたい。

市町村立の博物館は、登録博物館、博物館相当施設、及び博物館の類似施設の三種に大別できる。登録博物館は、博物館法によって、館長、学芸員が配置され、年間 150 日以上開館などの条件を満たす施設をいう（第 10～12 条）。博物館相当施設は、正式な学芸員はいなくてもよいが学芸的な業務を行う職員が配され、年間 100 日以上開館などの条件を満たす施設をいう（第 29 条）。博物館の類似施設とは、博物館法上の特段の条件を有さない。いうなれば、「博物館」と自称するが、専門の職員や資料にふさわしい展示施設をそなえていない可能性のある施設である。なお博物館に関連して、国宝や国指定の重要文化財といったことばを耳にする機会も多いが、これらのいわゆる指定文化財を展示するためには、展示室やケースの温湿度管理や消防体制など、展示施設として十分な条件をクリアしているか、事前に審査を受ける必要がある。これらの条件をあらかじめ満たしていることが確認されている施設については、事前の

申請を省略して，事後の報告のみですませることが認められている。これを公開承認施設といい，登録博物館の中にはこれが含まれる。2016年7月現在で，美術館なども含めて全国には111の公開承認施設が存在するという（2016年9月22日付朝日新聞，群馬全県版で確認）。

2015年度現在で，全国には登録博物館が895館，博物館相当施設が361館，類似施設が4434館存在する。そのうち歴史博物館は，登録博物館で323館，博物館相当施設で128館，類似施設で2851館存在する。それぞれほほ36%，35%，64%の比率である。歴史博物館という場合，展示資料が主に歴史と民俗などの資料で構成される博物館・資料館をいう。ここには歴史系の展示をもそなえた総合博物館はカウントされないので，実際には歴史系の資料に出会うことのできる博物館はもう少し多いが，とりあえず区分上の定義にしたがっておきたい。そうしてみると，登録博物館，博物館相当施設のいずれも，歴史博物館の占める比率は相応に高いものの，類似施設に占める比率が他よりも明らかに高いことがわかる。類似施設には市町村立の施設，2363館が含まれ，ほぼ83%を占めている。ここには国及び独立行政法人の施設98館も含まれるので，一概にはいえないが，基本的傾向として，私たちが地域の歴史博物館という場合，その多くは類似施設を指すことになることは，よく認識しておく必要があるだろう。

類似施設とは逆の傾向を示すのが，公開承認施設である。公開承認施設には市立，町立の博物館も含まれるが，その数は少なく，国立や都府県立の施設が多くを占める。このことは，市町村立の博物館が置かれている状況をよく表すものと考える。簡単にいえば，市町村立の博物館は充実度が不足しており，博物館としての要件を満たしていないことが反映されているのであるが，では博物館としての要件とは何か，もう少し考えてみたい。

■ 専門職員の問題

博物館としての要件とは何か，改めて考えてみると，来館者としての視点からではわかりにくい博物館固有の問題が見えてくる。博物館を訪れる人々が入室するのは通常，展示室に限られており，少し興味を持った人が図書のそなえ

第 10 章　地域博物館論

てある部屋や，講演会等が行われるホールに入ったことがあるというのが実情であろう。しかし，そのような普及・啓発のための施設とは別に，博物館には収集した資料を収蔵するための施設や，資料の借用や貸出のためのトラックヤード，調査・研究のための施設など，多様な施設が必要である。展示室で公開されるのは収蔵資料のごく一部であり，大半は収蔵庫の中で管理された状態なのである。できるだけ適正な状態で資料を後世に伝えるためにはその資料の性質に見合ったかたちでの温湿度の管理や，防虫・防カビの対策など，博物館はかなり手のかかる施設なのである。

　このような，いってみれば面倒な管理を維持するためにもっとも必要なのが，資料とその背景についての専門的な知識をそなえた職員，つまり学芸員の存在である。資料は素材や伝来の経緯など，実にさまざまな固有の事情を抱えており，それに対応するためには専門分野を異にする学芸員が必要となる。たとえば，紙でできた古文書と金工品の収蔵・展示に適した条件はそれぞれに異なるから，それをわきまえた学芸員が対応する必要がある。しかも資料は往々にして異なる素材の集合体であるから（金属と皮革，漆や繊維製品など，異なる素材の塊である甲冑などがわかりやすいだろう），適正な条件での収蔵・展示とは，高度に専門的な知識と経験を要求される仕事といえる。博物館とそこに収蔵された資料にとっての理想的環境を整えるためには，異なる分野の資料を扱える複数の学芸員が配置されることが一つの条件となる。

　1973 年に定められた「公立博物館の設置及び運営に関する基準」は，このような学芸員の必要性をよくふまえたものとなっていた。その第 12 条には，「都道府県及び指定都市の設置する博物館には，一七人以上の学芸員又は学芸員補を置くものとし，市（指定都市を除く）町村の設置する博物館には，六人以上の学芸員又は学芸員補を置くものとする」とある。広範かつ重要な意義を有する資料が数多く集積される可能性の高い都道府県及び指定都市の場合は 17 名以上，市町村でも 6 名以上の専門職員がいなければ，博物館の運営は困難と考えられていたのである。

　しかしこの規程は，都道府県立を含む大半の博物館で，ごく少数の例外はあったにしても，おそらくは一度も実現されることがなかった。日本の博物館における学芸員の採用は元々少なく，1973 年当時はいうに及ばず，日本社会が

空前の好景気を迎えた 1980 年代後半においても，これほどの数の学芸員が採用されることは，大半の施設で実現しなかったのである。

　1998 年には，この「基準」は「博物館には，学芸員を置き，博物館の規模及び活動状況に応じて学芸員の数を増加するように努めるものとする」と改定される。つまり新たに定められた「基準」では，学芸員の具体数に対する言及が削除されており，規模と活動状況という，運用する側がどのようにでも判断可能な文言に置き換えられている。2015 年度「社会教育調査」によると，1999 年度には全国の博物館には 3094 名の学芸員と 447 名の学芸員補がおり，2015 年度にはそれがそれぞれ 4738 名，725 名が在籍となっている（「Ⅱ　調査結果の概要」）。学芸員と学芸員補をまとめた 1 館あたりの学芸員数は，1999 年度には 3.4 名だったのが，2015 年度には 4.4 名と増加していることになる。これを多いとみるか，少ないとみるかは見解の分かれるところであろうが，問題はその内訳であり，専任の学芸員で比較するならば，1999 年度は 4019 名，2015 年度は 4335 名で，大きくは変わっていないことがわかる。増加しているのは兼任・非常勤職員と，後に述べる指定管理者が雇用する学芸員で，1999 年度には兼任・非常勤の学芸員が合わせて 1309 名であったのが，2015 年度には 2120 名と大きく増加している。指定管理者の雇用する学芸員は，1999 年にはそもそも存在しなかったが，2015 年度には 1366 名に達している（「平成 27 年度社会教育統計　調査結果のポイント　3　指導系職員の推移」。なおここに挙げられた学芸員数の合計と前掲の「Ⅱ」の学芸員数の合計は一致しない。兼任・非常勤や指定管理者などの区分による相違に起因するものと思われるが，しばらく措く）。つまり館の活動に継続的に関わることが確実な学芸員はこの十数年間で大きくその比率を減らしており，代わって増加しているのが立場や雇用形態の不安定な職員ということになる。

　それでもまだ，博物館は学芸員がいるだけましといえるかもしれない。目を類似施設に転じるならば，1999 年度の学芸員は 2234 名，学芸員補は 208 名，2015 年度は学芸員 3083 名，学芸員補 285 名で，900 名以上増加しているが，類似施設自体も 4064 館から 4434 館と増加しているので，1 館あたりの学芸員数は 1.7 名から 1.3 名と，むしろ減少しているのである。なお，この点についてはさらに詳細なデータが公表されており（「126　専任学芸員数及び学芸

員補数別博物館類似施設数」),それによると,市町村立の類似施設 3288 館の内,学芸員が一人もいない施設は 2934 館に上る。

このように,博物館,博物館相当施設でも安定した状態で働ける学芸員は減少し,類似施設ではその傾向がさらに著しいことがよくわかる。このことは端的に,地域博物館の置かれた苦境を物語っているといってよいだろう。先に見た,8 割を超える市町村立の博物館が類似施設にとどまっている状況は,実はこのような学芸員採用のための努力が継続されていないところに起因しているといってよい。

ごく当然の話であるが,専門家がいないところでは資料の適切な管理はできないし,その地域の実情に即した資料の収集方針を立てることも難しい。展示や普及活動も専門家あってこその博物館なのである。地域博物館が置かれている状況は,きわめて厳しい。

2 広域合併と指定管理者制度

■ 広域合併の問題

地域博物館の状況をいっそう苦しいものにしているのが,いわゆる平成の大合併に端を発する,博物館の統廃合や学芸員の配置転換の問題である。合併した自治体が共に博物館を持っている場合,一つの自治体に二つの類似施設は不要とみなされて統合される事例や,あるいは展示機能と収蔵機能を分担させる事例が見受けられる。その場合,そのことによって機能が充実することはまれで,多くの場合,展示・収蔵のいずれの機能も低下してしまう。

展示機能の低下は,地域に即して考えてみればさほど難しい話ではない。合併以前はより地域に密着することが可能であったのが,当初の想定を越える領域を対象とせざるを得なくなれば,個々の地域に関する展示が薄味になるのは当然の話である。しかし展示に限った話であれば,限られた職員数では厳しいことではあるが,定期的な展示更新などで対応することも可能であろう。

深刻なのは,大規模合併が資料そのものに与える影響である。博物館の収

蔵資料以前に，平成の大合併が公文書の大量廃棄を招いたことはよく知られているだろう（自治体職員としてそれに対応した事例として，村上 2013 を参照）。このことは，博物館としては将来的な問題かもしれない。博物館の資料に即してみれば，施設の統合によって収蔵施設そのものが縮小してしまうことがもっとも問題であるが，収蔵施設が確保されたとしても，それが博物館から遠く離れた場所—たとえば統合された施設の再利用など—の場合も，問題が生じやすくなる。人の目によって日常的な管理が行き届いていればよいが，展示施設と離れていることで資料に対する関心が低下することは避けられないであろう。気づかないうちに収蔵環境が悪化していたり，最悪の場合には資料の所在が不明になったり，存在自体が忘却されたりするおそれもある。長い目でみれば，完全な忘却が資料の保全を助ける事例もないとはいえないが，それは人知を超えた次元の話で，基本的には人間による日常的な維持管理が資料の保全を図るもっとも有効な手立てであることはいうまでもない。純然たる博物館の資料の話ではないが，かつて自治体史編纂のために収集された資料のその後を追跡調査した研究によれば，そのかなりの部分が所在不明になっていたり，確認不可能な状態にあることが判明したという（神戸大学大学院人文学研究科地域連携センター 2013）。

しかし現実には，日常的な維持管理のために必要な専門職員の確保もままならない事態が生じていることも多い。合併によって専門職員の数が増えたり，あるいは新設が検討されるのであればよいが，増えた職員が別の職場に配置転換されてしまう事例もよく耳にするところである。くり返し述べることになるが，市町村立の博物館の大半は類似施設であり，専門職員が十分に確保されていることは，基本的にはあり得ない。そうした館同士が統合されることで，自体がさらに悪化していることが懸念される。

■ 指定管理者制度

地域博物館をめぐる近年のもう一つの問題として，指定管理者制度の導入がある。指定管理者制度とは，基本的には呈示された条件をクリアした管理者に契約した金額が預託され，管理者はその範囲内で施設の運営を行うというもの

である。2003年，いわゆる規制緩和政策の一環として博物館の運営にも導入されることが決定されたのである。ここでもまた，2015年度の文部科学省「社会教育調査」によって，現状を把握しておきたい。

全国の公立博物館765館の内，指定管理者制度を導入しているのは183館，類似施設では3528館の内1096館に上る。なお制度が導入された2003年度以降の最初の調査にあたる2005年度は，公立博物館667館に対して93館，類似施設3356館に対して559館であったから，10年間でほぼ倍増していることになる。

一言で指定管理者といっても，そこには元々博物館の運営に携わっていた法人や施設管理業者など，多種多様な団体が含まれており，一概に問題点を指摘することは難しい。またその運営形態も，維持管理から職員の雇用までをいわば「丸投げ」にするもの，施設の維持管理のみを管理者に委託し，職員は自治体の直接雇用するものなどさまざまである。ただ地域博物館に即してみた場合，指定管理者による運営自体が適合的であるかどうかは議論の余地があるだろう。あまり知られていないことかもしれないが，博物館は本来，図書館と同様，対価を徴収してはならないのであり，「維持運営のためにやむを得ない事情のある場合」に限って認められた社会教育施設なのである（博物館法第23条）。近年，小中学生や高齢者に対して，入館料の無料化を導入する施設が増加する傾向にあるのは望ましい傾向であるが，本来それは一般の成人等に対してもはかられるべき措置であることを忘れてはならない。

また博物館，ことに地域博物館の場合，たとえば巡回展のような商業的に利潤を得る活動が日常的にあることは少なく，資料の調査研究・収集・保存といった通常の活動の中から経済的な利益が生み出されることもほぼない。つまり，地域博物館の指定管理者がその運営を通じて一定の「もうけ」を出そうとする場合，活動のどのような部分を削減しなければならないのか，―それが人件費であるのか，収蔵施設であるのか，また別の部分なのかはさまざまであろう―困難な課題に直面することが予想される。

このように考えた場合，地域博物館にとって，指定管理者制度は基本的にはそぐわない制度であることが理解できる。何より問題なのは，ここでもやはり「人」の問題である。すでに述べたように，博物館の活動を支えるのは資料に

対する専門的知識をそなえた学芸員の存在が基本となるべきである。個々に特殊な状況にある資料を適切に扱うことができる，また資料とそれに関わる情報を豊富に持っている学芸員の存在が博物館の価値を高めることにつながる。これは地域博物館の場合でもまったく変わらない。地域の中で継続的な活動を続けることが所蔵者や寄託者の信頼を集め，良質の資料を収集できる機会を増やすことになる。ひいては，地域の中での施設そのものの存在意義を高めることにもなるだろう。

指定管理者制度が学芸員，専門職員の雇用に関わって運用される場合，それは職員の流動性，不安定性を招く原因となり得る。長期的にみるならば，そのことは地域博物館にとって損失にこそなれ，決して良好な結果を招くことにはつながらないことを認識すべきである。

3 地域博物館の役割

■ あるべき展示とは

地域博物館の置かれている現状とそれをとりまく喫緊の課題について述べてきた。このように羅列してくると，将来に対して悲観的な見通しを持たざるを得ない。しかしこのような状況であっても，有意義な活動を展開している地域博物館は少なくない。ここでは展示と活動に大別してそうした事例を紹介しつつ，地域博物館のあるべき形について考えてみたい。

まず展示について，筆者が考えるのは資料を展示しつつ資料と資料の諸関係をうまく説明してくれるような展示である。学芸員の条件として資料自体に対する知識をそなえていることと述べたが，そのこと自体は自明として，それにとどまらず，資料がどのような場で用いられ，どのように機能したのか，それが特定の時間と空間の中でどのような意味を持ったのかを説明できる学芸員を求めたいのである。

筆者の経験に即して具体例を述べよう。筆者は以前，大阪市の外郭団体に所属して発掘調査に従事し，それに基づいて博物館の展示を企画した経験を持つ

ので，事例はおのずとその経験に制約される。

　筆者が担当したある発掘現場で，見慣れない骨のような薄片がまとまってみつかったことがあった。それが何かの「骨」であることは直感したものの，それ以上のことはわからず，動物考古学を専門とする同僚の久保和士氏（1999年逝去）に送り，調べてもらった。久保氏の答えは，それはスッポンの骨であり，骨には刃物の痕跡があるから，人間によって調理され，食用に供されたものであろう，とのことであった。発掘現場は17世紀後半に開発された堂島にあり，そこでは当初，小規模な窯業生産が行われるなど，種々の開発行為が進展していたのだが（大阪市文化財協会1999），スッポンの骨はそうした町場の一角から出土したわけである。久保氏は検討を進め，江戸時代前期の「川口遊里図屛風」に食用のスッポンが積み上げられているさまが描かれている事例なども示しつつ，堂島のスッポンは近世の大坂で食された最古の発掘事例であることを突き止めている（久保1999）。

　また大坂城下町遺跡の発掘調査では，陶磁器をはじめとする近世の遺物が大量に出土する。陶磁器など，一見するとどれも同じような「焼き物」にしかみえないのだが，実はそうではなく，陶磁器の組合せには時代によって異なる特徴がある。たとえば染付などの磁器は18世紀までは伊万里焼を中心とする肥前系のものに限定されるが，19世紀になると，瀬戸焼など，東海地方で生産された磁器が導入されるようになる。あるいは陶器の場合，唐津焼などと総称される陶器は，元来肥前において生産されたものだが，それが本格的に大坂に導入されるようになるのは1598年以降のことである。

　これらの事例を総合してみえてくるのは，近世の都市大坂の拡大と，大坂を中心とする流通網の変化の様相である。スッポンの個体としての特徴や調理法，伊万里焼や瀬戸焼の技法や文様など，資料そのものの情報を正確に把握する必要があることはいうまでもないが，一方で，これらの資料が集まる時間と空間としての近世都市大坂をいかに理解し，説明するかが展示としては問われることになる。

　こうした諸関係を説明する場合，時として映像や模型などの装置が必要となることもあるだろう。筆者の限られた経験の中からではあるが，映像・模型が資料と有機的に作用している好例として，新潟市歴史博物館を挙げることがで

きる。展示では，サケ漁が行われていた一方で官衙（役所）の置かれていたことが知られる的場遺跡（古代）や，新潟市の象徴として親しまれる万代橋の初代の姿などを，実物資料と模型で空間情報や社会的諸関係と共に説明している。また新潟平野の地域的個性を決定づける大きな要素である越後平野と水の関係について，信濃川，阿賀野川の二大河川の存在，砂丘による潟の存在という条件の下での新田開発や排水事業などに関わる模型と実物，ジオラマなどが展示されている。これによって，新潟平野における自然と人間の関係の歴史的展開を一望することができる（古市 2014）。実物資料の持つ固有の意味が示される一方，それのみでは説明しきれない地理的条件と人間活動の関係が，模型と映像によって明快に示されているのである。

地域の歴史的個性とは多様であり，それを説明するための簡単な答えはない。多くの地域博物館では，それをどのように明らかにし，また展示に反映させるか，苦闘しているのが実情であると思われる。地域博物館の場合，その多くは学芸員の極端に少ない類似施設に区分され，財政規模も不十分であるところが多い。何を，どのように展示するかは，館それぞれの事情によって異なると思われるが，制作に多くの労力と予算を要し，また一度完成すれば更新の機会が限られる模型や映像をどのように活かすのか，求められるのは資料に対する即時的な知識だけではなく，地域における資料相互の諸関係を追究する視野であるといえるだろう。

■ 普及・啓発活動

博物館にとって，館の活動を周知して理解してもらうための普及・啓発活動は，展示と共に不可欠の活動である。通常，講演会，団体での来館者に対する概要説明，図書の利用，または小・中学校などに資料を持参しての出前授業など，普及・啓発活動の範囲は広い。学芸員の役割が欧米のように研究・展示・教育と分業化していない日本では，これらの活動をも含めてすべて同じ職員が担うことが多い。このことは，本来密接に結びついているはずのこれらの活動を総合的に把握する点では有効であるが，他方で際限のない業務に埋没してしまうという弊害をもたらす点では，学芸員の専門性の軽視につながりかねず，簡単

に肯定できるものではない。

　しかし一方で，博物館を利用する市民の側にとってみれば，地域の博物館はその地域の歴史に興味を持つ際の最初の窓口となり得る施設である。資料保存や専門性の問題など，考慮すべき事情から，なかなかそうならないことが多いが，博物館は社会教育施設である以上，しかるべき条件がそろっていれば，市民が直接資料を熟覧して研究できる施設であるべきである。普及・啓発活動はたんに博物館の活動に理解を求めるにとどまらず，つまるところ資料に対する興味・関心をどのように喚起できるかという問題に関わっていると考える。

　このような問題と共に，一方では普及・啓発活動の実際を具体的に知ることも必要であろう。筆者の見聞の及ぶところは限られているが，ここでは兵庫県小野市にある，小野市立好古館（以下，好古館と略記）の事例をみてみたい。

　小野市は加古川中流域に位置し，人口は2017年現在で約4万9000人，都市化の進行がいちじるしい地域ではないが，神戸市へ通勤可能な地域であり，そのために開発された住宅地も存在する。好古館では，夏休みを利用して，市内の小中学生による展示作りが実践されてきた。博物館の展示に小中学生が参加すること自体はそれなりに行われていることであろうが，好古館では事前の準備に十分な時間が確保されている点に特徴がある。小中学生は学校の授業を利用して地域の学習を始めるのであるが，その際，教師だけでなく，その保護者や地域の人々も参加し，学区の歴史の掘り起こしが始められる。小中学生は自分たちが住んでいる地域について，地域の人々から話を聞き，同じ通学路でも今と昔ではようすが異なること，今では伝わらないさまざまな言い伝えが存在したこと，家畜の存在や燃料の違い，テレビの有無など，生活様式の違いなどについて認識することになる。これらの学習は，教室や博物館の中だけでなく，保護者と地域の人々と共に行われるフィールド・ワークによって深められる。核家族化が進行し，伝統的な生活様式に触れる機会が少ない小中学生にとっては，同じ地域が数十年前には大きく異なる様相を呈していたことを知る機会となり，そのことが展示にも反映されることがあるのだが，この活動の興味深いところはそれのみにとどまらない。現在では，保護者の大半が高度成長以後に生まれた世代に属しているから，地域の人々が語る高度成長以前の地域社会の様相が新鮮に受け取られることも多い。好古館の実践が地域の歴史認識に及ぼ

す影響は小中学生にとどまらず，保護者にも達しているといえる（大村 2013）。なおこの活動には神戸大学で学芸員課程を履修する学生・院生が参加し，展示の実際を支え，また地域の変貌が持つ歴史上の意味などを小学生に伝えると共に，博物館に対する市民の認識を知る機会としても機能するなど，双方にとって意味のある活動となっていることも付言しておきたい。

　好古館の実践は，地域博物館のあるべき姿のひとつを示していると考える。小学生による展示という試みも興味深いし，保護者の参加によってその地域認識にも変化が生まれることの意味は大きいといえるだろう。子育て中の世代が歴史に触れる機会は今日一般に乏しく，その中で地域の歴史の一端を垣間見ることのできる機会は貴重だからである。すべての地域博物館で同趣の試みが可能とは思えないし，館それぞれの事情によって解決すべき課題も異なるものと思われる。また好古館自体でも，近年ではこの取り組みは行われていない。しかし地域の中にたしかに存在した固有の歴史を今に生きる人々に伝えることは，地域博物館の存在意義の一つであろう。

おわりに

　以上，3節にわたって地域博物館の現状とあるべき姿をみてきたが，危惧されるのは，状況が厳しさを増す中で，実質的に放置されて「死」を迎えつつある博物館が，全国には一定の数で存在するのではないか，ということである。個人的な経験であるが，本年（2017年）2月に訪れた東海地方のある資料館は，伊勢湾に面したその地域を考える上で不可欠の資料を多数擁する施設であるが，老朽化にともなって建物の解体が決定されたことが掲示されていた。問題なのは資料もまたその施設の中に残されていたことであり，掲示されている説明では，今年度中の調査・移転を行うとあったが，1年もの間，温湿度管理もされず（ように見受けられた），破れたカーテンから侵入する直射日光を受け続ける資料が果たしてどのような状態になるのか，暗澹たる気持ちになった。地方自治体の財政危機が全国的に報じられる中で，こうした施設は他にも存在する

のではなかろうか。

　資料は博物館の中に収蔵されたからといって万全ではなく，それがどのような状況にあるのかは，常に人の目によって注視される必要がある。地域博物館を取り巻く現今の情勢はそうした日常的な活動の継続すら困難にしているのであろう。地域の歴史を語る不可欠の存在である資料をどのようにして未来へ伝えることができるのか，考えるべき課題は，実はもっとも基本的な博物館の使命であるのかもしれない。

《参考文献》

大阪市文化財協会編 1999『堂島蔵屋敷跡』（大阪市文化財協会）

大村敬通 2013「地域博物館の地域における活動」（神戸大学大学院人文学研究科地域連携センター編『「地域歴史遺産」の可能性』，岩田書院）

岡田知弘 2010『増補版　道州制で日本の未来はひらけるか』（自治体研究社）

久保和士 1999『動物と人間の考古学』（真陽社）

神戸大学大学院人文学研究科地域連携センター編 2013『地域歴史遺産保全活用教育研究を基軸とした地域歴史文化育成支援拠点の整備：特別研究プロジェクト（平成24年度最終事業報告書）』（神戸大学大学院人文学研究科）

古市晃 2013「地域社会における歴史系博物館の役割」（神戸大学大学院人文学研究科地域連携センター編『「地域歴史遺産」の可能性』，岩田書院）

古市晃 2014「実物展示と模型展示の間」（『日本歴史』788）

村上岳 2013「市町村合併と史料保全―岡山県邑久町での取り組みを中心に―」（神戸大学大学院人文学研究科地域連携センター編『「地域歴史遺産」の可能性』，岩田書院）

コラム 小野市立好古館の地域展の取り組み

坂江　渉
（兵庫県立歴史博物館ひょうご歴史研究室）

　地域の歴史系博物館がさまざまな困難や課題に直面しているなか、全国的にも注目されるユニークな展示会を実施したのが、兵庫県の小野市立好古館である。同館は、大村敬通館長（当時）が中心となり、2005（平成17）年〜2009（平成21）年の5年間、地元の子どもたち（小中学生）を主役にした大字（旧村）単位の調べ学習を行い、その成果物を館内で約2カ月間、展示するという「地域展」を開催した。

　子どもたちの調べ学習の対象は、おもに地元の古老や自治会役員の大人たち。夏休みの2日間のうち、まず初日は7〜8名のグループで聞き取りをして好きなテーマを選ぶ。その後フィールドワークなどを行う。2日目はその成果を展示用の模造紙にまとめる日とした。これらの活動には、好古館の学芸員が毎回付き添ってアドバイスするほか、子どもたちの父兄（とくに低学年児童の母親）、そして協定を結ぶ神戸大学の地域連携センタースタッフや博物館実習生が同行し、さらには小中学校の地域担当教員の協力を得られる場合もあった。筆者は神戸大のスタッフとして参加した。

　その結果公表された成果物は、子ども独自の視点にもとづく、とても興味深いものであった。「昔の子どもの暮らし」「ため池の水利」「お宮やお堂の歴史」などのほか、「ガタロー淵伝承の研究」「通学路と道草場の今むかし」というテーマもあった。どれも指定文化財ではないが、今後も継承されるべき地域歴史遺産といえるものばかりである。当時の大村館長は、「地元自治会はもとより、大学との連携、さらには学校の協力を取り付けるのは大変だったが、出来上がったものは思い通りの内容になった」と振り返る。

写真1　開会式も子どもが主役

写真2　古老とのフィールドワーク

　地域展の開催は，結果として，次の2つの効果をもたらした。1つは，好古館の入館者数の増大である。我が子や地域の子どもたちの制作物が，市立の博物館に展示され，なおかつ立派な図録も作成されたこともあり，展示会期間中の入館者数は大幅に伸びた。この5年間の年間入館者数は，それまでのほぼ2倍近くに膨れ上がったという。

　もう1つは，地域社会の側にも，わずかながらの変化をもたらした点である。これ以前，地域の子どもたちと高齢者が接する機会などほとんど無かったらしい。ところが地域展に向けての準備作業は，両者間の交流を深める場となった。地元では「地域展以降，子どもたちとすれ違う時，挨拶してくれるようになり，とても嬉しい」という声が聞かれた。また調べ学習に同行した母親からは，「子どもたちと一緒に，古老の方からいろんな話を聞けた。こんな機会は結婚してここに住みだして初めての経験で，地域の歴史や文化への親しみをもてるようになった」との感想が出された。

　つまり地域展の開催は，博物館の活性化をもたらすとともに，地域社会のなかの3世代交流の促進や，地元への愛着を深める場としての機能を果たしたことになる。小野市立好古館の地域展は，地域の歴史系博物館の今後の方向性を考える際に，多くの示唆を与えてくれる取組みといえるだろう。

写真3　成果物のまとめ作業

第11章
地域文書館の機能と役割

辻川 敦
尼崎市立地域研究史料館

　古文書・近現代文書や歴史的公文書をはじめ、多種多様な地域の歴史資料を保存・公開する地域文書館は、地域歴史遺産を保全・活用していくうえで、本来大きな役割を果たすべき施設である。この章では、まず第1節で、文書館・公文書館行政、とりわけ地域文書館をめぐる法制度や理念について解説する。次に第2節では、地域文書館の具体例として、尼崎市の文書館施設である尼崎市立地域研究史料館の事例を紹介し、地域社会や行政施策のなかで地域文書館が実際に果たしている機能・役割を説明する。

キーワード
文書館　公文書館　アーカイブズ
アーキビスト　レファレンス・サービス

第 11 章 地域文書館の機能と役割

はじめに

　「文書館」と聞いて，読者のみなさんはどんな施設を思い浮かべるだろうか。
　筆者が働く職場は，尼崎市立地域研究史料館という名前の，尼崎市の文書館施設である。尼崎市は，日本全国に 1700 余りある基礎自治体（市町村・特別区）のうち，独立した文書館施設を設ける数少ない自治体（政令市を除くと 30 団体弱）のひとつだ。1975（昭和 50）年 1 月，神奈川県の藤沢市文書館に次いで国内 2 番目の市立文書館として，地域研究史料館を開設した歴史を持つ。
　実を言うと，先進資本主義国・現代民主主義国家としてさまざまな行政機構が整っているはずの日本の，国と地方の文書館行政が国際的に見て貧弱であることが指摘されて久しい。欧米諸国に加えて，近年は同じ東アジアの中国・韓国をはじめ，世界各地の国と地域で文書館・公文書館行政，あるいは公文書管理・情報管理が重視される一方，日本は相変わらずこの分野の"後進国"なのである。
　"公文書館行政""公文書管理"と言うと，堅いお役所的な仕事という印象を持たれるかもしれない。事実，文書館・公文書館は情報公開の歴史パートを受け持つ，民主主義社会において市民の権利を保障する重要な役割を担う施設である。その一方で，地域に密着した自治体の文書館，この章でいう"地域文書館"の場合，実際に果たしている機能やサービス機関としての役割は，思いのほか多様でやわらかい。
　一例として，この原稿を書いている 2017 年 1 月 12 日当日の，尼崎市立地域研究史料館の利用，レファレンス・サービス事例を紹介してみよう。この日は来館・電話・メールによる計 11 件のレファレンスがあった。そのうち，特徴的なものを列挙してみる。

・尼崎城の瓦がどこにどう残っていて，どの建物に使われていたものなのか調べたい（市職員，市議会議員から質問されたので）
・昭和 54 年頃の地図を閲覧したい（市民の方）
・家の歴史について調べるため，昭和戦前期の新聞阪神版マイクロフィルムを

閲覧（市民の方）
・史料館のデータベースでヒットする「昭和11年"尼崎市空中測量図"1万分の1」について（空中写真について調べておられる中部地方在住の方）
・伊丹市立博物館の展示に登場するかつての尼崎銘菓「ランキン」とはどういうものか？（市立図書館職員，市民の方から質問されたので）

　こういった，市民や企業・団体，行政機関などから寄せられる多種多様な調査テーマに応じて，どういった史料を使ってどのように調べたらよいかをアドバイスし，刊行物や地図・写真，歴史的公文書や古文書・近現代文書類などを閲覧に供するというのが，地域文書館の日常の仕事である。閲覧調査に応ずるばかりでなく，市民団体や行政機関が取り組むまちづくりなどの活動に歴史の立場から参画し，必要に応じて歴史講座や研究会などに出講する場合もある。
　この章では，文書館・公文書館行政，とりわけ地域文書館をめぐる法制度や理念について解説し，あわせて尼崎市の文書館施設である尼崎市立地域研究史料館の事例をもとに，地域文書館が実際に果たしている機能・役割を解説する。

1　文書館・公文書館の法制度と理念

■ 文書館・公文書館とは

　団体や個人などのさまざまな主体，たとえば王室や貴族といった為政者・有力者，寺院・教会等の宗教組織，商家をはじめ経済活動に携わる会社・法人組織などが作成する文書・記録を長期間にわたって保存・活用するシステムは，人類の文明の歴史とともに古くから存在してきた。近代民主主義社会においては，こういった機能のなかでも特に国家や地方自治体など公的機関の歴史的文書・記録を保存し，市民社会に対して公開する公文書館機能が，市民の権利を保障する民主主義の重要な要素のひとつとして位置付けられてきた。
　文書館・公文書館の機能においては，この公開の原則とともに，組織体や個人が作成あるいは受領した文書をみずから保存・公開することが，基本原則と

して重視されている。たとえば，日本における代表的なアーカイブズ学研究者のひとりである安藤正人（まさと）は，文書館を次のように定義する（安藤 1998）。

> 一般に文書館というのは，行政機関，企業，団体など，さまざまな組織体あるいは個人が，その活動のなかで作成したり受取ったりしたナマの文書記録を，永久保存して一般の利用に供する施設のことです。

一方，全国の文書館や関連機関，そこで働く専門職員の協議会である全国歴史資料保存利用機関連絡協議会（略称"全史料協"）が監修する『文書館用語集』は，こう解説する（文書館用語集研究会 1997）。

> 文書館 archives　史料が保存され，閲覧利用できる建物．または建物の一部．文書館資料 archival material　文書館が，所蔵・収蔵している古文書，公文書などの資料．中心となるのは親機関から引き継ぐ資料だが，地域文書館などの場合には，地域から収集する資料が文書館資料のもう1つの柱となる．

表現は異なるものの，両者とも，各主体がみずからの文書・記録を保存するという文書館の基本原則に沿って定義している。そのうえで，後者には地域から収集する資料（つまり，発生時点においては「みずからの文書・記録」ではないもの）をも対象とする"地域文書館"が登場する。この章のテーマと密接に関わるこの地域文書館という考え方・理念の意味合い，この発想が生まれた歴史的経緯などについては後述することとし，ここでは「みずからの文書・記録」という文書館の基本原則があり，これとはやや異なる守備範囲を設定する地域文書館という考え方があることを確認しておく。

■ 国内及び国際的動向と法制度

日本において，公文書館行政を包括的に定める法令が公文書館法（1987年公布，1988年施行）である。「歴史資料として重要な公文書等の保存及び利用に関し，適切な措置を講ずる」ことを国と地方公共団体の責務と定め，公文書館行政実施の努力義務を課している。

国の場合，この分野を中心的に担うのは，1971年に設置された国立公文書館である。現在，その設置根拠となっているのは国立公文書館法（1999年公布）

であり，同館は国が所管する独立行政法人として位置付けられている。

　地方の場合は国より早く，1959年に，国内初の自治体文書館として山口県文書館が開設された。これ以降，都道府県立を中心に徐々に設置団体が増え，1974年の神奈川県藤沢市文書館を皮切りに，市区町村が設置する例もみられるようになる。とはいえ，公文書館法は自治体に対して文書館設置を義務付けているわけではなく，設置するしないは各自治体の裁量にゆだねられ，必ずしもすべての自治体に文書館・公文書館があるわけではない。国立公文書館が作成する「全国公文書館関係資料集」によれば，2016年6月現在の地方公文書館設置数は都道府県37，政令市9，その他の市区町村27にとどまっている。

　文書館"後進国"と指摘される日本ではあるが，おおむね1960年代以降，国・地方ともに一定の施設・制度整備が行なわれてきた。とはいえ，それらは必ずしも十分な成果や実績をともなっておらず，また基礎自治体にまでは広がっていない。時代や社会からの要請に対して，必ずしもこたえることができていないというのが，公文書館法施行後の1990年代から21世紀初頭にかけての，日本の文書館・公文書館行政をめぐる現状である。

　ちょうどこの時期，世界的には，アーカイブズをめぐるパラダイム・シフトと呼ばれる大きな変化がみられた。そこで提唱されているのは，急速に進む情報化・デジタル化に対応する，新たなアーカイブズ学の構築と実践の必要性である（安藤 2003a；ケテラール 2006）。組織体の文書・記録が歴史的なものとなった段階ではじめてアーカイブズの側がアプローチするのではなく，作成・管理から歴史的保存・公開に至るまで，レコード・マネージメントとアーカイブズ管理を一体的に行うべきであること。作成母体の組織構成を反映した文書・記録の階層構造把握から一歩進んで，作成母体の業務プロセスそのものからアーカイブズを把握・管理していくことの重要性。アナログ時代とは異なる，無限の改変可能性を前提とするデジタル文書・記録の真正性確保など，デジタル化時代特有の課題に対応する記録管理といったことが，そのポイントとして提起されている。行政機関によるオープンデータ化の推進など，市民が自由に情報にアクセスする権利をさらに拡大するとともに，待ちではなく攻めの姿勢に立った情報公開・発信という流れも，21世紀の行政情報管理をめぐる重要な国際的動向と言える。

こういった大きな変化の一方で，日本の公文書館行政が国際的に見てきわめて不十分であり大きな課題を抱えているという認識のもと，2000 年代に入ると日本国政府は外部有識者をまじえた研究会や懇談組織を設け，国立公文書館及び国の公文書行政に関する調査・検討を進めてきた。その結果は，公文書管理の在り方等に関する有識者会議最終報告「『時を貫く記録としての公文書管理の在り方』～今，国家事業として取り組む～」（2008 年 11 月，http://www.archives.go.jp/law/pdf/yushiki081104.pdf）としてまとめられている。

この一連の流れが，「公文書等の管理に関する法律」（2009 年公布，2011 年施行，以下「公文書管理法」と略す）につながった。同法は，国の公文書を「国民共有の知的資源」と位置付け，国民の利用権を認めている。国の各行政機関に対しては，公文書の現用段階における情報公開から歴史的記録文書としての保存・公開までを見越した，確実な文書作成・保存を義務付けている。

法施行に前後して，国は国立公文書館の体制拡充・強化及び，国の機関の公文書管理の見直し・整備に取り組んでいる。また，公文書管理法は地方自治体に対して，国と同様の公文書管理施策の実施を求めている。各自治体は，公文書管理法の趣旨を反映する条例制定及び，公文書館機能の整備を迫られているが，十分対応できている団体は必ずしも多くないというのが，2010 年代後半の現状である。

地域文書館という考え方

ここでは，本節冒頭の「文書館・公文書館とは」に登場した"地域文書館"という考え方・理念について，これが生まれた歴史的経緯及び，「作成・受領した文書・記録をみずから保存・管理する」という文書館の基本原則との関係性に言及しつつ解説する。

地域文書館という考え方は，1980 年代後半以降，埼玉県八潮市立資料館の遠藤忠や，神奈川県藤沢市文書館長を務めた高野修らが提唱したものである。遠藤らは地域文書館を「地域住民の生活の及ぶ範囲内のさまざまな地域史料の収集・保存・研究と活用を図る機関」と位置付け，その役割を「地域史料の保存・活用」「行政文書の保存・活用」「地域研究」「永続的な市町村史編さん事業」

の4項目にまとめている（埼玉県市町村史編さん連絡協議会 1987）。

　遠藤らがこの時期に地域文書館論を提起したことの意味を理解するためには，日本の文書館運動や理論の歴史において，1980年代がどういう時代であったのかを押さえておく必要がある。これ以前の時代，戦後日本において取り組まれた史料保存・文書館運動のおもなルーツは，近世史料をはじめとする地域史料調査・保存の取り組み，あるいはこれらと連携する自治体史編さん事業にあった。これに対して 1980 年代に入ると，欧米のアーカイブズ理論に学び，文書館の本来的性格・機能を母体組織みずからの文書・記録の保存公開に置く原則的文書館論が登場する。この新たな理論への転換は，歴史研究者中心の史料保存運動からアーキビスト主体の文書館運動へという運動主体の転換，アーキビストの自立という動向と表裏一体のものとなり，その後の文書館運動やアーカイブズ学の方向性を決定付けるパラダイム・シフトとなった（安藤 2003b）。

　とはいえ現実には，この 1980 年代のパラダイム・シフトにかかわらず，地方自治体の文書館や史料保存機関の多くは母体組織の文書・記録に加えて，従前に引き続き地域史料を積極的に位置付け調査・保存対象としていた。こういった動向は，各自治体がこの時期取り組んだ自治体史編さん事業のうえで必要だったばかりでなく，行政機関や地域社会から求められることでもあった。遠藤らの地域文書館論の特徴と意義は，こういった実態を踏まえて，母体組織記録重視の原則的文書館論に対置する形で，組織体みずからの文書ではない地域史料の保存公開を組織体の文書と同等に重視する考え方を打ち出した点にある。欧米由来のアーカイブズ理念と実態の調和を図り，あらためて従来の地域史料保存・活用の意義を再評価したものと言える。

　1990 年代以降の文書館界・アーカイブズ学の分野では，一貫して母体組織記録重視の原則的文書館論が主流を占め，一部ではあるが文書館・公文書館が地域史料を扱うことを極端に軽視あるいは敵視する論調も存在する。その一方で，地域文書館論を継承する理論的考察として，文書館の市民利用や地域社会への内在化を重視する"市民文書館"論の立場からの地域文書館論の再評価（辻川 2012），あるいは母体組織の文書・記録に足場を置く「組織アーカイブズ」と地域史料などの「収集アーカイブズ」，これら両者を扱う「統合アーカイブズ」という形で論点を整理する建設的な議論も行われている（嶋田 2013；同 2015）。

■ 文書館専門職＝アーキビスト

　本節の最後に，文書館事業を形あるものとするうえで欠かせない存在として，専門職＝アーキビスト archivist について解説する。

　文書館事業を実施するにあたり，史料の調査・収集・整理・公開・活用といったあらゆる業務プロセスにおいて，これを担うスタッフには固有の高い専門性が求められる。各業務はアーカイブズ学の理論と原則にもとづいて遂行されなければならず，同時に利用者サイドに立った適切なサービス提供も要求される。それゆえ，地域文書館のスタッフには，アーカイブズ学一般の知識・理解に加えて，その地域固有の歴史や地域課題，ならびに地域史料への幅広い知識と理解にもとづく調査・整理・公開能力が求められる。利用者へのレファレンス応対，閲覧室でのサービスに加えて，まちづくりなどの分野で地域に広がっていくインターフェースにこたえ得る能力は，その職場や地域において経験と研鑽を積むことによってしか培うことはできない。こういったスタッフを得るためには，史料保存と市民サービスへの献身的な意識・意欲を持ち，専門的能力・適性を兼ね備えた人材を計画的・継続的に配置・育成していくことが必要である。

　文書館専門職としてのアーキビストは，世界的にはどのように養成され，位置付けられているのだろうか。欧米を例にとると，養成プログラムの多くが大学院レベルの独立学校であり，日本を除くアジア各国もこれにならう流れにある（安藤 2003a）。文書館先進国とされる英米豪の場合，各国アーキビスト協会のガイドラインや認証による専門教育課程を軸にした専門職制度があり，有効に機能していることが報告されている（森本 2008）。

　ひるがえって日本の場合，公文書館法付則 2 に「当分の間，地方公共団体が設置する公文書館には，第 4 条第 2 項の専門職員を置かないことができる」と定められ，現実にも法制度的に有効な専門職資格制度は実現していない。このため，先述の全史料協など関係機関が，長年にわたり欧米並みの大学院教育と資格制度，現職者研修の充実を訴えてきている。一方国は，公文書管理法制定に至る過程で諮問機関から専門職制度の必要性を指摘されつつも，現実の方策としては国立公文書館での現職者研修及び国文学研究資料館のアーカイブズカ

レッジ研修実施にとどまっている。

　このように，日本においては，本格的な専門職制度実現の見通しは立っていない。多くの地方自治体文書館や史料保存機関の現状を見ると，専門職が十分配置されておらず，配置されても非常勤職員の扱いであることが多い。組織運営のなかで本来求められる位置付けには程遠く，市町村など母体となる自治体の規模が小さくなるほどその傾向が強い。

　なお，国の専門職制度の見通しが立たないなか，2014年に設立された日本アーカイブズ学会が独自のアーキビスト資格制度を定め，会員を対象として資格認定を行っている。

2　地域文書館の実例 ―尼崎市立地域研究史料館―

■ 設置経緯と事業の特徴

　近年の日本国内における自治体文書館設置・運営において，母体組織記録重視の考え方が主流を占めるなか，明確に地域文書館を指向する数少ない施設のひとつが，尼崎市立地域研究史料館1) である。1962年に始まる尼崎市史編集事業の編集室が，その前身にあたる。編集過程で調査・収集した尼崎地域の歴史資料を保存・公開する文書館施設として，尼崎市は1975年に史料館を開設し，以来編集事業と文書館事業を一体的に実施してきている。

　史料館事業の概要は次ページ別表のとおりであり，特徴として次の三点をあげることができる。

　まず第一に，収集する史料の網羅性・多様性がある。地域文書館として，市の歴史的公文書に加えて古文書・近現代文書類，刊行物や地図，写真・フィルム類，ビラ・ポスターなど，近現代あるいは現在のものも含めた多様な地域史料を対象とし，可能な範囲で網羅的な収集・保存・公開に努めている。

　第二に，スタッフの専門性・継続性が確保されていること。史料館の常勤的スタッフは，正規職員3名・嘱託員6名とも専門職である。前節において指摘したとおり，歴史学やアーカイブズ学に関する専門知識・能力を有する人材を

尼崎市立地域研究史料館事業概要（2016年度当初現在）

組　　織／正規職員3名（専門職、館長1・職員2）、専門嘱託員6名、臨時職員1名
施設規模／本館　308 ㎡、分室　1,089 ㎡、合計　1,397 ㎡
所蔵史料

種　　類	収蔵点数
古文書・近現代文書類	2,239 件　135,255 点
歴史的公文書	18,960 冊
図書（逐次刊行物を含む）	106,036 冊
その他（地図，写真・フィルム類，ビラ・ポスター，映像・音響史料，複製史料等）	約8万点

2015年度利用実績

相談業務記録（件数・人数）

来　館	電　話	e-mail その他	合　計
1,115 人	616 件	305 件	2,036 件
1,471 人	648 人	323 人	2,442 人

講座・自主グループ

企画名称	開催回数	参加延人数
『尼崎市史』を読む会・同分科会	24 回	375 人
尼崎の近世古文書を楽しむ会	60 回	431 人

ボランティア作業

作業内容	参加実人数	作業種別	回数	延人数
写真整理	5 人	グループ作業（月2回）	21 回	48 人
	2 人	随時個人作業	84 回	84 人
古文書整理	9 人	グループ作業（月1回）	11 回	77 人
	1 人	個人作業	3 回	3 人
襖下張りはがし	35 人	5月・10月（公募催し）	4 回	66 人
	10 人	隔月1回定例	4 回	15 人
その他の作業	19 人	データベース作業等	319 回	319 人
全体集計	81 人		446 回	612 人

継続的に配置・育成することが必要であり，尼崎市はこれに対応する人事制度を採用している。管理職も含めて，こういった専門職システムが実現している基礎自治体の施設は，全国的に見てごくまれである。

第三に，史料の閲覧公開，レファレンス機能を重視する事業スタイルをとっていること。その結果，専門研究者や市民，行政機関，団体など幅広い利用があり，その利用目的や内容も多様性に富んでいる。

■ 利用の実際

専門機関である文書館・公文書館の利用をイメージするとき，多くの方はオーソドックスな歴史学習や調査研究，あるいは行政施策に関する歴史的アカウンタビリティを求める調査利用を思い浮かべるのではないだろうか。しかし，この章の冒頭に実例を列挙したように，尼崎市の史料館における実際の利用は，目的・内容とも多種多様である。そして，多くの利用者は，自身に関わる現実的な利用目的・課題をもって問い合わせて来られる。

一例として，近年社会問題となった年金記録やアスベスト問題に関連する調査の事例がある。前者は，国の機関である社会保険庁の年金記録管理がずさんなため多くの国民の年金記録が不正確で，受給資格喪失や受給額減額といった不利益を被るケースが少なくないことが，2007年に発覚した事象である。後者は，アスベスト使用規制厳格化以前に，これを使用していた工場の労働者や

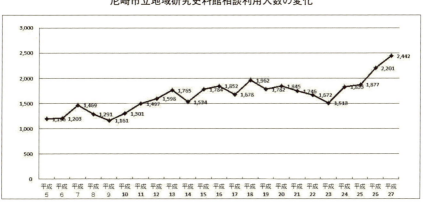

尼崎市立地域研究史料館相談利用人数の変化

周辺住民に見られる健康被害の顕在化という問題である。いずれの場合も、被害者は自身の職歴や居住歴を調べ、その証拠や参考資料を認定機関等に提示する必要がある。

　官庁や大企業と異なり、中小企業や町工場、小売店などに勤務された方は、こういった元の勤務先に雇用歴を尋ねようにも、職場そのものがすでに存在しない場合が多い。最低限、過去にその職場があったことを証明したい、あるいは居住地・居住歴を確認したいと、問い合わせて来られる。この場合、該当する時代の地図や工場名簿、電話帳などといった史料を閲覧に供し、調べていただくことになる。

　このほか、不動産業者による住宅建設用地の調査（防災上の観点から過去の地理的形状の把握、広報広告戦略のための周辺の歴史資源把握など）、商店街の活性化方策立案のため商業者やこれに協力する学生が商店街の歴史や変遷について調べる、まちづくり計画を検討するため住民・コンサルタント・行政が地域の歴史的特性や歴史遺産について調べる等々、利用者の利用目的は地域の現実的な課題と密接に結びついている場合が少なくない。

　こういった現実的な課題や必要性に発する調査から、オーソドックスな郷土史への関心、地域史や自分史の研究、歴史学習に至るまで、利用者の利用目的と調査内容は多種多様である。

■ レファレンス・サービスの重視と波及効果

　前項のように多種多様な利用にこたえるため、尼崎市の史料館は、利用者への閲覧応対、レファレンス・サービスを重視する事業スタイルをとっている。必ずしも専門研究者ではない市民や行政職員をはじめ、多くの利用者が専門機関である文書館・史料館を利用するうえで、利用者サイドに立ったレファレンス・サービス、調べるテーマに沿った調査方法や史料の紹介といったアドバイスは欠かせない。

　そこで、史料館は利用者ひとりひとりを大切にし、レファレンス・サービスをていねいに行うことをスタッフ間に徹底しており、その一件一件を「相談業務記録票」という帳票に記録している。1990年代前半の導入当時は手書きで

あったこの記録票は，その後データベース化され，応対したスタッフが各自端末から入力するとともに，過去の事例を検索・参照して日々のレファレンス・サービスに活かしている。

「相談業務記録票」は，スタッフひとりひとりが利用者を大切にし，レファレンス・サービスに意欲的に取り組む動機付けとなっている。また，記録票によりレファレンス情報を共有することで，応対したスタッフの担当職務や専門領域，キャリアによりレベルの差が生じがちなレファレンス・サービスを可能な限り均質化し，館全体としてサービスの質を向上する効果を生んでいる。

レファレンス・サービスを重視し，つねにサービスを向上する努力を積み重ねてきた結果，史料館は誰でも利用できる施設，尋ねれば調査のためのアドバイスが得られ，有益な調査成果や情報が得られる施設として評価されている。専門研究者はもとより市民や市職員，市内企業や団体，さらには他自治体や政府機関と，その利用者も大きく広がっている。

これに加えて，2010年代には，ウェブ上の検索システムやコンテンツの充実，SNS等を活用した情報発信の強化などに取り組んでいる。この結果，2015年度は年間相談利用が2036件2442人と過去最高を記録し，統計を取り始めた1990年代前半と比較すると、約2倍の利用実績を記録している。

こういった利用の増大は，史料館事業に多くの波及効果をもたらしている。まず第一に，館の事業への理解者・協力者が増え，ボランティアとしてスタッフとともに事業を担う仕組みが実現した。閲覧利用者が館を理解し応援してくれるのに加えて，講座・自主グループなどの参加者が，みずから学んだことを活かす場として，史料館のボランティア活動への参加を選択される場合が多い。多様な回路を通じて歴史を学び，館の事業の理解者となり，貢献したいと考える市民が講座等の企画運営を担い，あるいは各種調査や史料整理にボランティアとして協力しており，予算・人員とも限られている史料館事業の幅を広げ，支えていると言える。

第二に，地域社会，あるいは行政組織内において，史料館事業の必要性や役割が明確となり，多くの人々に理解してもらえるようになったこと。史料館は一部の歴史ファンのためのものではなく，日々多様な市民や企業・団体，行政機関等が利用する施設であり，まちづくりへの歴史的情報の活用をはじめ，地

第 11 章 地域文書館の機能と役割

写真 1　ある日の地域研究史料館閲覧室、同館公式 Facebook より
上：城郭史について調べる郷土史家の男性
下：尼崎市の公害・環境行政の歴史について調べる市担当職員

写真 2　文書庫での作業風景

写真 3　『尼崎市史』を読む会、『図説尼崎の歴史』刊行記念特別企画

写真 4　下張り文書はがし作業を行なう史料整理ボランティア

220

域社会や行政の重要課題にも役立つ機能を発揮していることを実例をあげて示し，理解を得ることにつながっている。

その機能・役割は，史料館の利用が閲覧室での閲覧利用にとどまらず，まちづくりをはじめとする地域課題の現場へと広がっていくことで，より一層あきらかとなる。そういった事例のひとつに，尼崎市内に遺る中世城郭遺構・富松城跡の保存活用の取り組みがある。これについては，本書第2章及び14章を参照されたい。

第三に，レファレンス重視と，その経験の蓄積による市民サービス機能の向上。たとえば，この章に紹介したレファレンス事例ではほぼ共通して，特定の場所について調べるため地図や写真が使われている。館のスタッフはこういった事例を経験することで，地理的変化（地理学）や市街地形成（都市工学）に関する情報の重要性，地図や写真の史料としての有効性を認識することができる。経験を通して得たことを史料収集・公開や調査などに活かし，さらに有効な史料や情報を蓄積してレファレンスに活かしていくことが，市民サービス機能のさらなる充実・向上につながっている。

■ 地域文書館としての多様な役割

前項で紹介した，文書館・公文書館事業の根幹をなす閲覧・調査機能に加えて，地域文書館は地域の歴史・文化に関わる多様な機能・役割を果たすことを求められる。

尼崎市の史料館の場合，市史の編集・刊行，これを学ぶ講座である「『尼崎市史』を読む会」の実施，古文書を読みたいという市民の要望にこたえる自主グループ「尼崎の近世古文書を楽しむ会」といった事業が，これにあたる。また，市・市教委・学校・市民団体などが主催するさまざまな歴史講座や研修会への出講，編集出版事業や展示企画への実施協力など，尼崎市内外の歴史・文化分野の取り組みに対して，協働の立場から参画・協力している。一例をあげると，2015年度に史料館スタッフが館主催以外の講座・研修会などに出講した件数は，市民団体・地域団体等民間からの依頼による出講30件，尼崎市をはじめ公的機関からの依頼による出講20件，計50件に及ぶ。

このように，民間・公共・学校教育といった多様な場で，地域の歴史に関する情報を提供し，これを現在に活かすまちづくりなどの取り組みに貢献していくことが，地域文書館には求められる。これにこたえ得る多様な歴史資料及び歴史情報の蓄積と，それを利用可能な形でアウトプットできる専門的能力が，地域文書館のスタッフには求められる。

おわりに

　以上，この章では第１節で文書館・公文書館行政，とりわけ地域文書館をめぐる法制度や理念について解説し，第２節ではその具体例として尼崎市の事例を取りあげ，地域社会や行政施策のなかで地域文書館が実際に果たす機能・役割を紹介した。

　章の冒頭にふれたように，日本の文書館・公文書館行政は先進資本主義国のなかでは不十分と指摘されており，基礎自治体における文書館設置そのものが少なく，そこでの専門スタッフの適正な育成・配置・処遇も多くの場合実現していない。こうしたなか，この章であきらかにした地域文書館に求められる機能・役割が現実のものとなっている事例そのものが少なく，必然的に社会全体のなかで，自治体の文書館・公文書館施設あるいは事業の必要性に対する認識も乏しい。

　地域歴史遺産の保全・活用を考えていくうえで，地域文書館という視点から文書館・公文書館行政の必要性を明確にし，施策を見直していく必要があると考えられる。

1) 尼崎市立地域研究史料館事業の概要・特徴，レファレンス・サービス重視の業務改革及び情報発信の取り組み等については，辻川 2012，久保 2013，辻川・久保 2013 参照。

《参考文献》

安藤正人 1998『草の根文書館の思想』(岩田書院ブックレット 3)

文書館用語集研究会編，全史料協監修 1997『文書館用語集』(大阪大学出版会)

安藤正人 2003a「アーカイブズ学の地平」「世界のアーキビスト教育」(国文学研究資料館史料館編『アーカイブズの科学』上巻，柏書房)

安藤正人 2003b「日本のアーカイブズ論の形成」(全国歴史資料保存利用機関連絡協議会編『日本のアーカイブズ論』，岩田書院)

エリック・ケテラール 2006「未来の時は過去の時のなかに—21世紀のアーカイブズ学」(記録管理学会・日本アーカイブズ学会編集『入門アーカイブズの世界—記憶と記録の未来に—』，日外アソシエーツ)

埼玉県市町村史編さん連絡協議会編 1987『地域文書館の設立に向けて』(同協議会)

辻川敦 2012「日本における「市民文書館」の理念と実践」(尼崎市立地域研究史料館紀要『地域史研究』112 号)

嶋田典人 2013「歴史公文書等の的確かつスムーズな移管等と利用促進のための普及活動」(記録管理学会『レコード・マネジメント』64 号)

嶋田典人 2015「記録管理とアーカイブズ—公文書領域拡大と「市民」利用」(記録管理学会『レコード・マネジメント』68 号)

森本祥子 2008「日本における養成課程と資格制度の提案」(日本アーカイブズ学会『アーカイブズ学研究』9 号)

久保庭萌 2013「レファレンスから，つながる—尼崎市立地域研究史料館におけるレファレンス・サービス発信の取り組み—」(全国歴史資料保存利用機関連絡協議会会誌『記録と史料』23 号)

辻川敦・久保庭萌 2013「市民とともに歩む尼崎市立地域研究史料館の取り組み」(国立公文書館『アーカイブズ』51 号)

第12章

大規模自然災害から地域史料を守り抜く
── 過去・現在, そして未来へ ──

河野未央
尼崎市立地域研究史料館

史料ネットの活動について地震災害への対応, 風水害への対応についてそれぞれ紹介する。次に, 風水害への対応について, その特徴をふまえて活動の経験をわかりやすく伝えるために実施しているワークショップについて紹介するなかで, 大規模自然災害から史料を守る意義について考えてみたい。さらに, 東日本大震災以降の史料ネットの広がりについて触れ, 今後の大規模自然災害からの歴史資料の保全について考える。

キーワード
大規模自然災害　史資料ネット　史料保全

第12章 大規模自然災害から地域史料を守り抜く―過去・現在，そして未来へ―

はじめに

　地域には，その地域の歴史を知る手がかりとなる歴史資料（以下，史料）が残されていることがある。史料は，古文書（くずした文字で和紙に書いたもの），古い本（和紙に書かれて冊子にしてあるもの），明治・大正・昭和の古い本，ノート，記録（手紙や日記など），新聞（地方版など），写真，絵，古いふすま・屏風（古文書が下張りに使われている場合がある），自治会などの団体の記録・資料，さらに農具，物づくりや生活のための道具など，多様である。たとえば，被災した史料が江戸時代の「年貢免状」であったとしよう。「年貢免状」自体は，全国各地どこにでも残されているものかもしれない。しかし，記載された内容は地域固有の情報である。そして，その情報は一度失われてしまったら二度と再現はできないことが多い。「どこにでもある，でもここだけにしかない」というのが，地域に遺された史料（以下，地域史料）の特徴である。

　このような史料は，現在も個人，あるいは地域の人々の手によって大事に守られていることも，個人宅の蔵，公民館の倉庫の中等で，存在すら知られずひっそりと眠っていることもある。こうした史料が一度に，大量に失われてしまう可能性があるのが大規模自然災害である。

　阪神・淡路大震災をきっかけに，歴史学会，大学に所属する歴史研究者，自治体の文化財関係者，歴史学を専攻する学生・院生，そして市民がともに，被災した史料を救出・保全するボランティア活動が展開した。ボランティア団体として現在活動を継続している歴史資料ネットワーク（略称：史料ネット，以下史料ネットと称す）の誕生である。

　日本列島ではその後不幸にも，大規模自然災害が打ち続いた。史料ネットでは，阪神・淡路大震災の経験を被災地各地に伝え，各地同様の活動を行う「史(資)料ネット」の立ち上げを支援した。史料ネット自体の活動もさまざまな展開を見せている。本章では，史料ネットの活動について地震災害への対応，風水害への対応についてそれぞれ紹介する。次に，風水害への対応について，その特徴をふまえて活動の経験をわかりやすく伝えるために実施しているワークシ

ョップについて紹介するなかで，大規模自然災害から史料を守る意義について考えてみたい。さらに，東日本大震災以降の史料ネットの広がりについて触れ，今後の大規模自然災害からの歴史資料の保全について考えてみたい。

1 震災から歴史資料を守る

　史料ネット発足のきっかけとなった1995（平成7）年の阪神・淡路大震災。地震が発生する前の関西圏では，一部の地震学者などをのぞき，「関西では大きな地震は起こらない」という人々の数十年ほどの「経験」を根拠とした言説が緩やかに共有されていた。今考えれば，地震が起こることを予見していた人々は，いったいどのくらいいたのだろう。およそ一般に暮らす人々は，地震への備えなど意識しないまま暮らしていたと思われる。そして，そのような中で地震が発生した。少なくとも当時は，誰しもが「未曾有の災害」「初めての経験」として受け止めた。被災直後から復旧・復興にいたるまでの一般的な流れはここでは触れないが，上記のような感覚を持ちながら，手探りで復旧・復興への歩みを進めていた。後段で述べるように，史料ネット活動もまた同様である。

　このような中，自治体職員のほとんどは被災者の応対，避難所の開設・運営等に追われていた。そして本章との関連でいえば，文化財担当職員もまた同様であった。指定文化財の被災調査を業務時間中に実施することは困難だった。

　もっとも，冒頭で述べた地域史料は，そのほとんどが文化財指定を受けていない，未指定文化財である。被災自治体の文化財担当者は，指定文化財の保護を優先せねばならず，なかなか未指定文化財である地域史料の保全までは手が回らなかった。民間所在の地域史料は個人の財産で，その保全に公費を投入することに難色を示す自治体もあった。そのようななか，被災地の各地で史料ネットによる史料保全活動が開始された。ボランティア団体として活動をする史料ネットの意義はこうしたところにあった。

　当時は，地域史料の価値を共有できる土壌は，いまだ十分には形成されていなかったのである。史料所蔵者から，「家にある古文書を保全してほしい」な

第 12 章 大規模自然災害から地域史料を守り抜く―過去・現在，そして未来へ―

どと，各自治体ないし史料ネットへ要請が入ることもほとんどなかった。史料ネットメンバーが最初にはじめたのは，被災地の史料所蔵者のもとへの巡回調査の実施であった。所蔵者宅を 1 軒ずつ回り，史料の被災状況を確認するところから活動は開始された。もっとも，この巡回調査もまた，「どこに，どのような史料があるのか」という史料所在情報を自治体（行政）が把握しているかどうか，また，史料ネットと自治体（行政）・地域との連携が図れたかどうかが，その後の調査の進捗状況を左右した。

　史料ネット活動は，このように手探り状態からのスタートであり，実践と議論を繰り返しながら（こうした状態を，史料ネットでは「走りながら考える」とたとえている）史料保全の方法論を積み上げていった。たとえば，史料救出活動として史料の搬出を行おうとすると，所蔵者の方から，史料だけでなく家財道具の搬出も一緒に依頼されることもあった。史料救出という目的のみから考えると，家財の搬出まで史料ネットで請け負うべきなのか，という疑問も当然出てくる。実践の中で生じてくるこうした疑問はひとつひとつ丁寧な議論が積み重ねられていった。

　現在，史料ネットには，「被災者の生活復旧の一環として史料救出があるべき」との考え方があるが，これは上記のような議論の中で生まれたものである。被災者からの依頼で対応が可能なものは基本的に応じ，その中で，史料も救出していく。走りながら考え，導き出された答えは，その後も史料ネットの教訓，経験として世代を越えて引き継がれている。

写真 1　阪神・淡路大震災時の史料保全の様子

こうした経験を積み重ねながらの巡回調査であった。調査により，被災史料を確認すれば，倒壊した家屋などから史料を搬出し，一時保管できる場所へ移した。1995（平成 7）年 2 月から翌 1996 年 12 月までの約 1 年 10 カ月間に 45 回出動，救出した史料はミカン箱 1500 箱ほどとなった。なお，

228

この巡回調査では,「すでに廃棄した」などの反応があったことが報告されている。廃棄の理由はさまざまだが,大量廃棄の大きなきっかけのひとつが,史料が保管されていた家屋の解体であった（写真1）。

ところで,史料ネットが旧家を巡回し,古文書・歴史資料の所蔵について尋ねると,「そんな古いものはうちにはない」と言われることがあった。しかしながら,江戸時代に書かれた文書だとか,明治・大正期の日記等の記録,新聞などと例示していくと,「ああ,それなら…」との返答がある一方で,「本当にこんなもの大事なの？」と問われることもあったと聞く。史料ネットメンバーは,「文化財」「歴史資料」などの言葉をめぐる,研究者と一般の人々との間の「ギャップ」を感じたという。そうしたことから,地域史料が有する情報の地域にとっての意義を,地域の人々と共有する活動として,各地で地域史料の展示会や講演会を実施するようになったという。史料ネットでは,「災害時」に備えるための,「平時（日常時）」の活動の在り方も模索されるようになった。

阪神・淡路大震災以後,各地で大規模な震災が発生した。そのたびに,史料ネットでは,各被災地へ阪神・淡路大震災時の経験を伝え,各地の史（資）料ネットの立ち上げを支援してきた。その後被災を経験していない地域でも,予防的に史（資）料ネットが立ち上げられた。東日本大震災以前（以後の史料ネットについては後述）に立ち上がった史料ネットとしては,2000（平成12）年の鳥取県西部地震を契機とした山陰歴史資料ネットワーク,翌2001年芸予地震を契機とした芸予地震被災史料救出ネットワーク愛媛・広島歴史資料ネットワーク・資料ネットやまぐち,2003年に宮城歴史資料保全ネットワーク（後述）,2004年福井豪雨を契機とした福井資料ネットワーク,同年新潟県中越地震を契機とした新潟歴史資料救済ネットワーク,2005年の台風被害を契機とした岡山史料ネット及び宮崎歴史資料ネットワーク,2007年能登半島地震を契機とした能登歴史資料保全ネットワーク,また2008年と2010年に山形文化遺産防災ネットワーク,ふくしま歴史資料保存ネットワーク（いずれも後述）などがあげられる。

予防的に立ち上がったネットは,来るべき災害時の備えとして,日常時の取り組み─地域史料の所在調査等─を実施したり,あるいは被災地で活動する史（資）料ネットの後方支援を実施したりしている。各地の史（資）料ネット

第 12 章 大規模自然災害から地域史料を守り抜く―過去・現在,そして未来へ―

の交流は盛んであり,2015(平成 27)年以降,全国史料ネット集会が開かれ,各地の史料ネットが集う機会も作られた。

2 風水害被害から歴史資料を守る

　2004 年,日本列島に相次いで台風が上陸,兵庫県北部・京都府北部等で大きな豪雨被害をもたらした。そうしたなか保存修復の専門家である尾立和則氏から,「史料ネットは,風水害被害には対応しないの?」との問い合わせがあった。従来史料ネットが対応してきた大規模自然災害はいずれも地震である。当時 TV 等のメディアで目にしていたのは,堤防が決壊し,濁流が田畑や家屋を飲み込んでいく姿(円山川の堤防決壊により濁流に襲われたバスの屋根に避難する乗客の姿は,幾度も報道されていた),あるいは水がひいたあと,家財などが泥まみれとなった姿であった。そうした被災地の姿から,史料は文書群ごと流出したか,残っていたとしても泥まみれになっているだろうと想像していた。史料のことは気になるものの,まさか救える手だてがあるとは思っていなかったが,問い合わせを受け,風水害への対応を実施していくことになった。もっとも風水害については史料ネットでも初めての対応であることから,当初は地震への対応と同様の手順で保全活動を開始した。

　まず,史料ネットでは,自治体の文化財担当職員への訪問なども含め,全被災自治体の巡回調査を実施した。TV 等のマスメディアは,被害状況が一目でわかるスポット,あるいは交通網等の問題で取材に入ることができたスポットなどで報道することが多いため,入手できる情報はきわめて限定的であり,被災地域の状況を網羅的に把握することは難しい。実際の被害状況を確認するためには,現地に足を運ぶ必要があった。

　被災地は同じ関西圏とはいえ,阪神・淡路大震災と比較しても,いずれも遠方にあった。「現地入り」のためには,レンタカー代等の交通費,宿泊費等費用がかかる。また,後述するように史料救出の段階に入ると,多くの物品が必要となり,それらを購入しなければならない。史料ネットは,団体として積み

立てていた災害対応のための基金（「災害基金」）と，募金を主な活動資金とし，それらによって上記費用をまかなった。ちなみに当時史料ネットは組織改革を行い，学会，団体，個人等の会費収入によって運営をなす団体へと移行，現在までその体制は続いている。

　さて，巡回調査は，地域史料所蔵者に安心してもらえるよう，必ず自治会長・郷土史家などの地域の人や自治体の文化財担当職員に同行をお願いした。しかしながら，巡回調査では，所蔵者から「（家の片付けが大変で）史料どころではない」との回答を得ることもあった。その場合は，「史料を捨てないでください」との趣旨を記し，史料ネットの連絡先を記したチラシを渡した。

　その後も巡回調査を継続していたが，1週間経ったころ，「史料どころではない」と断られたお宅から，改めて史料ネット事務局へ史料救出の依頼が入った。それにより，救出活動を実施することになった。その所蔵者のお宅では，史料が収納された箪笥が水に浸かるなどしており（写真2），そうした史料を順に運び出す作業を行っていたが，最も被害が大きかったのは，「味噌蔵」と呼ばれていた蔵に保管された史料だった。所蔵者の話では，河川から溢水した水が蔵の土壁を突き破ったという。そして，その壁土の下から，蔵の中に保存されていた史料が泥まみれの状態で出てきた。

　水損史料は，河川，あるいは下水道などの溢水によって被害に遭う。生活排水による汚損もある。そのため，48〜72時間以内に適切な措置を行わないと，カビが発生するほか，細菌によって史料そのものの腐敗も進行する場合がある。また，搬出の現場では，「水損史料にむやみに手を加えない」ことが鉄則で，汚損しているからといって，泥を洗浄するなどの措置をとってはならない。また，搬出では，酸素に触れないようビニールなどで密封して運び出す必要がある。

写真2　日高町浅倉地区で水損史料を救出
（左は被害無し，右は水損）

もっとも，最初に現場に入り，水損史料の救出を行った時点では，史料ネットとして以上のような知識は持ち合わせていなかった。そのため，泥の洗浄などを行い，かえって史料を劣化させてしまうといった失敗もあった。実は当時すでに水損史料の保全，応急措置方法については保存修復学・アーカイブズ学の分野で実践報告があった。しかし，現地入りしたのは歴史資料の読解と解釈を中心に学んできた歴史学研究者及び院生が中心であり，その場にいた誰一人こうした知識を持ち合わせていなかった。知識を得たのは，その後ボランティアによる水損史料の吸水乾燥作業を実施していくなかで，文化財の保存修復にたずさわる研究者・専門家と知り合ったのちのことであった。保存・修復の専門家らから，読むべき文献の示唆のみならず，実際の作業を通して多くの指導・助言を得られたことは，史料ネットの活動においてたいへん意義深いことであった。

　さて，史料ネットの事務局がある神戸大学に運び込まれた水損史料は，その後ボランティアの手で吸水乾燥が行われた。作業は主に，エタノールの噴霧と，ペーパータオルによる吸水乾燥作業の二つである。これらの作業については上記文化財修復の専門家，その学生・院生などの参加を得，その指導・助言をもとに，一般市民などからなるボランティアで進められた（写真3）。

　多くのボランティアの協力を得たものの，手作業での吸水乾燥にはおのずと限界があった。カビの発生・細菌による史料の劣化（腐敗等）の進行の速度に，吸収作業が追い付かないのである。カビ・細菌により史料からは異臭が漂っていたが，その臭いは日増しに強くなるように感じられた。手作業でできることの限界を感じるとともに，別の手段を講じる必要があった。

　よってボランティア作業と同時並行で進められたのは，史料の真空凍結乾燥の実施を受け入れてもらえる機関を探すことであった。真空凍結乾燥方法とは，一般には，インスタントコー

写真3　古文書学演習でも実施した吸水乾燥作業

ヒー・ドライフルーツ等食品の製造に用いられる。文化財では，木簡等木造遺物の安定化を図るために使用される乾燥方法である。史料を凍結させたのち，真空状態とし，その後徐々に温度を上げていく。真空状態では，水は固体（氷）か気体（水蒸気）の状態のいずれかとなるため，史料に含

写真4　滋賀県立安土城考古博物館の真空凍結乾燥機

まれていた水分は温度を上げると水蒸気となる。その水蒸気を吸い出すことによって史料を乾燥させるのである。

　各機関との交渉の結果，木造船等を乾燥することができる大型の真空凍結乾燥機を所有していた滋賀県立安土城考古博物館に，乾燥措置を施してもらうこととなった。また，神戸市・兵庫県両教育委員会の文化財担当の協力を得て，一部真空凍結乾燥を実施してもらった（写真4）。

　こうして乾燥処置を施した史料は，所蔵されていた自宅・公民館（自治会館）等へ返却されたり，史料ネット（事務局のある神戸大学），あるいは地元の公的機関へ寄贈されたりした。

　近年は，台風などによる豪雨災害も多発するようになり，史料が水損するという事態も増えてきた。とくに東日本大震災以降は，多くの機関が津波で被災した史料の乾燥・修復に取り組み，そのノウハウは数多く蓄積されてきている。個人の記憶・思い出が凝縮された「写真」の保全（乾燥方法）については，必ずしも文化財保全の文脈だけからではなく被災地に入ったボランティアが取り組んできたものもあり，いまでは乾燥処置マニュアルもインターネットで閲覧できることから，読者の中でも目にしたことがある方はいるのではないだろうか。しかしながら，2004（平成16）年当時は，史料・写真が水に濡れてしまった際の処置方法を知る人は必ずしも多くなかった。

3 災害から史料を守る手法・経験の伝達
―史料保全のためのワークショップ開催―

　風水害によって被災した史料であっても，適切な乾燥処置を図ることができれば—史料を蘇らせるために，人々が手をかけることができれば—史料はその後も「生き続ける」ことができる。そしてそれは，たとえば真空凍結乾燥といった機械による措置に限らない。ボランティアによる手作業，しかも，その手作業は，特別な知識・技術を必要としない作業によって，史料は再び情報媒体としての「生」を得ることができる。

　ボランティアによる吸水乾燥作業はいたって単純である。濡れた史料を開いてペーパータオルを挟み込み，吸水する。あとは史料からペーパータオルへ水分が移らなくなるまで，同じ作業を繰り返す（本章コラム参照）。ペーパータオルをはじめとする吸水乾燥に必要な物品はスーパーなどで入手できる。つまり，「いつでも・誰でも・簡単に」できる作業なのである。もっとも，これらの作業は，ペーパータオルのエンボス加工が史料にうつってしまったり，カビの色素が残ってしまったり，専門家が実施する「修復」作業にはいたらない，言葉は悪いがあくまでも「素人」レベルで実施できる「応急措置」にとどまる。しかしながら，こうした措置を施すことで，地域史料が廃棄されないのであれば，その効用は大きい。修復の専門家を「医師」に喩えるとするのであれば，ボランティアの活動は，「救急救命士」にあたるだろう。こうした「史料の救命士」の数が多ければ多いほど，史料は多く生き長らえることができるのである。

　しかし，史料ネットが風水害への対応を開始した2004（平成16）年当初より，水損史料の処置方法については，歴史学等史料を取り扱うことの多い専門分野の領域であっても，必ずしもその認知度は高くなかった。史料ネットメンバーがそのために失敗したことは，前章で述べたとおりである。

　そこで，水害対応が終了したのち，史料ネットでは水損史料の吸水乾燥措置を体験するワークショップを実施するようになった。当初は関西圏の大学の日本史学研究室を中心に持ち込み企画として実施したり，史料ネットの総会・シ

ンポジウムの場を利用して実施したりしていた。当初は細々とした活動であったが，しかし，その後不幸にも全国各地で台風・ゲリラ豪雨などの被害に見舞われることが続いたことから，史料ネットが開催するワークショップへの関心も次第に高まってきた。歴史関係の学会，各自治体の文化財関係者等から，ワークショップの開催を要請されるようになった。ワークショップの参加者は文化財担当者であったり，歴史系の研究者・学生・院生であったり，一般の市民の方であったり，さまざまである。

　このワークショップは，講義と作業を組み合わせて実施する。講義では，史料ネットという団体の紹介，史料ネットの活動の展開（地震災害から風水害災害へ），風水害被害への対応方法や，実際の被害状況などを，パワーポイントなどを用いながら説明する。参加者に作業に入る前に，実際の被害のイメージを抱いてもらうためである。その後，体験作業に入る。竪帳や横帳など，近世史料の形態を模した，和紙で作成したサンプルを水に浸して，ペーパータオルによる吸水乾燥を実体験する。

　ワークショップでは，水損史料を乾燥する作業は，身近にあるもので実施できること，史料を大事に扱うことさえ心掛ければ，ことさら専門的な知識を必要とはしないことなど，「いつでも・誰でも・簡単に」できる作業であることを参加者が実感できるように心掛ける。

　またワークショップでは，参加者の作業中に講師が巡回し，実際の被災史料の状況，さまざまな現場での「判断」方法（専門家へ任せるべきか，自ら処置を実施できるものか，など）を具体的に伝えることにより，より実際の現場に近い「疑似体験」ができるように留意している。さらに，ワークショップ講師と参加者，あるいは参加者どうしのコミュニケーションをとることができるよう配慮する（ひとつの作業に二人一組であたってもらうなど）。というのも，このコミュニケーションの中で，乾燥処置についてのアイデアが飛び出すことがあるからだ（写真5）。

　たとえば，これまで1点の史料を乾燥するために，大量のペーパータオルを消費していた。作業を実施する際に下に敷く古新聞も同様である。これは，コスト面からも，自然環境への配慮という点からも必ずしも良いことではない。ワークショップの参加者から少なからず「もったいない」という声もあが

第 12 章 大規模自然災害から地域史料を守り抜く―過去・現在，そして未来へ―

写真5　2009年三田翔雲館高等学校でのワークショップの様子

っていた。そのようななか，水泳で用いられるタオルや洗車等に使用する吸水用クロス，スポンジ等を併用する方法があるのではないか，というアイデアが提示された。このアイデアは，検証を経て，その後史料ネットの災害対応の現場で取り入れられていった。

　ワークショップでは，参加者には民間所在の地域史料の存在と意義を知ってもらうことができるだけでなく，万一の事態が起こった際の処置のノウハウを知ることができる。一方，ワークショップの場で登場したさまざまなアイデアは，史料ネットの新たな現場で役に立ち，史料救出方法の改善を図ることができる。ワークショップ実施当初は気づかなかったが，開催回数を重ねるうちに，このような「ポスト・ワークショップ」（ワークショップの開催後）の効果が大きく，主催者である史料ネットの側にも大きなフィードバックがあることを徐々に実感するようになった。

4　東日本大震災と史資料ネットの活動

　2011（平成21）年3月11日。この日に起こった地震とそれに続く津波の被害，そして福島県の原子力発電所の事故。東日本大震災発生後，被災地各所の凄惨な被害状況が連日メディアで伝えられた。

　地域史料保全活動に関して述べれば，この間東北を中心とした被災地の地域史料を守る活動は「全国的」に展開した。阪神・淡路大震災発生時と比較し飛

躍的に発展したインターネット環境と，その充実により，情報発信・情報共有が盛んに行われ，東北地方の史料保全活動を後押しした。多くの機関・関連団体が被災地に入り，あるいは遠隔地においても募金等を含めさまざまな支援を実施したが，ここでは史料ネットの活動に絞って述べてみたい。

東日本大震災において重要なことは，東日本大震災発生以前に被災地各所で地域史料を守る史資料ネットの立ち上げがあったことである。

大震災より遡ること8年前の2003（平成15）年，宮城県北部連続地震が起こった。この地震を契機として立ちあがったのが，現在のNPO法人宮城歴史資料保全ネットワーク（宮城資料ネット）である。宮城資料ネットでは，きたるべき災害に備え，地道な史料の所在調査を展開していた。地域に保存されていた膨大な数の史料について確認が取れたら史料を1点ずつ撮影，プリントアウトし，データとともに分散保管する。こうした調査活動が功を奏し，東日本大震災で不幸にも史料原本が津波により失われてしまった場合でも，データが残り，史料情報がすべて失われてしまうという最悪の事態を逃れたケースもあった（もちろん，史料原本が残されることが一番望ましいのはいうまでもない）。

ほかにも2010年には，ふくしま歴史資料保存ネットワーク（ふくしま史料ネット）が立ち上げられていた。そのわずか3カ月半後に東日本大震災が発生。福島県は，津波被害，余震も含めた地震被害そのものによる被害，そして放射能被害もあった。さまざまな機関・組織と連携をしても，原発被害という未曾有の危機への対応はふくしま史料ネットの活動を非常に難しいものとしている。もっとも，被災当時，現地の受け皿となるふくしま史料ネットがなければ，同地域の地域史料はどうなっていただろうか？　ちなみに，その後8年経過した2017年現在もなお，ふくしま史料ネットは史料保全活動を継続し，未来へ地域史料をつなぐ活動を日々展開している。なお，東日本大震災に際しては，史料ネットは，後方支援として，資金や物的支援を実施した。また，2008年に立ち上がった山形文化遺産防災ネットワーク（山形ネット）は，上記宮城資料ネット，ふくしま史料ネットとの連携を図り，両ネットへの活動支援を実施，大きな力となった。

このように，東日本大震災では，災害が起こる以前より，来るべき災害に備えた地道な活動の意義を改めて認識するにいたることとなった。また，予防ネ

ットの相互の連携と，それらが大きな役割を果たした事実は見逃すことはできないであろう。

　もちろん，こうした史資料ネットが立ち上がっていない地域でも，「予防ネット」を含め，東日本大震災等を契機に新たにネットワーク立ち上げを行い，活動を開始した（茨城文化財・歴史資料救済・保全ネットワーク，地域史料保全有志の会〔長野県栄村／同年の長野県北部地震への対応〕，岩手歴史民俗ネットワーク，歴史的・文化的資産保存活用連携ネットワーク〔三重県〕，神奈川歴史資料ネットワーク，歴史資料保全ネット・わかやま，千葉歴史・自然史料救済ネットワーク，静岡文化財等救済ネットワーク，栃木史料ネット，歴史資料保全ネットワーク・徳島）。

　各地域の史資料ネットのあり方は，組織・運営方法等一律ではなく，それぞれの地域ごとに特色がある。そして，その地域の実情にあわせ，地道だが着実な保全活動を実施している。

　もっとも，これまでの史料ネットが立ち上がった経緯を考えれば，各地のネットの数は，自然災害に見舞われた地域の数とほぼ同じであり，この20年余のあいだ，日本列島の自然環境がいかに苛烈であったかを物語っている。近年でも2014（平成26）年の広島豪雨災害（同年は兵庫県丹波市でも大きな被害があった），2015年関東・東北豪雨，2016年の熊本県地震，2017年九州北部豪雨災害など，毎年自然災害が連続している。今後こうした状況は続くと考えられること，これまで災害に遭っていない地域でも災害に見舞われる可能性は残念ながら決して低いとはいえないことから，地域の史料を保全するネットワークの「輪」をさらにさまざまな地域へと広げていくことは，喫緊の課題であろう。

　なお，史資料ネットはいずれもその基礎はボランティア組織であることから，多かれ少なかれ財政基盤や担い手についての問題に悩まされており，共通の課題となっている。しかしながら，相互に緩やかな連携をとり，支援しあうことができれば，地域史料は少なからず救うことができる。東日本大震災時において，各地の史資料ネットはそれぞれの「できること」を持ち寄り，被災地の史資料ネットの活動を支援した。そして，6年経過した現在もなお，被災地の史資料ネットとともに，その活動は継続している（写真6）。

ところで、宮城資料ネットでは、こうした史料保全活動を「史料を千年後まで残す」ための活動として位置づけているという。実感の湧かない「永久に」という言葉よりも、現実味のあるスパンである「千年」という期間を選択したそうだ。1000年前の史料が現在まで残っているのは、単なる幸

写真6　宮城史資料ネットで実施されていた史料クリーニングのボランティア作業

運だけではなく、それを保存し、未来へ引き継ごうとしてきた人々の確かな意思がある。史料を残し、守り伝えていくのは決して容易なことではないが、実践できることは歴史が証明している。とすれば、1000年後の未来へ、同じように史料を引き継ぐためには、「現在」に生きる私たちが、将来へと確かな意思を持って守り伝えていく必要がある。史資料ネットの活動は、そうした確かな意思を持つ人々の実践であり、そうした意思が日本列島の各地にあることを、各地の史資料ネットの存在が裏づけている。

おわりに

　地域史料を守り続けることの意義については冒頭に述べたとおりである。ただし、それは、専門家や、自治体の文化財担当職員のみが担うものでもないし、また担えるものでもない。とりわけ近年は、史料をとり巻く環境はより一層厳しいものとなっている。

　平成の市町村合併により、市町村域が広域化する一方で、自治体の財政難から文化財担当職員数は減少している傾向にある。減少しないまでも、旧市町村域で拠点であった博物館・資料館等の統廃合により、従来カバーしていた地域

第 12 章 大規模自然災害から地域史料を守り抜く―過去・現在，そして未来へ―

から離れた場所で職務にあたらざるをえない，という状況が生じている。

　そもそも設置について法的根拠のある埋蔵文化財担当職員と異なり，古文書等文献・記録資料，あるいは民俗資料を専門で担当する職員数は，各自治体がカバーすべき領域と比して本来的に少ない。

　さらに，過疎化（限界集落の増加）と超高齢社会の到来により，従来のように地域史料を個人宅・自治会で保全し続けることがきわめて難しくなっている。集落自体をどのように閉じていくか（消滅させていくか），そのソフトランディングの方法の模索が現実に行われている状況で，そのような地域にアクセスすることが叶わなければ，史料は間違いなく廃棄され，散逸の憂き目にあうだろう。

　以上を考えれば，災害時のみならず，日常時においても現代は，地域史料の「受難の時代」である。このままでは，今後も地域史料をめぐる「環境」は，悪化の一途をたどると思われる。それでも，各地の史資料ネットが史料保全活動を諦めることはない。この 20 年の歩みの中で，各地の史料ネットの活動の成果と実績が積み上げられ，その意義が明らかになってきているからだ。この活動が，被災地の「心の復興」につながること，そしてその後のまちづくりにつながること，さらに歴史的な災害の史料が地域で発見されれば，それらが来るべき災害の備えに大いに役立つこと。そうしたことが，明らかになってきたのである。

　たとえば，まちづくりを事例にとってみよう。地域史料が地域の歴史・地域の「来し方」を記すものだとすれば，その延長線上に現在，そして未来がある。まちづくり・地域おこしが，地域の「強み」や「良いところ」を掘り起こし，地域を見つめ直すところをスタート地点とするのであれば，必ず地域の歴史（地域の「来し方」）を振り返る必要がある。その「来し方」を土台として地域の未来が築かれるのである。災害復興も，同じ道のりをたどる。やはりその地域の「来し方」を検証するために，その地域の特色が溢れる，確かな記録（＝史料）が必要となる。

　地域の史料を守り伝えていくことの意義を理解し，活動に参加する人々の輪は着実に広がりを見せている。日本の市民社会に潜在する豊かな文化力とその高まりは，ワークショップを通じて手ごたえを感じている。課題は山積してお

り，厳しい状況は続いているが，輪を広げる活動は，今後もさまざまなかたちで展開していく必要がある。

《参考文献》

松下正和・河野未央編 2009『水損史料を救う 風水害からの歴史資料保全』（岩田書院）

奥村弘 2012『大震災と歴史資料保存 阪神・淡路大震災から東日本大震災へ』（吉川弘文館）

坂江渉 2013「災害と地域歴史資料」（神戸大学大学院人文学研究科地域連携センター編『「地域歴史遺産」の可能性』，岩田書院）

河野未央 2013「風水害からの歴史資料保全」（神戸大学大学院人文学研究科地域連携センター編 『「地域歴史遺産」の可能性』，岩田書院）

奥村弘編 2014『歴史文化を大災害から守る 地域歴史資料学の構築』（東京大学出版会）

コラム 水濡れ資料の吸水乾燥方法

河野 未央
(尼崎市立地域研究史料館)

このコラムでは，古い記録，古文書(こもんじょ)，写真等残しておきたいものを捨てないですむように，家庭でできる簡単な処置方法を紹介する。

1 やってはいけないこと

冊子を無理にこじあけてはいけない。また，天日やアイロン・ドライヤーなどで急激に乾燥させない。電子レンジでの乾燥も歴史資料を傷める。以下に紹介する方法の全てを行う必要はない。電気や水道のライフラインの復旧状況が許す範囲内で対応すればよい。

2 吸水乾燥方法
【用意するもの】

ペーパータオル(キッチンペーパー)・エタノール・スプレーボトル（霧吹き／エタノールを史料に噴霧する際に利用)・新聞紙・マスク・ゴム手袋(薄手のもの)・竹べら・水をはったパレット。

3 作業を行うにあたっての留意

エプロンか作業着を着用。あるいは汚れてもいい服装で行う。さらに，作業中はカビ・細菌などの飛散が考えられることからマスクは必ず着用する。また，エタノールを扱う際にはゴム手袋を着用する。常に換気を行う。可能であれば除湿機の作動，扇風機での送風を加える。空気清浄機を作動させることができればなおよい。作業中は，30分に1回は必ず休憩をはさみ，長時間連続で作業に従事することがないように心がける。作業終了後は，うがい・手洗いを必ず行う。指輪・時計・ブレスレット・ネックレス・ヘアピンなど，史料に損傷を与える危険のあるものははずしておく。袖のボタン（特にカフス等）が気になる場合は，腕まくりをしておく。

4 紙の歴史資料について
【軽い水濡れの場合】

防カビのため可能であれば1日1回消毒用エタノール(エチルアルコール)を噴霧する。直射日光の当らない，通気性のよい場所で陰干しをする。室内で乾かす場合は，可能であれば，扇風機などを利用し，空気が循環するように心がける。ただし，歴史資料に直接風をあてるのは避ける。

【水濡れがひどい場合(応急措置)】

①新聞紙の上にペーパータオルを敷き，

そのうえに史料をのせる。
②ページが開きそうな箇所を確認し，ページを開く。開きにくい場合は，竹べらを用いて展開する。必ずしも一枚ずつページを展開する必要はない。臭いがきつい場合はページ全体にエタノールを噴霧する。

①

②

③

③開いたページにペーパータオルを挿入し，一度冊子を閉じる。表紙の上にペーパータオルをもう一枚置き，その上から軽く押さえてペーパータオルに水分を移動させる（吸水させる）。必ず一度冊子を閉じること。開いたまま押さえると，綴じを傷める可能性がある。
④再びペーパータオルを挿入したページを開き，挿入したペーパータオルを抜き取る。新しいペーパータオルを用意したのち，別のページを開く。
⑤②～④の繰り返し。エタノールの噴霧，綴じの部分の水気をとることは，意識して入念に行うこと。
⑥全てのページが展開できるようになり，かつ触った際に水分が手のひらに移らなくなったら，作業完了。あとは風通しのいい場所で史料を陰干しする。直射日光に当てないこと。史料の変形・劣化・退色が生じる。

【泥などの汚れ，カビなどにより損傷がひどい場合】

泥のカタマリなど，落とせるものは落とす。消毒用エタノール（エチルアルコール）を噴霧し，そのままの状態でビニール袋に入れる。封はしない。防カビのための処置で最もよいのは，冷凍凍結である。家庭用冷凍庫でも対応可能。この段階で一度，史料ネット等に連絡を入れる。専門処理機関に真空凍結乾燥法や吸水乾燥法により乾燥させる。乾燥作業が終了した後に，返却予定。

【写真の場合】
写真プリントは，清潔な水をはった容器の中でゆっくりゆすって汚れを落とす。汚れをぬぐわない。あとは洗濯バサミなどで写真のかどをとめて吊るし，直射日光の当らない，通気性のよい場所で陰干しする。写真のネガ・フィルムも同じである。

第13章

「在野のアーキビスト」論と地域歴史遺産

大国正美
神戸新聞社編集局

民間所在史料の保全と活用のために，地域に担い手「在野のアーキビスト」が必要である。戦後の史料保存運動は，史料を作成し守り続けた作成保管主体自体を強化する視点が乏しかった。阪神・淡路大震災をきっかけに，史料の保全と活用に所蔵者自身が関わってほしいと考え，宝塚市や西宮市，丹波市で取り組んだ。神戸大学大学院人文学研究科地域連携センターが核となって，三木市や丹波市・氷上地区，姫路市・香寺地区，朝来市などでも成果が生まれている。住民による史料整理は，史料の保全活用にとどまらず，地域への愛着を再生産する成果を生む。歴史資料は地域創生のシーズであることに住民が気付くことこそ，「在野のアーキビスト」の重要な意義である。

キーワード
在野のアーキビスト　草の根文書館　阪神・淡路大震災
地域アイデンティティ　地域創生

はじめに

　地域には無数の記録遺産を生み出す主体がある。そのすべての主体が，組み合わされ，重ねられて地域社会の営みがある。しかし高齢化と人口減少時代に突入し，限界集落が広範囲に存在し，集落が消えることが現実化してきた。そして消滅する集落では過去から受け継いだ地域遺産の保全が困難になっており，国文学研究資料館が民間アーカイブズの保存活用に関する共同研究を行い，改めて公文書館による記録遺産の保全を訴える主張も出てきた（西向 2017；新井 2017）。

　民間所在の記録遺産を公的機関で保全活用することはあるべき姿の一つである。民間所在の史料に当時の公文書が多く含まれているためである。また特に消滅の危機に瀕した団体では公的機関が緊急措置として乗り出すことが望ましい。安定的な保全の観点からはその方が伝来され続ける可能性が高いだろう。しかし，人口減，地方の疲弊という現状にあって，公的機関に民間の記録遺産を保全する予算や人手を，現状以上に確保するような流れが簡単に作れるとは思いにくい。また地域遺産が地域住民の中にあることでアイデンティティを再生産する意義は小さくない。

　それではどうするか。筆者は記録遺産の保全と活用の担い手＝アーキビストを，民間所在資料にも必要と主張し，その人材を「在野のアーキビスト」と呼んで 20 年余りにわたって実践してきた。正直なところ，アーキビストの世界では賛同されているとはいえないが，事例は着実に積み重なっている。

　小稿では，「在野のアーキビスト」の必然性や，論点を整理し，これまでの実績から，「在野のアーキビスト」の誕生に必要な条件を考えたい。また人口減時代にいきなり公的機関ではなく，「在野のアーキビスト」を志向して記録を保存し活用する意味を改めて問い直したい。

1 「在野のアーキビスト」の提唱と意義

■ 戦後の史料保存運動に欠けていたもの

　「在野のアーキビスト」という概念は，地域歴史遺産をどう保全・活用していくか，その担い手はだれかということを考え，生まれたものである。初めて提唱したのは，1994年に全国歴史資料保存利用機関連絡協議会（全史料協）が「文書館の原点」をテーマに掲げた第20回大会シンポジウムであった（全史料協『会報』32号「シンポジウム「文書館の原点」」1995年参照）。

　全史料協にせよ公文書館法にせよ，戦後の地域歴史遺産の保全・活用から生まれた。ところが組織や法律が整備されるに従ってその原点が忘れられてきたのではないか。筆者なりに戦後の史料保存運動を総括するならば，①史料の作成保管主体である家，企業，各種団体などが弱体化していること，②戦後の歴史学や史料保存運動は，史料そのものの保存には力を注いだが，弱体化しつつある作成保管主体自体を強化する視点が乏しかったこと，③公立文書館を「文書作成主体（行政）が自らの文書を自ら保存・公開する機関」と限定すれば，行政以外の作成保管主体を強化する視点が欠落すること，その結果公立文書館は，地域社会と連携しネットワークを強化する道を自ら絶ち，地域歴史遺産の保存を責務から除外してしまう可能性があること，④こうした課題の克服には作成保管主体と連携を取り，記録保存の思想に通じた「在野のアーキビスト」と呼べる人材を広く育成することが急務である。

　そもそも，戦後の史料保存と歴史学の論議は，史料保存利用機関と利用する側との関係に限定され，両者の問題として矮小化されて来たのではないか。地域歴史遺産の論議に「主体としての住民」が欠落していたのである。筆者はその後も，「在野のアーキビスト」を養成し，行政側も民間の史料管理責任者と保管場所を台帳に登録し，管理責任者に定期的な助言をすることを提言してきた（大国1996；同2007）。同じシンポジウムに参加した安藤正人氏はほぼ同じ趣旨で「草の根文書館」を提唱し，後に著作物を公刊した（安藤1998）。

　その提唱が共感をもたれた背景に阪神・淡路大震災による地域歴史遺産の被

災があったといっても過言ではない。未指定文化財として行政の保全から除外され，廃棄の危機に直面する中，歴史資料ネットワーク（略称・史料ネット）が生まれ，行政と学会の間にも新たな関係が生まれた。同様のネットワークは災害の発生に伴って広がり，さらに災害が起こる前からネットワーク化を進めようという予防ネットや NPO として社会的な基盤を備える団体も登場している。また「在野のアーキビスト」の提唱に賛同する人々も現れている。

戦後の史料保存運動の展開と限界

「在野のアーキビスト」の必要性は，戦後の史料保存運動の総括から生まれた。史料保存運動史は既に，大石学，君塚仁彦，津田秀夫，高橋実の各氏や全史料協によって論じられている。筆者はこれらの研究を踏まえつつ，1970年代後半以降，史料保存運動の担い手が変わり，公文書偏重を強めると主張した（大国 1996）。また戦後の史料保存運動の時期区分は，論者によって微妙な違いがあるが概ね4分割で意見の一致をみている。

筆者は，第1期 = 1960年前後までの戦中・戦後の混乱による史料の散逸と個別対処の時期，第2期 = 60年代から70年代前半にかけて，地方から文書館ができ始め「現地保存主義」が確立される時期，第3期は1976年に全史料協の前身である歴史資料保存利用機関連絡協議会（略称・史料協）が発足し，組織的史料保存運動が展開される時期である。全史料協の前身である史料協が誕生すると，自治体史編纂が広く全国に広がったことも影響し，史料保存の主体が歴史研究者からアーキビストに移っていく。かつては手弁当で歴史研究者が保存の実務や運動を担ったのに，アルバイトや職員を動員して有償によって史料調査が行われ，アーキビストと歴史研究者との間に役割分担と同時に，意識の壁が生まれていく。

第4期は1987年の公文書館法の成立を画期とした。公文書館法が成立すると，歴史研究者が史料保存にやや距離を置き，アーキビストは公文書に一層比重を高める。文書館運動の中核である全史料協が「文書館は公文書に重点を置く」というスタンスから脱却することは容易ではなかった。「地域文書館」について「地域研究ができるとともに地域資料の収集，整理，保存と利用を図る

歴史資料センター的性格を有する機能を持った施設」という埼玉県八潮市立文書館の遠藤忠氏の提案に対し，全史料協の指導的な立場にある人々は，「本来的な文書館ではない」という立場にたった。多くのアーキビストは，文書館の原理を「自らの文書を自ら保存すること」と考え，文書館と史料館・博物館の違いを強調したのである。

これに加え筆者は，平成の大合併と指定管理者制度の導入により史料保存機関に，採算性と効率性が一層強く求められ，永続性の面で不安定要素を抱え始める2004年を新たな画期ととらえ，第5期を提唱した（大国 2007）。2011年に公文書管理法が制定されると，アーカイブズ学ではますます公文書に重心が移っていく（西向 2017；渡辺 2017）。

そもそも自治体は歴史的伝統や文化圏の同一性を前提としない地域の集合であり，自治体より規模の小さい地域団体や自治体の枠を超えた記録作成主体があり，本来はそれぞれが記録を保存する仕組みができることが望ましい。筆者が関わる神戸深江生活文化史料館は，近世村をベースに置いたものであり現在の自治体よりはるかに小さい財産区が設立した史料館である（大国 2007）。「草の根文書館」（安藤 1998）の一例といえる。重要なのは箱ものとしての「草の根文書館」ではなく，それを運営する人材であり，それが「在野のアーキビスト」である。

■ 阪神・淡路大震災後の史料保存論の転換

筆者が「在野のアーキビスト」を論じた3カ月後，阪神・淡路大震災が起き，地域歴史遺産の大量廃棄という現実を生んだ。被災資料の保全と活用のために歴史資料ネットワークが作られたが，救出活動を通じて，自治体史編纂に使われた地域史料が，震災以前にかなり処分されていることが明らかになった。普段からの資料の保全の重要性と記録資料を尊重する社会づくりが不可欠との主張が理解されるようになり，史料ネットは改組され存続してきた。また日本列島は地震の活動期に入ったと思われ各地で地震が相次いだほか，地球温暖化に伴う水害も多発し，宮城，山形，新潟，能登，福井，茨城，和歌山，広島，愛媛，鳥取，山口，熊本，宮崎，鹿児島などで，地域歴史遺産へのケアの必要性

は広く共通認識を持たれ，史料ネットなどが誕生した。また福島，山形，岡山，千葉，高知，徳島のように，災害が起きる前から予防のための組織が作られるようになってきた（松下 2011）。東日本大震災を契機に，神奈川，岩手，長野，茨城などでも新たな地域歴史遺産の組織的な救出や保全活動が始まり，阪神・淡路大震災とは比べられない規模で地域歴史遺産の救出活動が組織化されている（大阪歴史学会企画委員 2011）。

　災害に直接由来しない活動として，新潟県では民間調査団体の「越佐歴史資料調査会」の活動が注目を浴びている（越佐歴史資料調査会 2003）。1997 年に発足した「越佐歴史資料調査会」は，筆者と同じ問題意識に立って「いかにして地域住民や所蔵者とともに史料の保存・活動を実践していくか」を基本に据えている。史料の所蔵者を重視し，「史料内容やそこからわかる家や地域の歴史，さらに史料保存の重要性をできるだけわかりやすく伝えることによって所蔵者に史料保存への関心を呼び起こし，地域で史料を所蔵していくことのすばらしさを共に共有」しようとする。史料保管主体の強化に大きな眼目を置き，史料の現地説明会方式も取り入れ「文書館思想」そのものを地域に普及させているのである。「越佐歴史資料調査会」の所蔵者重視の活動は，従来希薄だった史料の保管主体を強化する試みであり，所蔵者を単なる所有権者から「在野のアーキビスト」に変えようという意味が込められているともいえる。

　全史料協は「アーキビスト制度への提言」のなかで「アーキビストは専門職であるべき」であると主張している（全史料協 1997）。文書館運動は，先行していた図書館・博物館と共存を意図し司書・学芸員との違いを強調し，アーキビストの専門性を強調することでポジションを確保する道を選んだためともいえよう。

　しかしいったん整理された資料は必ずしも専門職員でなくても一定の基礎知識があれば，初歩的な保存は可能である。虫害や湿気からの保護，閲覧・貸出など，史料出納への対応などを適切に行うだけでも，史料保存は間違いなく充実する。また，兵庫県のある自治体では史料目録を公刊したところ，古書市場でさばきやすい検地帳や絵図だけが抜き取られたという報告もある。自治体史編纂をするということは，史料破壊の危険と隣り合わせであり，返却後のフォローが重要である。把握している館外所在の文書所蔵者に対し，定期的に連絡

を取り，安否を尋ねることができれば望ましい。こうした継続的な所蔵者との接触が，史料の減失を免れさせ，また保管に困った場合の寄託・寄贈に結び付く。登録制はわずかな予算でも職員の熱意で取り敢えずスタートさせた加古川市のような例もある（大国 2002）。専門的なアーキビストはこうした視点にたって「在野のアーキビスト」の指導・育成をはかることが求められるのである。

2 「在野のアーキビスト」の具体的展開

■ 被災史料の保全活用から生まれた「在野のアーキビスト」

　阪神・淡路大震災で民間所在史料の大量廃棄に直面して筆者は「在野のアーキビスト」を生み出すことに熱心に取り組んだ。救出した宝塚市の和田家文書を素材に宝塚の古文書を読む会にボランティア講師として関わり市立歴史民俗資料館「旧和田家住宅」を生み出した。和田家の当主正宣氏自身が「在野のアーキビスト」である。和田家文書は先代当主の時代から研究者に公開され，貸し出されたこともあった。しかし長期貸し出しの後，戻って来た史料の中に，絵図を含む数点がなくなっており，先代当主の遺訓を守り，市史編集の調査の際も史料は門外不出とした。震災後に新たに見つかった史料も被災した和田家に保管し，整理は我々が通って行い，和田氏は整理作業にほとんど立ち会われた。住宅は震災で半壊と判定されたが 1996 年に宝塚市有形文化財に指定され，敷地ごと市に寄贈された。修復を終え 1998 年 7 月，歴史民俗資料館「旧和田家住宅」として開館した（大国 1999a）。

　和田家文書を活用した古文書講座を宝塚市に働きかけ，終了後は参加者の要望で読む会に発展し，毎月ボランティアで講師を続けている。会の運営は会員自身が担い，会員それぞれが「在野のアーキビスト」になって身の回りの史料保存の担い手になることを求めている。1999 年には史料の公開を促進するため会誌『源右衛門蔵』を発刊，史料翻刻部分と会員の投稿の二本建てで以後毎年発行を続け，2017 年で 19 号になった。古文書のコピーと改行通りに翻刻を載せ，初心者のテキストとして利用できるようにしている。また世話人が講師

第 13 章 「在野のアーキビスト」論と地域歴史遺産

写真 2　門戸厄神資料館「松風館」の展示室

写真 1　門戸厄神資料館「松風館」で展示に取り組む大崎正雄氏（右）ら

になって，毎年自分たちが学んだことを基本に初心者向けの「寺子屋講座」や復習のための「互学会」を開催，新たな会員拡大にも努力している。

　西宮市門戸地区では被災し救出された史料の整理のため，史料ネットと住民で「門戸の歴史資料を守る会」を結成し，所在不明になっていて，被災史料の整理の過程で再発見された門戸部落有文書とともに展示会をした。展示会には16 日間で 1310 人が来場，終了後に東光寺が準備室を用意し，西宮市立郷土資料館で長年古文書整理に関わった大崎正雄氏が常駐した。利用規定を設け，資料の閲覧・複写・貸出などの手続きが明記された（大国 1999b）。2008 年には門戸厄神東光寺が門前の民家を購入して改築，東光寺資料館「松風館」をオープンした。

■ 住民自身による古文書整理の試行

　前項で紹介した事例は，我々が関わる以前から史料整理に向き合っていた人材がその場にいた事例だが，丹波市の棚原区パワーアップ事業推進委員会（以下，パワーアップ委員会と略称）は，古文書については素人の住民に資料整理に参加してもらい「在野のアーキビスト」として育てた事例である（大国 2007）。

棚原区の天満神社庚申堂に保存されていた古文書は，1913年に，当時の旧国領村（現丹波市の一部）村長だった上田捨蔵氏が調査して目録を作った。しかし，目録は番号のない箇条書きで点数も少なく，史料目録と呼べるようなものではなかった。2004年度からふるさとにＵターンした上田脩氏や三宅敏男氏らが地元住民とパワーアップ委員会を結成し，史跡や社寺を解説した『棚原見てある記』を翌2005年に発刊。続いて丹波市教育委員会や文化財審議委員の協力で，上田捨蔵氏の作成した目録をもとに89番までの通番を付けた。しかし史料は酸性紙の封筒に詰め，表に表題を付けただけで番号はなく，目録との照合ができなかった。より専門的な保存をしたいと丹波市教育委員会を通じて神戸大学文学部地域連携センター（当時）に文書整理への協力要請があった。大学の研究者が地域の研究者とともに，文書整理をすることは珍しくない。しかし，えてしてそこで史料を守り続けてきた人々，これから地域で生活しながら守り続ける人々はその枠外に置きがちだった。こうした反省に立って，2006年2月から始めた棚原での文書整理は，地域で史料を守り続ける住民を「在野のアーキビスト」に育て上げるプロセスと位置づけ，13人のパワーアップ委員全員参加を基本とした。参加者を2，3人のチームに分け，古文書の解読能力のある院生や教員，研究員がリーダーになり，内容を解読して説明し，住民がカードに筆記する方法で目録を共同作成した。以後，2007年3月までの7回の調査で，庚申堂の区有文書と観音堂にあった古文書約900件，計1000点の目録を取り終えた。これが呼び水になって，地元の旧家波多家の古文書調査も行った。

　研究者だけで目録を取る作業に比べると作業効率は悪いが，これからも史料保存の担い手になる地域の住民との合同作業は，大地に根を下ろしているようで，手応えがあった。また土地鑑もなく人名，屋号，家筋にも基礎知識がない大学研究者にとって，地域のさまざまな役職を兼ねた集団であるパワーアップ委員は力強い生き字引だった。史料の中に出てくる人名同士の関連が判明し，現在の状況と結びついた説明を聞くと，史料が急に立体的に見えてきた。整理の済んだ古文書は，何点かずつまとめて大学が提供した中性紙の封筒と中性紙の文書箱に入れた。目録カードは毎回，パワーアップ委員がエクセルに入力，順次デジカメに撮影し，目録と照合できるようにしている。

調査と並んで古文書を読む会や，地域の文化祭で，現存する 1690（元禄 3）年の「山論立会絵図」を使って親子による「元禄の絵図を歩く会」を行った。2007 年 3 月には，それまでの古文書解読の成果をもとに A4 版 4 ページのパンフレットを作成，地区全戸に順次配布した。中・高校生が読んでも理解できる内容にしようと中学・高校の日本史の教科書に使われている歴史用語を確認し，「庄屋」や「年貢」など常識的な歴史用語も補足説明を加えながら平易な文章を試みた。2008 年 3 月には第 2 弾のパンフレット，さらに 2011 年 3 月には上田捨蔵氏が巻物にした古文書の解読と解説をまとめ『古文書から分かった江戸時代の村のすがた』と題した冊子として刊行した。2014 年には 3 冊目のブックレット『棚原の歴史と神社仏閣』を刊行，全戸配布した。さらに 2015 年には文書目録やデジタルカメラで撮影された古文書画像が DVD に焼き付けられた（松下 2017）。

　こうした取り組みは，保管場所の課題も解決した。もともと史料が保存されてきた庚申堂は建物が古く，屋根と壁の間に隙間があり，大雨が降れば雨漏りする心配があった。また施錠も頑丈でなく，盗難の心配もあった。このため地区公民館が建て替えられる際，史料保管庫を設けることが実現，2009 年 12 月，古文書は新公民館資料室に移転した。

■ 広がる「在野のアーキビスト」

　その後，筆者が直接関わらないところで，同様の取り組みや成果が生まれている。ここでは，姫路市の香寺歴史研究会，丹波市の氷上自治会，三木市の旧玉置家住宅や朝来市の生野書院を舞台にした取り組みを紹介し，これまで紹介した成果と合わせて可能にした条件を考えてみたい。

【香寺歴史研究会の調査活動】

　香寺町は姫路市に合併する以前に町史編纂が行われ，住民の手による『香寺町史　村の記憶』編と，研究者による『香寺町史　村の歴史』編が編纂され，筆者も近世部会長とし後者に関与した。編纂が終了し香寺町が姫路市に合併した後も自治会館に香寺町史研究室を置き，香寺歴史研究会の活動を継続し，豊富な活動を積み重ねている。そのなかでも 2017 年度に取り組んだ「地域の力

で地域の史料を保全継承する」取り組みは新たな「在野のアーキビスト」の成果といえる。

　これは香呂地区連合自治会と協力して姫路市の「提案型協同事業」に応募し，町史編纂当時に整理し返却した個人所蔵文書の保存状態の確認と自治会文書のうち新たに追加された資料の整理，そして目録集の刊行，さらには展示を，わずか9カ月の間にやり遂げたのである。

　具体的には，研究会のメンバーや自治会役員を集めた地域史料保全研修会を神戸大学大学院人文学研究科地域連携センターの協力を得て7月に開催。町史編纂では町内の文書は悉皆調査されていたが十数年が経過しており，現状が把握されていなかった。そこで香呂連合自治会内の個人所蔵文書17件を自治会役員8人が訪問して現状確認を行った。史料は返却の際に茶箱に入れて重要に思ってもらえるようにしていたことが功を奏し，代替わりで引き継がれなかった1件を除く16件の保全が確認された。

　また自治会文書は近世文書などを含むものもあり町史編纂で目録が作成されているが，調査から十数年が経過し，その後の追加資料もある。このため自治会長を対象に地域連携センターや姫路市から講師を出してもらい，自治会文書整理研修会を行った。各自治会による自治会文書の整理は，町史編集での文書整理を参考に，①土地・境界②財産処分③総会等の議事録・規約④契約書や設計書⑤圃場整備や水利⑥河川や道路整備⑦集落の記念事業等⑧防災や災害⑨寺社・墓地⑩統計等の報告書⑪陳情や請願等⑫自治会報や冊子・写真⑬老人会・消防団・営農組合など各種団体⑭その他―の14種類に分け，保存すべき文書の選択を行い，年代順に並べ番号を付け，資料カードに記入，さらにパソコンに入力して2017年3月に『香呂地区自治会文書目録集』として出版した。

　旧香寺町地区では大字誌編纂を取り組む大字が多く，そのことが自治会文書の整理の必要性を高めた面は否めないが，それだけが理由ではない。地域に不案内な自治会役員が増えると，過去にどのように地域を運営してきたのか，また行政とのやりとりも過去の経緯を踏まえる必要があり，過去の対応を知るため，非現用文書を紐解く必要に迫られる。行政側も合併して自治体が広域になればなるほど，事情を知らない職員も増えるため，過去の前例を踏まえた文書主義が欠かせない。

実際に整理に関わった金井貞文犬飼自治会会長は，過去の施設や行事維持へ取り組んだ先人の思いを読み取り，また必要な書類がすぐに取り出せる，交代した役員でもすぐ活用できるメリットを実感している。そして現在の活動を変更する場合の参考となり，新たな地域づくりに文書を役立てることができることを強調している。町史編纂による整理の後に追加された資料は，自治会役員の代替わりごとにファイルや袋にまとめて入れられ，見ることがなかった。いわば非現用文書が，整理されることによって活用の道を開かれたのである。ここで注目したいのは，現用と非現用文書の境界自体，整理されているかどうかによって変わりうるという点である。

　また前稿で筆者は，丹波市の棚原地区での成功例を紹介しつつも，今後の課題として，「今後，新たに生み出される地域の公的な文書をどう保存していくか。また史料整理作業を一緒に取り組んだ13人の委員には最低限のノウハウは伝わったが，地元の委員会もどのように継続し人材を補充していくか」と指摘した。しかし香寺歴史研究会は町史編纂終了から10年が過ぎて，新たに生まれた自治会文書を整理済み資料と整合性を持たせて整理すること，専門教育も資料整理の経験もない自治会役員を短期間で「在野のアーキビスト」に仕立てあげられることを，実証したのである。

　こうした活動が可能になったのは，住民とともに『香寺町史　村の記憶』の地域編と資料編，さらにそれを踏まえた『香寺町史　村の歴史』通史編と資料編を出版した大槻守さんという類まれなる指導者の存在があった。そして地域連携センターの後押し，加えて地域をよくしたいという自治会役員や香寺歴史研究会のメンバーの熱意が結集する場が設けられたことが大きい。

【住民の手による氷上区有文書の整理】

　丹波市の氷上自治会と神戸大学大学院人文学研究科地域連携センターによる氷上区有文書の整理と目録集の出版も「在野のアーキビスト」養成の大きな成果だといえる。氷上地区では2002年公民館移転の際，史料の散逸が問題になり，2014年から自己流の文書整理が始まっていた。2015年1月，丹波市市島町で地域連携センターと丹波市教育委員会が歴史遺産を継承するシンポジウムを開催したところ，氷上古文書同好会のメンバーが参加し，大学に支援を求めてきた。こうして2015年7月から2016年9月まで，合宿も交えて計6回の調査に

2 「在野のアーキビスト」の具体的展開

神戸大学人文学研究科の前田結城非常勤講師や大学院生が参加。毎回10人〜20人ほどの住民とともに近世文書から現代文書までを整理した。住民2,3人が一組になって前田講師や院生の指導を受けて目録取りを行い,途中史料の輪読会も開き,内容をかみ砕きながら文書整理を続行。継ぎ目

写真3　氷上区有文書の整理

が外れている史料についてはでんぷん糊で補修し,目録が完成した後,和紙でラベルを貼った。最終的に600点の目録と主要文書の概要・解読・解説を付けた冊子『氷上区有文書の世界—解説と目録』が2016年11月,地域連携センターと丹波市教育委員会から出版され,氷上地区全戸に配布された。ここでも地域連携センターの果たした役割は大きいが,やはり地元に熱意のある住民がいる,いわゆるシーズとニーズがあることが重要である。

　住民が整理作業に参加することで,地域史料に愛着が生まれ,学習会を交えたことで,単なる作業ではなくイベントの要素を持ち参加者が楽しめた。これはかつて同様の取り組みをした丹波市の棚原地区パワーアップ委員会の場合と同様であった。住民が地域史料の概略を知ったことで,その重要度への思いは高まり,今後の史料の保存にもプラスに機能するだろう。なお,女性の参加者が過半数だったことは,興味深い現象だった。

【三木市古文書研究会】

　三木市にはかつて三木郷土史の会があり,1983年から古文書を読む会を開催し,三木市に残る宝蔵文書解読の業務委託を受け,『三木市宝蔵文書』8巻として結実させた。2004年に三木郷土史の会が解散後は三木古文書研究会として月2回,読む会を開催するほか,2010年には,国登録有形文化財である旧玉置家文書保存会の主要なメンバーとなり,三木市や市観光協会の支援を得て,同住宅の襖の下張りの解体ボランティアを続けている。活動には文化財修復の専門家尾立和則氏や地域連携センターが関わり,2015年からは古文書研

究会のメンバーだけで解読や目録づくりを行っている。2016年から始まった三木市史編さんボランティアにも十数人が応募，毎週古文書の整理や解読にも関わっている。大学や行政の支援のもと，住民が目録作成や解読の大きな戦力になっている事例である。

このほかに初心者を対象にした三木古文書塾を月1回開催するほか，兵庫歴史研究会が主催する古文書教室に月1回講師を派遣している。

【朝来市の石川家文書整理会】

朝来市の生野書院で市民と神戸大学大学院人文学研究科地域連携センターとで続いている石川家文書整理会も，大学が軸になっているとはいえ，「在野のアーキビスト」の事例と言えるだろう。ただこちらは，より開かれた形の整理会である。

石川家は18世紀後半に姫路から朝来市森垣に移ってきて薬種商や宿屋を営んでいた。農業，酒造業，林業などの経営も行うほか，生野銀鉱山の山師や掛屋と縁戚関係を持ち，生野銀鉱山とも関係をもった。地域連携センターは，朝来市に合併する以前の生野町の時代，2005年3月に連携協定を結び，生野書院などに保存されている古文書を活用したまちづくりに関わっており，石川家文書の整理の相談が持ち込まれた。

マンパワーが不足していることから，結成された石川家文書整理会では，古文書を読めない市民も参加できるよう，簡単な作業を設けたほか，1回休んでも日程が分かるよう，作業日を第2，第4火曜日に固定したり，参加者を集めるために広報や成果の公表に力を入れたりした。作業優先ではなく興味のある史料が出てきたときには，自由に調べてもらうなど，古文書の読めない一般市民が楽しみながら参加できるオープンな会の運営を行っている。

この結果，毎回5～15人が作業に参加するようになった。古文書を整理し活用する通常のアーキビストとはかなり異質な形態だが，大学院生などが少なく，過疎化が進む地域でのマンパワーの確保という点で，ほかの地域でも応用が可能だろう。2015年度からは山田家文書の整理会を行っている。

おわりに

　古文書を読みたい市民は少なくないが，それはくずし字を解読することに喜びがあるのであって，歴史研究に直接関心を持っているわけでない場合が多い。ましてや単調で忍耐力の必要な古文書整理や，他人の利用に奉仕するアーキビストの仕事を積極的にやりたいわけではない人はなおさら多い。古文書に興味のある市民を「アーキビスト」に育てるには大きな壁がある。しかし「在野のアーキビスト」が着実に実を結びつつあるのもまた事実で，史料保管主体の機能を強化することがいろいろな地域で成功し，文書を守りながら利用するというアーカイブの思想そのものを，地域社会に普及することができることを立証したこともまた事実である。

　また史料整理の観点からの意義もある。住民が持っている地域の地理的・人的情報は史料への理解を深めるのに役にたち，知的相互交流が研究者との間で図られたことも重要である。地域史料は地域の中で生まれたものであり，読み込むには地域の情報がなければ表面的になるのである。

　さらに住民の手による史料整理活動の実践の意義は，史料が守られ，深く読み取れるということだけにとどまらない。古文書を読む会を経て，住民は読めなかった古文書が読めた喜びだけでなく，先人のさまざまな苦労の積み重ねによって今があり，将来につなげていく重要性を再認識する。史料の中身を知り，史料を読み解くことで，史料整理が単なる作業にとどまらず，地域アイデンティティを再認識し，地域への愛着を増幅させる効果をもった。このことにこそ，住民の手による史料整理のもう一つの大きな目的がある。歴史文化はこうした地域創生の力を持ち，まちづくりに貢献できるのである。

　公的機関での史料の整理と保全ではとうてい及ばない地域創生の力を地域遺産は持っている。アーキビストの専門性を軽視するつもりはないし，初期の整理・分類などの作業には，専門のアーキビストが必要であろう。しかしいったん整理された文書が，その後，地元に返還されたのち，新たな文書を蓄積し，同時に長く散逸を免れ利用されるためには，「在野のアーキビスト」ほど必要

なものはない。

　もちろん本当の意味での草の根文書館にむけての課題も少なくない。今後，新たに生み出される地域の公的な文書を継続的にどう保存していくか。また史料整理作業を一緒に取り組んだ人には最低限のノウハウは伝わったが，どのように継続し人材を補充していくか。香寺歴史研究会での成果をどう広げられるか。それには，地域の中に核となる人材の発見と，丹波市の棚原地区や氷上自治会で成功したように「在野のアーキビスト」を育てられる人材が大学や研究機関に必要だろう。一方地域と深く関わることで，研究者の力量も高められる。地域歴史遺産は，地域と大学・研究機関をつなぎ，地域のアイデンティティを増幅し，地域創生を実現する重要な要素である。

《参考文献》

新井浩文 2017「地方文書館の役割と民間アーカイブズ」（国文学研究資料館編『社会変容と民間アーカイブズ』，勉誠出版）

安藤正人 1998『草の根文書館の思想』（岩田書院）

大国正美 1996「被災史料の救出と戦後史料保存運動の再検討―歴史資料保全情報ネットワークの活動を通して―」（『歴史科学』146 号）

大国正美 1999a「門戸の歴史資料を守る会と東光寺資料館」（歴史資料ネットワーク編『歴史のなかの神戸と平家 地域再生へのメッセージ』，神戸新聞総合出版センター）

大国正美 1999b「宝塚の古文書を読む会と旧和田家住宅」（歴史資料ネットワーク編『歴史のなかの神戸と平家 地域再生へのメッセージ』，神戸新聞総合出版センター）

大国正美 2002「兵庫県加古川市の史料登録制度」（『記録と史料』12 号）

大国正美 2007「歴史系博物館の役割と在野アーキビスト養成の取り組み」（『歴史科学』190 号）

大阪歴史学会企画委員 2011「東日本大震災における歴史資料の被害状況と救出・保全活動の経過報告」（『ヒストリア』229 号）

全国歴史資料保存利用機関連絡協議会 1997「アーキビスト制度への提言―第二次専門職問題特別委員会報告書―」（『記録と史料』8 号）

西向宏介 2017「地域史料所在調査と自治体文書館の役割」（国文学研究資料館編『社会変容と民間アーカイブズ』，勉誠出版）

長谷川伸 2000「『地域』と歩む史料保存活動―越佐歴史資料調査会の活動を中心に」（新潟県文書館『研究紀要』7 号）

越佐歴史資料調査会編 2003『地域と歩む史料保存活動』（岩田書院）
松下正和 2011「災害文化の継承に向けて」（『歴史科学』204 号）
松下正和 2017「兵庫県丹波市での民間所在史料の保存と活用について」（国文学研究資料館編『社会変容と民間アーカイブズ』，勉誠出版）
渡辺浩一 2017「「地方消滅」論と民間アーカイブズ」（国文学研究資料館編『社会変容と民間アーカイブズ』，勉誠出版)

第14章
連携事業の意義
― 成功例と失敗例から ―

市沢 哲
神戸大学大学院人文学研究科

神戸大学大学院人文学研究科地域連携センターが，地域歴史遺産の保全と活用を目指す地域連携事業に取り組み始めて10年以上が経つ。本章ではこの間の活動を振り返り，成果が積み重なることで，地域歴史遺産と市民の関係をめぐる新しい問題が生じていること，及び連携事業の成果と課題を整理した。同時に，地域連携事業が参加型開発論，「公共」を冠する人文学と通底する課題―専門的研究者と公共圏の関係はどうあるべきか―を持っていることを指摘し，今後連携事業の意味をより広い視野で考えていくべきことを示した。

キーワード
地域連携事業　地域歴史遺産　参加型開発　公共人文学

第 14 章 連携事業の意義―成功例と失敗例から―

はじめに

　これまで繰り返し述べられてきたように，「地域歴史遺産」とはすでに文化財として認識されているものだけではなく，人々の働きかけによって，地域の歴史遺産として認識されるものに力点を置いた文化財のとらえ方である。本章では，このような「地域歴史遺産」という考え方が，社会のあり方や個人の生き方ともつながる広い裾野を持っていることを確認し，「地域歴史遺産」がどのような問題を問いかけているのかについて，広く他の人文学にも目を向けて考えることにしたい（市沢 2013；同 2014；同 2015)。
　まずは素材として，地域歴史遺産の保全や活用を，市民，自治体，大学の連携で取り組んだ事例を紹介し，そこから考えていくことにしよう。

1 連携事業の成功と失敗

■ 尼崎市の「富松まちづくり委員会」の取り組み

　尼崎市富松地区は，かつては農地が広がる田園地帯であったが，住宅開発が進み，近年ではいわゆる「新住民」の比重が高まりつつある典型的な都市近郊地域である。同地区には，中世後期の富松城の跡とされる土塁が一部残っている（高さ 4 メートル，幅 12 メートル，長さ 50 メートル）。2001 年，土塁を含む土地の所有者が同所を税務署に物納したことをきっかけに，城跡の保存を求める地域住民が「富松まちづくり委員会」を立ち上げた。幸い，この土地はすぐには競売にかけられず，一時的に尼崎市に管理が委託され，尼崎市は「富松まちづくり委員会」（以下，委員会とする）に実際の管理を任せた。
　委員会は，城を中心とした地域の歴史を勉強する学習会や，歴史遺跡の活用に関するシンポジウム，城跡でのお祭りや自然観察会の開催など，さまざまなイベントを立ち上げていった。さらに，城跡の付近の清掃活動も積極的に行い，

富松城跡を活かしたまちづくりの可能性を追究すると同時に，それを地域内外にアピールしていった。後にも述べるが，委員会の活動が，「歴史遺産の保存＝その遺産の歴史的意味を主張する」という，ありがちな遺跡保存活動の枠組みを越えた，城跡をまちづくりの中心として活用していくものであった点には，注目しなければならない。

委員会の取り組みの中でも，とりわけユニークだったのは，委員会の事務所が置かれている富松神社の参集殿で，期間限定の博物館をオープンしたことであった。委員会は尼崎市教育委員会，地域研究史料館，神戸大学文学部地域連携センター（現在の人文学研究科地域連携センター）に支援を求め，博物館づくりは，市民，自治体，大学の三者の連携事業として進められた。市の文化財課や史料館が発掘遺物や移動展示可能な史料と，動線，キャプションの作り方といった展示のノウハウを提供し，大学は歴史資料に基づいた歴史地図パネルを作成した。委員会は地域の立体模型を作成するとともに，地域の古い写真を集めて，景観の移り変わりを示したコーナーを準備した。委員会の代表である善見壽男氏が一連の作業を「市民のための博物館実習」と呼んでいたのが印象的であった。

短期間の開館だったにもかかわらず，多くの来館者を得ることができ，結果的にこの博物館は大成功であったが，その理由の1つは，連携事業が理想的に展開したところにある。連携活動は，おおよそ①委員会が自分たちのやりたいことを提案し，②自治体や大学がそれを実現する手立てを考え，どういう協力ができるかを示し，さらに提案をブラッシュ・アップし，③それを受けた委員会が自分たちで何ができるかを確認し，自治体や大学に依頼すべきところは依頼する，というプロセスで進められた。

そのプロセスで，三者はお互いの要望や立場を理解し，お互いが持っているポテンシャルを引き出しあうことができた。とくに大学は市民の目から見たとき，誰が何をしているのかわからないところである。市民の側からすれば，大学や自治体にいるスタッフの姿が見え，具体的に大学や役所で何が行われているのかを知ることは，それらの組織の存在意義を確認するよい機会になったと思われる。逆に大学の側からすれば，自分たちの研究成果がどのように活用可能かを考えたり，日常とは違う視点から自分たちの研究を見直す機会になっ

た。何かと言えば，行政や教育機関の「効率化」「競争化」すなわち予算削減が，叫ばれる昨今にあって，これまで公金を投じてどのような資産が蓄積されてきたのか，これからそれをどのように継続していくのか，また，これらの資産をどう活用するかを三者三様に考えることになったのも，連携事業の一つの成果であった。

■ 成功と失敗

　一方で，うまくいかなかった連携事業もある。近年，地域の自治会や住民団体に，自治体がまちづくりのための資金や施設を提供することがしばしばある。地域の振興を「上から」図っていくだけでなく，地域や住民の主体性を支援していくという姿勢は決して間違ってはいない。しかし，受け皿となる地域や住民団体の準備状況は千差万別である。

　このような資金を受けたある自治会から，地域の歴史文化を見直し，地域の資産として後世に伝えたい，その補助をしてほしいという依頼が，地域連携センターに来たことがあった。確かにその地域は，古くからの史料にその名を残す歴史豊かな地域であり，歴史遺産を活かしたまちづくりの可能性を持っていた。自治体と地域連携センターとの話し合いで，まずは歴史の連続講座を開催することになった。

　活動の当初は，自身が地域の歴史に興味を持つ自治会役員の方がカウンター・パートナーだったが，任期満了による役員交代があり，熱心だった役員の一人も体調不良で職を辞し，自治会側のモチベーションも大きく変化した。自治会側の調整不足で，地域の重要な行事と講座がバッティングするような事態が起こるようになり，最初は満員だった講座も，次第に空席が目立つようになっていった。

　途中からは，何か新しい企画を考えようと提案しても，自治会側からは「大学に一任する」という返答ばかりで，希望や提案が出されることはなかった。大学側が自治会の負担になるなら事業を終了してはどうかと申し出ると，一転して継続を求められ，活動は空回りした。そして，事業はいつしか自然に終了してしまった。

富松の活動と比較して気がつくのは，地域の側に意欲や希望があるか，他のパートナーに何を求めるのかがはっきりしているか，自分たちでできることは自分たちで取り組もうとするか，といった点での違いである。連携事業は，それぞれの立場の違いを踏まえて，自分の立ち位置をどう活かすか，それぞれのポテンシャルをどう引き出しあうか，が成否の分かれ目であるといえるだろう。

2 富松の成果とこれからの課題

■ 文化財と新しい価値

　2017 年，尼崎市は物納されていた富松城跡を含む土地を，市内の他の土地と交換し，市有地とした。委員会の活動が広く認められ，城跡の保存という要望が実現したのである。筆者は委員会の活動に協力していたが，土地の価格などを考えると，正直言って城跡が市によって買い戻されることはかなり困難だと思っていた。また，歴史遺跡はいずれも唯一無二の存在であるが，富松城跡の歴史的価値を一義的に強調することも難しいと感じていた。しかし，富松城跡は守られたのである。

　その理由はもはや明らかであろう。富松城跡の価値は，歴史的遺産としての価値だけではなく，新たな価値が委員会の活動によって付加されたのである。その新たな価値こそが，冒頭で示した「地域歴史遺産」としての価値であった。繰り返しになるが，委員会が城跡を活用してさまざまな学びの場，市民交流の場をつくり出していったことが，富松城跡に歴史遺産としての城跡以上の新たな価値を吹き込んだのである。

　例えば，城跡の清掃という問題を考えてみよう。「文化財の清掃」は文化財を維持するために必要不可欠な行為であるが，そのこと自体を考えたり，問題にした議論がこれまでの歴史学や文化財学にあっただろうか。それは文化財の公的な管理者の仕事，という程度の認識ではなかっただろうか。委員会の代表である善見氏に，なぜ自分たちで城跡の清掃を行うのか聞いてみたところ，その答えは「それは地域の子どもに，地域の清掃に精を出す大人の姿を見てもら

いたいからだ」「城跡を中心に，その周囲から地域がきれいになることを望んでいる」「城跡の清掃は文化財の問題と言うより，地域の子どもの教育に関わる問題だ」というものであった。このような地域住民の文化財との関わり方は，従来の文化財の価値尺度ではなかなか測り難いのではないだろうか。富松の運動の成功は，文化財の歴史的価値を土台にしつつも，文化財と市民の関係がより豊かな関係を結べることを示せたことにあった。

しかし，そうであればこそ，富松の運動は新しい問題に直面することにもなる。

■ 新しい課題

先述したように，富松城跡は尼崎市によって，土地の交換というかたちで市有地となった。つまり，自治体として富松城跡を保存することになったのである。このことは何を意味するのだろうか。

先にも述べたように，この城跡の価値は歴史文化的な価値に，城跡を活かした住民のさまざまな活動が付加した新しい価値に裏付けられていた。誤解を恐れず，蛮勇をふるって言うなら，歴史文化的な価値だけで議論すればこの遺跡の保存は難しかっただろう。後者があってこそ，この遺跡は守られたのである。そうであるなら，今後もこの城跡が意味を持っていくためには，ここで言う新しい価値が付与され続けなければならない。静かに保存され，住民に活用されることがなくなれば，この城跡は意味を失いかねないのである。

このように考えたとき，今後の富松城跡と市民の関係をめぐる二重の課題があることに気づかされる。一つは，文化財の歴史文化的な価値とまちづくりのツールとしての役割をどう調和，共存させるかという問題である。これまで委員会のメンバーは，城跡を会場にお祭りや自然観察会を開催するなど，城跡をかなり「直接的」に活用してきた。しかし，この場所が市の所有地となり，公的な文化財に指定されることになればどうだろうか。これまでのような活用のしかたが，そのまま許されるのかが問われることになるだろう。城跡が文化財として保存されることを願っての活動の結実によって，これまでの城跡と住民との関係を変えてしまう可能性があるのである。

それと重なって，問題になるのが，城跡と関わる人々の「範囲」である。こ

れまで委員会のメンバーが大学のスタッフや研究者など，地域外部の人々と連携しながら活動してきたことは，先に述べたとおりである。とはいえ，活動の中心になったのも，活動が巻き込もうとしていた人々も，そもそもは富松地域の住民であった。城跡を守ろうという活動が富松地域のまちづくり活動と分かちがたく結びついていたことが，委員会の結集力，行動力を支え，市を動かしたのであった。

しかし，市が「公金」を投じて城跡を維持しようとしている段階において，城跡をこれまでのように，富松地域のまちづくりという範囲にのみ収めておくことができるであろうか。ここでも，先の問題と同じように，富松地区のまちづくりという文脈と公共性をもった文化財としてのあり方をどう共存させ，新しい文化財のあり方を提示していくのか，が求められているといえる。

さらにいえば，この二重の問題は富松の特殊な問題ではない。「地域歴史遺産」が，地域住民を主語にして，遂行的に歴史遺産であることが認知される，という考え方であることを踏まえれば，「地域歴史遺産」そのものが内包する問題と言えるのである。住民の主体性と公共の財としての文化財の関係性をどう考えるかは，すべての「地域歴史遺産」に直接的に起こる問題ではない。しかし，地域の願望とより広い公共性の関係をどう共存させていくのかは，「地域歴史遺産」を考える上で，重要な問題である。

3　「よそ者」と「当事者」

■ 参加型開発論

話を少し戻して，改めて連携活動の意味について，考えてみよう。私は知り合いの尼崎市の職員の要請で富松の活動に参加したが，それまで富松地域に出かけたこともなかったし，富松城についても何も知らなかった。文字通り，私は富松地区にとって「よそ者」であった。委員会は，私以外にも「よそ者」の地域住民以外の研究者や専門家を多く招いていた。このような「よそ者」の参入は，連携事業の特徴とも言えるが，そのことはどのような意味を持っている

第14章 連携事業の意義—成功例と失敗例から—

のだろうか。

そこで注目したいのが,「よそ者」の参入を事業の中核に据えた,参加型開発論である。参加型開発論は,発展途上国の開発に開発当該地域から見れば「よそ者」である人々が参画する開発の理論,方法である。以下,中村尚司氏の参加型開発の議論に依りながら,「よそ者」参入の意味について考えることにしたい（中村 2002）。

まず注目すべきは,なぜ「よそ者」の参加を促すのか,という理由であるが,この点について中村氏は,「依存」をキーワードとして,次のように述べている（下線は筆者による。以下同じ）。

> 一人ひとりが自分の課題をすべて自分で処理するのではなく,多くの人間,施設,制度などに頼る。<u>頼る対象が多角化すればするほど,特定の相手に対する依存は少なくなる。その分だけ,特定の支配従属関係は少なくなり,対等で多様な相互依存関係の可能性が拡大する。</u>異なった立場の人々と交流する可能性も,それに応じて増加する。逆説的にみえるかもしれないが,実は依存すればするほど自立するのである（220頁）。

我々は一般的に「依存」という言葉にネガティブなニュアンスを感じるが,中村氏の考える「依存」はそれとは全く逆である。また,我々は「自立」という言葉を「依存」の対極に置くことが普通であるが,中村氏の考え方によると,「自立」と「依存」は支え合う関係にある。つまり,多くの「よそ者」と依存関係を作ることが,主体の自立度をより高めることにつながると考えるのである。このような考え方は,「自立」を声高に叫ぶ人ほど,実際はセーフティネット—つまり「依存」関係—を持っているとする,内田樹氏の指摘にも重なり合う（内田 2007）。

それでは逆に,「よそ者」にとって,参画にはどのような意味があるのだろうか。中村氏は環境問題を事例に,以下のように述べている。

> 自動車を運転する人は,排気ガスを放出するという意味では,環境破壊の元凶である。しかし,環境破壊の対象は避けようもなく,運転する人自身にも及んでしまう。運転者もまた,排気ガスに満ちた環境からまぬがれることはできない。そのような事情から,<u>たいていの環境問題を,純然たる第三者の立場から扱うことが難しい</u>。環境問題に立ち向かおうとすると,

なんらかの形で誰もがいくぶんかは当事者となる。既存の分析的な環境科学の方法だけでは扱いきれない重要な環境問題は，人間の社会的な関係に由来する。この環境問題の場合，研究の結果は研究者をめぐる社会的な関係に左右されがちである（222頁）。

つまり，環境問題においては，それを客観的に分析しようとする研究者自体が，環境問題の「当事者」なのである。ここには，ある種の問題について「客観的な観察」が成り立つのか，という疑問が示されている。さらに氏は，この文章に続けて，「客観」に対して根本的な懐疑を投げかけ，次のようにも述べている。

「加工された客観が主観であり，集計された主観が客観である」といってもよい。そのように考えると，主体と対象と手段を組み合わせた，方法上の参加主義，あるいは当事者主義の科学と呼んでいるものが必要になる（223頁）。

要するに，参加型開発とは，「よそ者」が実は問題の「当事者」でもあることを気づかせる営みなのである。「『よそ者』に何がわかるか」という非難と「一人でも多くの人に『当事者』になってもらいたい」という願いは，「よそ者」というコインの裏と表である。その境界を溶解させるのが「参加」である，といえるだろうか。

そう考えると，連携事業がさまざまな「よそ者」を巻き込むことができれば，その事業は依存関係を豊かにしつつ，互いが自立を図るプロジェクトになる可能性を秘めているのである。

■「よそ者」としての専門家

中村氏の議論からは，研究や開発が「客観」の名の下に「当事者」性を無視していることへの強い危機感が感じられる。これは外部から参加するアクターが，いわゆる専門家である場合を想定すれば，より具体的にその危惧を理解することができるのではないだろうか。

斎藤文彦氏は，開発論を2つのパラダイムに分け，開発の専門家があらかじめ知っている解決方法を現地に投下し，貧しい人々はその方法に従えばよい，

第 14 章 連携事業の意義―成功例と失敗例から―

という考え方を「古いパラダイム」と名付けている(斎藤 2002)。このようなあり方が,中村氏の危惧する「客観」のあり方なのだろう。斎藤氏はそれと対極にある「新しいパラダイム」を次のようにまとめている。

> 開発は途上国の人々と外部からの開発の専門家との共同作業となる。貧困の克服という共通の目的のために,途上国の人々と開発関係者がパートナーとして,お互いを尊重しつつ進めていく地道な過程が重視される。<u>問題の解決の糸口は,開発の専門家と途上国の人々との交渉・交流から見つけ出されるものであり,そのようなやりとりが始まる以前にあらかじめ設定することは意味がない</u>(8〜9頁)。

つまり,専門家が「当事者」になるということは,あらかじめ決まり切った解決策を導入するのではなく,専門的な技能を活かしつつ,その場に生きる人々と共同で,彼らの希望に沿った解決策を見つけ出していくことなのである。

かかる問題提起は,地域歴史遺産をめぐる連携事業,文化財の活用事業について考える際にも有効である。先に述べたように,連携事業の成否は事業に参加するそれぞれのアクターが,主体的に事業に関われるかという点にある。専門家が一方的に事業を先導していくのでは,他の参加者の主体性は抑圧され,開発論における「古いパラダイム」と変わるところがないということになるだろう。

以上,参加型開発論に学びながら,連携事業の意味について考えてきた。両者は第一に,「依存」によって「自立」を達成するという考え方,第二に「自立」実現のための「依存」関係は,アクター間の主体性を高め合う関係であるべきであるという考え方,という共通点を見いだすことができるのである。

このうち,後者の論点で登場した専門家の役割,振る舞いという問題は,参加型開発論にとどまらない大きな問いかけでもある。次に,この問題について,「公共」を冠する新しい人文学の動向を参考に考えることにしたい。

4 専門家的知性と市民的知性

■「公共」を冠する人文学

　近年，公共社会学，公共考古学，公共民俗学など，「公共」を冠した人文学についての議論が盛んになりつつある。以下，考古学と社会学を例に，「公共」を冠することの意味を確認しておこう。

　まず，パブリック考古学（公共考古学）であるが，村野正景氏は古墳を例にとり，次のように説明している（村野 2015）。

　「この古墳の年代は？」という問答は，出土遺物の理化学的分析の成果が参照される，「応用科学」の領域に属する。次いで「この古墳を安全に発掘するには，どうしたらよいか？」という問答は，「専門家への委任」の領域に属する。しかし，「この古墳は保護すべきか？」という問いかけに対しては，「応用科学」や「専門家への委任」のみでは回答できない。その理由を村野氏は以下のように説明している。

　　　考古学者は古墳の考古学的な価値を示せても，その価値が他の何を差し置いても保護すべき水準のものであるかどうかは，考古学者間でも評価が分かれるからである。古墳に利害関係や関心をもつ様々な人々，すなわち考古学者のほか行政や住民，土地所有者，開発業者，あるいは自然愛護団体など，多くの人々の知識や判断を把握し，関連づけ，合意形成に結びつけることが必要になる。この領域は「ポスト・ノーマル・サイエンス」と呼ばれ，パブリック考古学が対応しようとしているおもな問いは，こうした範疇にある（91 頁）。

　さらに村野氏は，さまざまな人々が「各方面の問題意識や経験を集積し，総合的に議論」する「フォーラムとしての役割」が，パブリック考古学に期待されているとしている。

　次に，公共社会学について，土場学氏の整理をもとに確認しておこう（土場 2008）。土場氏によれば，公共社会学とは「社会学の土台にある諸価値を公共の圏の中で開示し，そこでの公衆との対話と協働を通じて，そういった諸価値

に基づく社会を構築しようとする社会学」（52頁）であるという。公共圏での専門家と公衆の対話と協働といえば，まさに公共を冠する人文学の基調そのものといえるだろう。しかしその後，公共社会学のもつ公共性の不徹底さを批判するヒューマニズム社会学が登場してくる。土場氏によれば，ヒューマニズム社会学は，<u>「社会学の土台にある諸価値を公共の圏の中で開示」（引用前出）</u>しようとする公共社会学を「「リベラルな価値」はその他者との会話のまえにあらかじめ決定できるわけではない」と批判するという。そして「他者の異質な世界観や価値観を理解する営みを通じて，<u>そのつど「リベラルな価値」を遂行的に再構築」</u>することが目指されなければならないと主張するというのである（61頁）。このような専門家の公共圏における振る舞い方についての考え方は，専門家があらかじめ処方箋を決めたりしないという，先に取り上げた参加型開発論とも共通する。

　以上，公共考古学，公共社会学，ヒューマニズム社会学について概観したが，これらの「公共」を冠する新しい人文学に共通するのは，公共圏においてさまざまな人々の参加のもと，遂行的に価値形成を行おうとする姿勢であるといえるだろう。では，このような問題は，「地域歴史遺産」に主に関わる研究領域である歴史学において，どのように議論されているのであろうか。

■ 歴史学と公共圏

　歴史学についても，「公共」を冠する公共歴史学という領域がある。例えば，菅豊氏はアメリカの大学における公共歴史学を，アカデミックな歴史研究者養成ではなく，マスコミや創作の世界で歴史を取り扱う人々を養成する課程として紹介している（菅 2013）。しかし，日本においては公共歴史学という名称を掲げた目立った実践はないと言ってよいし，海外の動向が紹介されることもあまりない。それはなぜなのだろうか。

　おそらくそれは，日本の歴史学史研究の世界では，研究者と社会の関係は，研究成果の社会への「還元」が研究者の責務であるという考え方が一般的であるからだろう。研究成果の社会的還元というのは，一見もっともに思えるが，厳しい言い方をすれば，研究者が生産者で，市民は消費者という関係を再生産

し続けることも意味しているのではないだろうか。

　しかし，その一方で，本書で紹介されているような，さまざまな取り組みは，日本版の公共歴史学の実践ととらえることができるだろう。地域連携活動は，さまざまなアクターが集うフォーラム的な役割の萌芽といえるし，第3章で紹介された，自治体史を住民たちが書くという取り組みも，公共圏で市民が歴史を書く主体として自己を確立する営みといえる。

　もちろんそこでは，研究者が市民を指導するという関係性が見られるが，研究者が市民の関心に寄り添い，また市民の歴史的関心のあり方を学ぶことで，双方向的に歴史表象をつくり出す場になる可能性を秘めている。

　「地域歴史遺産」という考え方，取り組みの意義を，よりひろく社会政策や他の研究領域—例えばサイエンス・カフェなど—を視野に入れつつ考えていくことで，大学をはじめとする研究の世界と公共圏がより多角的に，密接な関係で結ばれるのではないだろうか。

むすびにかえて— 残された問題

　論を終えるにあたって，今ひとつ残された，重要な問題について言及しておきたい。公共圏で市民が主体的に歴史表象をつくることを考えたとき，どのような歴史像を描こうとも，それは個人の自由であると考えてよいかという問題である。

　修正主義の問題を持ちだすまでもなく，歴史の解釈はしばしば政治的になされるし，人々の願望が歴史表象に込められる場合も少なくない。歴史の解釈は個人の自由，といったとたんに歴史の解釈は混沌とした相対主義に陥ってしまうであろう。

　そこで必要になるのが，歴史を描く，最低限のルールである。ここではそれをアブダクションに求めたい（米盛 2007；三中 2006）。アブダクションとは合理的推論のことで，歴史学に即して言えば，史料などの歴史を描く材料の最も合理的な解釈，といえるだろう。もちろん史料には真贋があり，事実に反する

第 14 章 連携事業の意義—成功例と失敗例から—

記述もあり，書かれていないこともある。そのような史料の限界を押さえた上で，他者が追試験を行うことができるように思考の経過を示し，合理的な解釈をほどこすこと，それを最低限のルールとしてはどうだろうか。

そのようなルール自体，研究者の市民に対する押しつけであるという意見もあり得るだろう。ならば，歴史を語る倫理を，公共圏でつくり出し，共有していくプロジェクトが必要となってくる。手前味噌な結論ではあるが，現在のところ，その有望な糸口は本書で紹介されているような個々の取り組みの積み上げにあるのではないだろうか。

《参考文献》

市沢哲 2013「地域歴史遺産と地域連携活動」(神戸大学人文学研究科地域連携センター編『「地域歴史遺産」の可能性』，岩田書院)

市沢哲 2014「地域資料学を構想する糸口—場・主体・よそ者・当事者」(奥村弘編『歴史文化を大災害から守る—地域歴史資料学の構築—』，東京大学出版会)

市沢哲 2015「歴史資料をめぐる「よそ者」と「当事者」—専門家的知性と市民的知性」(九州史学会・公益財団法人史学会編『過去を伝える，今を遺す—歴史資料，文化遺産，情報資源は誰のものか』，山川出版社)

内田樹 2007『下流志向—学ばない子どもたち 働かない若者たち』(講談社，2009 年 講談社文庫)

斎藤文彦 2002「開発と参加—開発観の変遷と「参加」の登場」(同氏編『参加型開発—貧しい人々が主役となる開発へ向けて』，日本評論社)

菅豊 2013『「新しい野の学問」の時代へ—知識生産と社会実践をつなぐために』(岩波書店)

土場学 2008「公共性の社会学／社会学の公共性—ブラウォイの「公共社会学」の構想をめぐって—」(『法社会学』68 号)

中村尚司 2002「当事者性の探求と参加型開発—スリランカにみる大学の社会貢献活動」(斎藤文彦編『参加型開発—貧しい人々が主役となる開発へ向けて』，日本評論社)

三中信宏 2006『系統樹思考の世界—すべてはツリーとともに』(講談社現代新書)

村野正景 2015「文化遺産の継承そして創造へ—参加型考古学を試みる」(九州史学会・公益財団法人史学会編『過去を伝える，今を遺す—歴史資料，文化遺産，情報資源は誰のものか』，山川出版社)

米盛裕二 2007『アブダクション—仮説と発見の論理』(勁草書房)

コラム 地域連携活動の課題

井上 舞
(神戸大学大学院人文学研究科)

　地域連携センターの研究員として，ひとつの地域で長く活動を続けていると，さまざまな出会いがある。そして，周囲からの色々な声を聞く機会にも恵まれる。そうした中で気になるのは，地域連携活動への参加をためらう声である。「地域の歴史のことは詳しくないから」「古文書なんて読めないから」「今更やっても，ついていけないから」等々。もちろん地域連携活動に参加する，しないは個人の自由だから，強制的に参加を促すつもりは毛頭ない。とはいえ，こうした声の向こう側には，「出来るのならやってみたい」という思いがあるように感じられる。

　では，そうした人たちが参加への一歩を踏み出せないのはなぜなのか。その理由は，地域連携活動という〈場〉の入口にあるように思われる。

　大学は，自治体や地域住民の要請に応じて地域に赴き，協働して地域連携活動の〈場〉を形成する。つまり「よそ者」とはいえ，最初から〈場〉の内側にいるのである。そして，内側にいる人は，〈場〉の入口に"お気軽にお入りください"と書いた札を下げ，扉を開け放っているつもりになっている。しかし，先のような声を聞かせてくれる〈場〉の周縁にいる人たちの目には，内側からは関知し得ない，入口に立つ「歴史」や「知識」「技術」「経験」といった強面の番人の姿が見えているのだろう。

　だからといって「入れないならあきらめてください」で済ませるわけにはいかない。今も各地域で地道な活動が続けられているとはいえ，地域歴史遺産を取り巻く環境は，まだまだ厳しいと言わざるをえない。関わってくれる人は1人でも多いほうが望ましい。そして，活用について考えるのであれば，歴史以外の知識をもった人にも加わって欲しい。そう考えると，地域連携活動には，すでに〈場〉の内側に入っている人たちと協働し，議論を深化させていくだけではなく，周縁にいる人たちを内側に招き入れ，〈場〉を拓いていく努力と工夫が求められているといえよう。

　以下，2つの事例を紹介する。ひとつは朝来市生野町で実施している石川家文書整理会である。石川家は，近世期に神西郡森垣村で宿屋や薬種商を営んでいた旧家で，隣接する生野銀山町の歴史とも関わる，数万点にも及ぶ資料が残されている。これらの資料を整理すべく，整理会では，くずし字を読

む必要のない，資料のクリーニングや資料番号を書いた付箋の挟み込み，古典籍の目録作成などに取り組んでいる。資料を取り扱う際の基本的な知識があれば作業できるので，歴史の知識や古文書解読の知識がない人も気軽に参加できる会になっている。そして，自由参加の形をとっているため，会場としている生野書院を偶然訪れた地域の人や観光客が，飛び入りで参加することもある。また，古文書の解読に精通した人もいるため，ときには整理の手を止めて，皆でひとつの資料を囲んで盛り上がることもある。

　この整理会は，もともと石川家の蔵から搬出された膨大な未整理資料群を安定的に保管できる状態にすることを目的に企画したため，クリーニングと付箋の挟み込みに作業を限定した。しかし，それが逆に多くの人を呼び込むことになり，かつ多様な人が参加することで，整理方法や活用についての，さまざまな意見を交換できる〈場〉にもなった。

　もうひとつ，2015年に福崎町で実施した，「辻川界隈ジオラマワークショップ」を挙げる。これは，神戸大学大学院工学研究科槻橋研究室が，東日本大震災後に津波被災地で取り組んだ，「〈失われた街〉模型復元プロジェクト」の手法を用いたものである。ワークショップでは真っ白な福崎町辻川界隈のジオラマ模型を前に，地域住民から聞き取りを行い，得られた記憶を旗に書き込んでジオラマの上に立て，同時に，彩色と細部の作り込みを行う，という作業を5日間にわたって行った。期間中は，「あなたの記憶を教えてください」というキャッチフレーズを用いた効果もあり，老若男女を問わず，多くの地域住民の参加を得た。また，「話し足りない」と再来場する人もあり，最終日には，ジオラマは記憶の旗で埋め尽くされた。

　地域住民の記憶は，あまりにも身近であるがゆえに，歴史とは無関係と捉えられがちである。しかし，こうした手法をとることで，自分たちの日々の営みが，地域の歴史と繋がっていることを実感してもらえたように思う。

　地域連携活動の〈場〉にいる人は，地域の歴史を身近に感じている。しかし〈場〉の外にいる人は必ずしもそうではない。内輪での活動に満足せず，他者が感じている，地域の歴史との距離を縮めるための方策を考えていくことが，今後の地域連携活動の課題ではないだろうか。

コラム 大学と地域
―神戸工業専門学校化学工業科の設置―

河島 真
(神戸大学大学院人文学研究科)

近代日本の旧制教育制度では，大学を筆頭に(実業)専門学校，高等学校，ある時期以降の師範学校などが高等教育機関に含まれる。神戸大学の前身である神戸高等商業学校→神戸商業大学(神戸経済大学)，兵庫県立医学専門学校→兵庫県立医科大学，神戸高等工業学校(神戸工業専門学校)，神戸高等商船学校(高等商船学校神戸分校)，姫路高等学校，そして戦時期に設置された兵庫師範学校，兵庫青年師範学校は，いずれも官立高等教育機関であった。

このうち1921年に設置された神戸高等工業学校(1944年に神戸工業専門学校)は，建築科，電気科，機械科の3学科から出発し，その後土木科(1929年)，精密機械科(1939年)を加えて，最終的に5学科から成る専門学校として敗戦を迎える。多くの学校が戦災の影響を受けて苦しむ中で，とりわけ神戸工業専門学校は空襲によって校舎の大部分が焼失しており，焼け残った土木科の建物と，神戸市から提供を受けた機械工業学校の建物とを利用してかろうじて授業を再開させていた。充分な設備もなく，新しい学制のもとで学校が生き残れるかどうかさえ定かでな

かったこの時期に，突如降ってわいたのが化学工業科の新設計画であった。

これは，地元の産業界からの強い要請によるものであった。主導したのは，今でもタイヤやケミカルシューズなどの生産で知られる合成ゴム工業の業界である(『神戸新聞』1947年5月5日付)。しかし，これを支援したのは合成ゴム工業の業界だけではない。神戸やその周辺で発展してきたマッチ，化学肥料，日本酒，樟脳などの業界も支援に乗り出し，「神戸工専化学工業科設立期成委員会」には，兵庫県教育部長，神戸市教育局長のほか，首藤新八(ゴム)，滝川清一(マッチ)，小野嘉七(香料)，嘉納治右衛門(日本酒)など地元の有力な実業家が委員として名を連ねた(『神戸新聞』1947年7月25日付)。

神戸工業専門学校の方も，化学工業科の新設を神戸の発展と結びつけて考えていた。この頃作成されたと思われる「神戸工業専門学校化学工業科設立趣意書」は，「本校には現在建築，電気，機械，土木，精密機械の五科が設置せられていますが，地元産業界に最も関係深く然も近き将来貿易再開の暁，重要なる見返り物資として輸出の大宗を

第 14 章 連携事業の意義―成功例と失敗例から―

なし，且又国内産業振興の推進力となるべき化学工業に関する学科の欠けていることは誠に遺憾な次第であります」とし，合成ゴム工業，化学肥料工業，マッチ工業，食品工業など，工業化学に基礎を置く神戸の産業を支える技術者の養成を，化学工業科設置の第一の目的と説明している。

こうして化学工業科の新設は，費用を全額地元が負担することを条件に認可された。もっとも，戦災によって教育・研究環境が著しく損なわれた神戸工業専門学校にとって，これは新しい教育制度のもとで大学に昇格するための踏み台でもあり，地域と学校との利害がはからずも一致したところで，化学工業科の新設は実現をみたのであった。

今で言う「産学連携」の原型をここに見ることができよう。しかし地域と大学との結びつきは，経済的な利害関係だけによるものではない。1949 年 5 月に発足した新制神戸大学工学部は，その後も施設・設備の貧弱さに悩まされ，工学部として充分な教育・研究体制が整えられる移転先を探していた。そうした時に誘致に乗り出したのは，当時県下随一の工業都市であった尼崎市である。誘致構想の中には，工業都市としてのさらなる発展が掲げられていた。

しかし，当時尼崎商工会議所会頭であった金井慶二は，「尼崎が単なる工業街として，煙だけの都市であってはいけないので，大都市にふさわしい，大工業都市らしい文化的な面も重視されねばならぬ」と，「文化のある大工業都市」構想を唱えていた（『尼崎商工会議所所報』第 43 号，1954 年）。国立大学が教育や研究を通じて地域の産業や経済の活性化に貢献することを求められていることは言うまでもないが，大学が持つ知的財産はもっと幅広く奥深いものである。人文・社会科学系を含めた総合的な学術が地域全体の知性を高め，文化を豊かにしていくこと。これこそが今の時代に求められる地域貢献の姿ではないだろうか。

《参考文献》

神戸大学百年史編集委員会編 2002『神戸大学百年史』通史Ⅰ・前身校史（神戸大学）

神戸大学百年史編集委員会編 2010『神戸大学百年史』通史Ⅱ・新制神戸大学史（神戸大学）

著者一覧〔執筆順〕　*は編者　2018年1月現在

*奥村 弘（おくむら ひろし）	1960年生まれ	神戸大学大学院人文学研究科
*村井良介（むらい りょうすけ）	1974年生まれ	岡山大学大学院教育学研究科
前田結城（まえだ ゆうき）	1983年生まれ	神戸大学大学院人文学研究科
*木村修二（きむら しゅうじ）	1969年生まれ	神戸大学大学院人文学研究科
佐々木和子（ささき かずこ）	1952年生まれ	神戸大学地域連携推進室
森岡秀人（もりおか ひでと）	1952年生まれ	関西大学大学院文学研究科
黒田龍二（くろだ りゅうじ）	1955年生まれ	神戸大学大学院工学研究科
田中康弘（たなか やすひろ）	1974年生まれ	兵庫県教育委員会事務局文化財課
村上裕道（むらかみ やすみち）	1954年生まれ	兵庫県教育委員会
大江 篤（おおえ あつし）	1961年生まれ	園田学園女子大学人間教育学部
古市 晃（ふるいち あきら）	1970年生まれ	神戸大学大学院人文学研究科
坂江 渉（さかえ わたる）	1959年生まれ	兵庫県立歴史博物館ひょうご歴史研究室
辻川 敦（つじかわ あつし）	1960年生まれ	尼崎市立地域研究史料館
河野未央（こうの みお）	1976年生まれ	尼崎市立地域研究史料館
大国正美（おおくに まさみ）	1958年生まれ	神戸新聞社編集局
市沢 哲（いちざわ てつ）	1960年生まれ	神戸大学大学院人文学研究科
井上 舞（いのうえ まい）	1979年生まれ	神戸大学大学院人文学研究科
河島 真（かわしま まこと）	1968年生まれ	神戸大学大学院人文学研究科

地域創生に応える実践力養成
ひょうご神戸プラットフォームシンボルマーク

地域(ちいき)づくりの基礎知識(きそちしき)1
地域歴史遺産(ちいきれきしいさん)と現代社会(げんだいしゃかい)

2018 年 1 月 20 日　初版第 1 刷発行
2021 年 3 月 20 日　初版第 2 刷発行

編者―――奥村 弘　村井良介　木村修二
発行―――神戸大学出版会
〒 657-8501 神戸市灘区六甲台町 2 - 1
神戸大学附属図書館社会科学系図書館内
TEL 078-803-7315　FAX 078-803-7320
URL: http://www.org.kobe-u.ac.jp/kupress/

発売―――神戸新聞総合出版センター
〒 650-0044 神戸市中央区東川崎町 1-5-7
TEL 078-362-7140 ／ FAX 078-361-7552
URL:https://kobe-yomitai.jp/

印刷／神戸新聞総合印刷

落丁・乱丁本はお取り替えいたします
©2018, Printed in Japan
ISBN978-4-909364-01-2 C0321